대한민국 치안리포트

박동균

박영사

서문

박동균(대구한의대 경찰행정학과 교수)

한 시골 마을에 조용히 살던 어떤 노인이 있었습니다. 노인은 매일 해가 질 무렵이면, 마을 언덕 위에 올라가 가로등 하나를 손수 밝혔습니다. 전기가 없던 그 무렵, 그 가로등은 어둠 속에서 마을 사람들에게 길을 비추는 유일한 등불이었습니다.

어느 날, 도시에서 이사 온 젊은이가 노인에게 물었습니다.

"어르신 연세에 매일 이 언덕까지 올라오는 게 힘들지 않습니까? 어르신이 이 일을 해도 사람들은 아무도 모릅니다. 고맙다는 말도 못 들으실 텐데, 왜 매일 이렇게 힘든 일을 하시는 겁니까?"

노인은 잠시 웃으며, 이렇게 말했습니다.

"내가 이 불을 밝히면, 길을 걷는 사람이 다치지 않지. 누가 봐주지 않아도, 그게 내가 할 일이야. 등불은 내가 밝혔지만, 그 불빛은 남을 위한 것이거든."

그 노인이 세상을 떠난 후에도, 마을 사람들은 그 노인의 이름을 기억하며, 매일 그 언덕에 올라 불을 밝히기 시작했습니다.

필자도 이 노인의 역할을 하고 싶었습니다. 교수 생활을 하는 동안 줄곧 '안전'과 관련된 강의와 연구, 봉사활동을 해 왔습니다. 그러다가 2021년부터 2024년까지 대학을 휴직하고, 3년간 대구시 자치경찰위원회 상임위원 겸 사무국장(지방정무직 3급 공무원)으로 공직 업무를 수행했습니다. 우리나라에서 처음 실시되는 자치경찰제도를 교수로서가 아닌 실제로 정책을 설계하고, 집행하는 공직자로서 대한민국 자치경찰제의 토대를 만들어 보고 싶은 마음이었습니다.

이 저서는 필자가 경찰과 범죄, 테러, 위기관리와 안전, 그리고 공무원의 윤리와 리더십, 소통 등에 이르기까지 우리 사회의 가장 치열하고도 중요한 영역을 둘러싼 주제들을 중심으로 출간한 것입니다. 이 글들은 독자들에게 단순한 정보 전달이나 비판을 넘어서, 현장에 몸담은 이들이 마주한 현실과 그 속에서 우리가 무엇을 지켜야 하고, 어떻게 행동해야 할지를 함께 고민한 생생한 기록이기도 합니다.

필자가 안전과 관련된 글을 쓰고, 강의를 할 때, 그리고 공직자로서 정책을 집행할 때, 가장 중요하게 생각한 것은 '현장을 중시하되, 이상을 잃지 않는 시각'입니다. 경찰이나 소방, 위기, 재난 대응 기관은 시민의 생명과 안전을 지키는 최전선에 선 존재입니다. 또한 국민으로부터 위임받은 책임을 실천하는 사람들입니다. 그 책임은 태산같이 무겁고, 때로는 외면받기도 하지만, 그 의미는 매우 중요합니다.

이 책은 필자가 쓴 칼럼과 기사, 방송 인터뷰 등을 모은 기록이지만, 동시에 우리 시대를 향한 작지만 간절한 메시지이기도 합니다. 급변하는 치안 환경 속에서 갈수록 첨단화되고 교묘해지는 범죄 양상, 반복되는 재난과 위기 속에서 우리가 어떻게 대응해야 할지, 무엇을 지켜야 하는지를 성찰하는 계기가 되었으면 합니다.

위험한 상황 앞에서 뒤로 물러서지 않고 책임을 다하는 자세, 그것이야말로 공공의 영역에 몸담은 이들이 가져야 할 기본 자세입니다. 고대 중국에서는 이런 태도를 '견위수명(見危授命)'이라고 했습니다. '위험을 보면 목숨을 바친다'라는 뜻입니다. 멀리 미국 9.11 테러 현장에서, 가까이는 평택 화재 현장에서, 우리는 실제로 그러한 정신을 실천한 이들을 보았습니다. 그들의 행동은 단순히 영웅적인 행동이 아니라, 공직자의 자세가 어디서 시작되어야 하는지를 보여준 살아 있는 교과서였습니다.

필자의 글은 주로 '사건'이나 '위기 상황'을 중심으로 이야기했지만, 그 안에 담고자 한 건 늘 '사람'이었습니다. 범죄의 현장에서, 재난의 경계에서, 그리고 잘 드러나지 않는 일상 속 공직의 자리에서, 누군가는 지켜야 했고, 또 견뎌야 했습니다.

이 책은 지난 몇 년간 필자가 신문에 기고한 칼럼들을 엮은 것입니다. 하나하나의 글은 그때그때의 사회적 이슈와 현장을 중심으로 썼지만, 돌이켜보면 모두 공통된 하나의 질문으로 이어져 있었습니다. "우리는 이 사회를 왜, 어떻게 지켜야 하는가?"

필자는 학자로서, 공직자로서, 때로는 한 명의 시민으로서 위기의 순간마다 공공의 '책임'이란 무엇인지 되묻게 되었습니다.

이 책에 담긴 글들은 단순한 비판이나 논쟁이 아닙니다. '실패'를 지켜보면서 '버팀'을 고민한 행정학자의 기록이며, '책임'을 짊어진 자리에서 더 안전한 사회를 향해 외친 작은 목소리입니다.

필자가 이 글들을 통해 전달하고자 했던 생각은 단순합니다. '공공의 가치'는 단순히 말로만 지켜지는 것이 아니며, 실천하는 사람들의 역량과 태도가 그것을 뒷받침합니다. 공직을 맡은 사람은 꾸준하게 역량(내공)을 키워야 합니다. 물론 시민도 함께 해야 합니다.

이 책은 우리 사회의 현상에 대한 평면적인 분석이 아니라, 그 안에서 살아 숨 쉬는 사람들, 그리고 그들의 책임과 선택에 관한 이야기입니다.

이 글들이 비단 경찰이나 소방 등 공공기관에 종사하는 공무원들뿐만 아니라, 일반 시민들에게도 안전에 대한 경각심과 공감, 그리고 신뢰를 다시 생각하게 하는 계기가 되기를 희망합니다. 더 나은 공동체, 더 건강한 사회는 우리 모두의 관심과 참여 위에서만 가능하기 때문입니다.

독자 여러분들께서는 이 책을 통해 경찰과 공직자의 역할과 사명, 각종 범죄와 대응, 그리고 안전한 사회를 만들기 위한 공동체의 노력에 대해 한층 깊은 이해를 얻으실 수 있을 것입니다. 또한 우리 모두가 함께 고민하고 행동해야 할 과제들을 다시금 생각해 보는 계기가 되었으면 합니다.

끝으로, 현장에서 묵묵히 소임을 다하고 있는 경찰관 등 모든 공직자들에게 이 책을 바칩니다. 그들의 헌신이 이 사회를 지탱하는 진정한 힘임을 강조하며, 진심과 열정을 담아 이 책을 펴냅니다.

2025. 12.
저자 박동균

목차

범죄는 왜 발생하나?

사람이 몸이 아플 때, 병원에 가서 각종 검사를 한다. 먼저 혈압과 체온, 맥박을 재고, 심전도와 소변 검사를 한다. 그 이유는 병의 원인을 찾기 위해서이다. 병이 발생한 원인을 정확하게 알아야 제대로 된 진단이 나오고 처방이 나온다. 약을 처방하고, 수술이 필요하면 수술을 해야 하고, 운동요법 등 다양한 방법을 활용해서 병을 고치는 것이다. 공부를 잘 하는 학생은 모의고사를 보고 나서, 어떤 문제가 틀렸는지, 어느 부분이 내가 부족한지를 정확하게 알고, 집중적으로 공부를 한다.

우등생들은 절대로 모의고사에서 틀린 문제를 또다시 틀리지 않는다. 범죄를 예방하는 것도 마찬가지다. 범죄를 예방하는 것은 경찰의 몫이라고 생각하는 사람들이 많다. 하지만 그렇지 않다. 범죄를 예방하는 것은 경찰, 지방자치단체, 보건소 등 의료기관, 초·중·고등학교 등 교육기관 등이 소통하고 협력해서 촘촘한 사회안전망을 만들어야 가능하다.

다시 돌아가서 생각해 보자. 범죄는 왜 발생하는가? 범죄가 발생하는 이유를 정확하게 파악하면 제대로 된 실효성 있는 대책이 나온다.

일반적으로 범죄는 범죄자가 탐하는 매력적인 대상이나 물건을 적발(처벌) 당하지 않고, 그들의 목적을 달성할 수 있을 때, 발생한다. 즉 범죄를 저지르고도 무사할 때, 발생할 가능성이 높다. 예를 들어, 고가의 물건을 훔쳤는데, 보는 사람이 아무도 없을 때, 절도범은 안심하고 범죄를 저지르게 된다. 강도나 성범죄도 마찬가지다.

또한, 술과 범죄는 아주 밀접한 관련성을 갖는다. 범죄를 연구하는 학자들 사이에서 '술집 옆은 교도소'라는 우스갯소리가 있다. 술로 인한 사회적 비용이 연간 15조라는 통계도 있다. 어느 조사에 의하면, 살인자가 살인을 저지를 당시 30%에서 70%가 술을 마셨다고 한다. 또한 폭력의 전과자를 상대로 조사한 바에 따르면, 폭력범죄 당시 약 65%가 술을 마시고 있었다는 자료도 있다. 아울러 알코올 중독자의 자살률은 정상적인 사람들에 비해 약 60배 정도 높다고 한다. 실제로 대구시에서도 112 사건 신고가 많고, 범죄가 많은 지역은 중구 동성로 클럽 골목이나 수성구 황금동, 동대구역 주변 등 유흥업소 밀집 지역이다.

범죄는 보호능력이 없는 사회적 약자들에게 치명적이다. 혼자 사는 독거노인, 청소년, 정신질환자들에게는 범죄자가 쉽게 접근할 수 있다. 혼자의 힘으로는 스스로를 방어할 수 없기 때문에 이들에 대한 국가의 지원이 필수적이다.

불과 얼마 전 묻지마 흉악범죄 때문에 전 국민이 불안에 떨었다. 묻지마 범죄자들은 사회 부적응과 은둔형 외톨이 등 다른 사람들과 소통이 단절된 상태에서 범죄를 저지르는 경우가 많다. 또한, 조현병 환자 중에서 치료를 중단한 사람들도 위험군에 속한다. 따라서, 지역 내 다양한 기관의 노력과 협업이 매우 중요하다. 먼저 경찰의 역할이 무엇보다 중요하다. 늠름한 경찰이 제복을 입고, 순찰을 해야 한다. 순찰은 범죄의 예방은 물론 시민들의 범죄에 대한 두려움도 줄여줄 수 있다. 곳곳에 경찰관이 있다는 사실은 범죄자들에게 범죄를 단념하게 만든다. 파출소와 지구대에서 나와서 중요 거점을 중심으로 거점 순찰, 예방 순찰을 강화해야 한다. 경찰력의 한계가 있기 때문에 지역 주민들과 함께 합동으로 순찰하는 등 공동체치안을 만들어야 한다. 이런 점에서 자율방범대, 녹색어머니회, 해병전우회 등은 중요한 자산이다. 또한, 경찰과 지방자치단체가 과학적인 분석을 통해 지역 내 공원이나 산책로, 통학로 등에 고성능 CCTV를 설치하고, 환경설계를 통한 범죄예방(CPTED, Crime Prevention Through Environmental Design)을 확대해야 한다. 첨단 AI 기술을 치안에 활용해서 시민들을 적극적으로 안전하게 보호해야 한다.

끝으로, 지금 경제 상황이 안 좋다. 양극화도 심화되고, 경제적 빈곤층들이 많다. 실패를 겪으면서 사회에 증오를 가진 사람들이 흉악범죄로 연결되지 않도록 국가가 따뜻하게 포용해야 한다. 이들에 대한 맞춤형 복지정책이 필요하다.

대구신문 대구논단(2024. 5. 30.)

2025년 치안 전망과 경찰의 과제

최근 범죄의 현황과 원인을 면밀하게 분석하고, 앞으로의 치안정책 방향을 설정하는 것은 경찰의 가장 중요한 과제이다. 경찰대학 치안정책연구소에서 발간한 「치안전망 2025」 보고서를 중심으로 올해 2025년 범죄 추세와 경찰의 과제를 제시해 보고자 한다.

작년 한 해 동안 발생한 전체 범죄 건수는 전년도와 비교해서 약 6% 증가한 것으로 나타났다. 이 보고서에서는 올해 지능범죄와 사이버 범죄가 더욱 늘어날 것으로 전망했다. 특히, 사기·횡령·배임 등 지능범죄는 2019년 38만 건에서 2023년 43만 건으로 증가해 최근 5년간 15개 범죄 유형 중 가장 많이 발생했다. 지능범죄는 2019년 이후 증가추세로, 2021년 경찰의 전기통신금융사기 집중 단속으로 다소 감소했지만 2022년 이후에는 다시 증가추세로 반등했다.

일반적으로 경제가 어려운 시기에는 사기와 횡령 등 지능·경제범죄가 증가하는 경향이 있고, 특정경제범죄의 유형 중 전자금융거래법 위반, 저작권법 위반이 증가할 것으로 예상된다. 특히 전세·보험 사기, 투자 리딩방 사기범죄는 2021년 이후 증가추세가 이어지고 있다.

사이버 범죄도 최근 10년간 2배 이상 증가했다. 사이버 사기는 사이버 범죄의 가장 큰 부분을 차지하고, 사이버 명예훼손과 모욕범죄도 심각한 수준이다.

또한, 교제폭력과 스토킹범죄도 증가세를 이어갈 것으로 예상된다. 어느 연구에 따르면, 각 세대별 1인 가구 여성의 범죄피해 발생률은 2인 이상 가구 여성보다 높았고, 범죄에 대한 두려움 수준도 1인 가구 여성이 2인 가구 여성보다 높은 것으로 조사되었다. 치안정책 수립에 있어 주목해야 할 내용이다.

교제폭력에 대해 효과적인 대응을 위해서는 지자체와 경찰청을 중심으로 집중 상담소, 법률전문가, 쉼터, 여성정책 연구기관 등 유관 기관 간의 협력 시스템 구축이 필요하다.

아울러 아동학대범죄는 작년과 비슷하거나 소폭 감소할 것으로 예상되지만, 정서학대와 성학대는 소폭 증가할 것으로 전망된다. 학교폭력은 2024년 9월까지 14,710건 발생, 전년 동기간 대비 28.7% 증가, 특히 협박, 모욕·명예훼손, 강요, 재물손괴 등 2023년 9월 대비 47.4%로 높게 증가하여 올해도 이러한 증가세가 지속될 것으로 전망된다.

우리 사회에 마약범죄도 심각한 수준이다. 과거 조직폭력배와 유흥가에서 주로 통용되었던 마약이 우리 사회에 깊숙하게 들어왔다. 청소년, 대학생, 주부들에 이르기까지 더 이상 안전지대가 아니다. 마약범죄의 예방은 물론이고, 철저한 수사와 검거, 그리고 마약사범에 대한 집중적인 치료가 종합적으로 이루어져야 한다.

2024년 9월 기준으로 국내 체류 외국인은 268만 명으로, 전년 동기간 대비 7.0% 증가했다. 외국인의 국적 다변화와 증가에 따른 다양한 범죄 발생이 예상된다. 외국인범죄 대응 강화를 위한 경찰의 전문조직과 인력을 확대하는 등 적극적인 대처가 필요하다.

종합적으로 정리해 보면, 경찰의 치안정책은 예방 순찰의 강화, 지능형 CCTV 등 물리적인 환경설계를 통한 범죄예방(CPTED), AI와 과학 치안의 확대, 시민참여형 치안 거버넌스의 구축이 중요하다. 아울러 성폭력과 가정폭력, 학교폭력 등 사회적 약자 보호, 교통안전, 범죄예방과 생활안전 같은 업무는 국가경찰보다 자치경찰이 더 적합하다. 주민자치행정을 책임지고 있는 지방자치단체는 예산과 인력, 시설 측면에서 인프라가 튼튼하고, 여기에 경찰행정이 합쳐지므로써 상승효과가 배가되는 것이다. 아울러 최근 시민들이 불안해하는 묻지마 범죄, 자살 및 고독사, 아파트 층간소음 등 생활치안적 요소들에 대해서 자치경찰과 지역 공동체의 긴밀한 협력이 필요하다.

대구신문 대구논단 (2025. 1. 10.)

전쟁, 재난 그리고 범죄

전쟁, 재난, 그리고 범죄의 공통점이 있다. 그것은 국민의 안전하고 행복한 삶을 위협하는 암적인 존재라는 점이다. 평상시의 철저한 대비가 필요하다.

얼마 전 한국사 강사의 "한국사에서 가장 불행한 3세대" 강의가 화제다. 먼저 1660년대생은 그들이 10대 때 100만 명이 죽은 경신대기근과 30대 때 또 100만 명이 죽은 을병대기근을 겪었다. 또한 1580년대생은 태어난지 12년 후 1592년에 임진왜란을 경험했고, 30-40대의 나이에 이르러서는 정묘호란과 병자호란을 겪었다. 전 국토가 불에 타는 참혹한 현장을 경험한 세대이다. 그리고 1220년대생은 1231년 이후 몽골이 9번이나 침략해서 30년간 전쟁을 겪은 고려시대의 참으로 비참한 세대이다.

우리나라는 한반도의 지정학적 위치상 외적의 침략을 많이 받았다. 전쟁으로 많은 사람들이 죽었고, 적에게 잡혀 갔고, 가옥과 문화재들이 불에 탔다. 지금도 우크라이나와 가자 지구에서의 전쟁은 그 참혹함과 안타까움을 여실히 드러낸다.

모든 전쟁은 비극이다. 전쟁은 가족과 친구가 죽고, 공동체가 파괴되며 국가의 사회경제적 발전이 정지된다. 아니 퇴보한다. 전쟁은 물적, 인적 자본의 감소뿐만 아니라 국민들의 장기적인 신체적, 심리적 질병도 포함한다. 전쟁이 끝나도 피해를 복구하는 과정에서 수십 년간 수많은 비용과 노력이 투입된다. 전쟁은 가용할 수 있는 모든 수단을 사용해서 반드시 막아야 한다.

재난도 마찬가지다. 앞서 언급한 경신대기근은 조선 현종 재위 기간인 1670년(경술년)과 1671년(신해년)에 있었던 대기근이다. 한국 역사상 가장 비참한 기아 사태였으며, 조선 8도 전체의 흉작이라는 최악의 사태가 발생하였다. 그 당시 조선 인구 1200~1400만 명 중 최소 15만에서 최대 85만 명이 사망하는 엄청난 피해를 입었다. 아울러 태풍 등 풍수해, 산불, 가스폭발, 건물 붕괴, 대형 교통사고 등도 국민의 생명과 재산을 파괴하는 재난들이다.

2014년 4월, 304명의 아까운 생명을 잃은 세월호 참사로 인해 대한민국은 실로 많은 것을 잃었다. 2015년에는 신종 감염병인 메르스 사태로 인해 16,752명이 격리되고, 186명의 확진자 중에서 38명이 사망했다. 또한, 2022년 10월 29일 22시 15분경, 서울시 용산구 이태원동에서 발생한 대형 압사 사고는 다시는 일어나서는 안 될 비극적인 사고이다. 당시 이태원에는 할로윈을 앞두고 많은 사람들이 모였으며, 해밀톤호텔 앞 좁은 골목길에 많은 인파가 몰리면서 많은 사상자가 발생했다. 이처럼 각종 재난과 사고 등으로 인해 우리 사회가 휘청거렸다.

또한, 우리 사회에 마약범죄도 이제 남의 일이 아니다. 과거 조직폭력배나 유흥가에서 주로 통용되었던 마약이 지역사회 곳곳에 들어왔다. 청소년, 대학생, 주부들에 이르기까지 안전지대가 아니다. 최근에는 외국인 마약류 범죄가 증가하고 있다. 2023년 9월 기준 국내 체류 외국인은 251만 명이다. 대구시 전체 인구와 맞먹는 수치이다. 마약은 초기에 잡지 못하면 급속하게 확산된다. 마약은 살인이나 강도 등 강력범죄로 이어지고, 국가안전에 커다란 구멍이 생긴다. 마약이 활개치고 있는 국가는 치안이 불안하고 경제가 어려운 후진국가들이 대부분이다. 아울러 경제가 어려운 시기에는 사기와 횡령 등 지능·경제범죄가 증가하는 경향이 있다. 보이스 피싱, 전세 사기, 주식투자 리딩방 등 사기범죄의 피해자는 엄청난 규모의 재산 피해는 물론이고, 심지어는 피해자들 중에서 극단적인 선택을 하는 경우도 있다.

요컨대, 국가는 국민을 안전하게 보호할 의무가 있다. 그것이 국가의 존립 목적이다. 안전한 국가가 복지국가이다. 국민에게 신뢰받는 정부의 구축, 국제사회의 안전 공조 거버넌스 구축 등의 정책적 노력이 필요하다. 재난과 범죄는 사회적 약자에게 더 고통과 위험을 준다. 위태로운 이들의 삶을 지탱해 줄 안전망을 확보하고 불평등을 개선해야 한다. 또한, 국가는 위기관리 역량을 키워야 한다.

대구신문 대구논단(2024. 8. 9.)

시민을 위한 경찰

경찰을 '민중의 지팡이'라고 한다. 지팡이는 혼자 걷기 어려운 사람들에게 꼭 필요한 도구이다. 경찰은 혼자서는 자신의 안전을 지키기 어려운 아동, 노인, 장애인 등 사회적 약자들을 위해 24시간, 365일 빈틈없이 일한다. 이런 경찰이 이제는 '거리의 판사', '사회 문제 해결자'라는 별칭으로 불린다. 과거의 경찰은 범죄자를 빠르게 수사 후 검거하여 신속하게 범죄 문제를 해결하는 것에 치중했다. 하지만 영국이나 미국 등 주요 선진국의 현대 경찰 활동을 보면, 지역사회의 거의 모든 분야와 협력하여 범죄발생을 예방하고, 범죄로부터의 피해를 최소화하는 것을 목표로 하는 '지역사회 경찰 활동'으로 전환하고 있다. 따라서, 현대 경찰 활동의 가장 바람직한 전략은 지역사회로부터 여러 요구나 생각을 경청하는 것이다. 여기에는 일선 경찰관의 도보 순찰, 지역사회 조직화, 시민 친화적 소통 강화 등이 포함된다. 즉 경찰이 단순히 '범죄에 대한 투사'를 넘어서 넓은 의미의 '사회 문제 해결자'로서의 개념으로 확대되었다고 할 수 있다.

실제로 일상생활 속에서 일어나는 많은 문제들이 경찰과 관련된 일이다. 시민들이 자주 접하는 교통 문제, 범죄예방을 위한 순찰 및 생활안전, 학교폭력, 가정폭력 등이 경찰의 업무이고, 2021년 7월 1일 공식적으로 출범한 자치경찰제는 보다 친근한 이미지의 경찰로 시민 속으로 들어왔다. 실로 경찰역사 76년 만에 자치경찰제가 실시된 큰 변화이다.

사실 자치경찰제는 검·경 수사권 조정으로 인해 확대된 경찰권력을 견제하기 위해 시행되었다고 할 수 있다. 경찰청장을 정점으로 하는 중앙집권적인 국가경찰 구조가 경찰청장(국가경찰), 자치경찰위원회(자치경찰), 국가수사본부장(수사경찰)의 '3원' 체제로 바뀐 것이다. 원래 의도했던, 국가경찰과 분리되어 적절한 책임과 권한을 가진 자치경찰이 아닌 '자치경찰관'이 없는 자치경찰제, 국가경찰관이 수행하는 자치경찰 사무로 출범하였다.

자치경찰은 아동·청소년·여성 등 사회적 약자 보호, 교통지도·단속 및 교통질서 유지, 범죄예방과 생활안전 업무 등 시민들과 가장 가까운 곳에서 시민들의 안전 업무를 수행한다. 이러한 업무는 자치경찰이 국가경찰보다 더 잘할 수 있다. 왜냐하면 주민자치행정을 책임지고 있는 지방자치단체는 예산과 인력, 시설 측면에서 기초적인 인프라가 튼튼하고, 여기에 경찰행정이 결합되니 시너지효과가 나는 것이다. 즉, 자치경찰은 주민자치행정과 경찰행정을 연계할 수 있는 장점이 있다. 자치경찰제가 안정적으로 정착되어 최고의 치안 안정성을 유지하면서 자치분권의 이념을 실현할 수 있도록 자리매김해야 한다.

여기서 한 가지 분명한 사실이 있다. 경찰 혼자서는 지역사회의 범죄 문제를 해결할 수 없다는 것이다. 지역의 통·반장들과 주민자치위원들은 동네 안 구석구석을 잘 안다. 해당 지역의 특성과 주민들의 실정을 가장 잘 아는 지역 주민들과 현장 경찰관이 같이 동네를 순찰하고, 지역치안 문제에 대해 정책대안을 제시하는 '공동체치안', '협력치안'을 확립하는 것이 중요하다. 시민과 소통하고 협력하는 경찰, 시민이 참여하는 동네치안, 어르신이나 아동 등 사회적 약자를 보호하는 견고한 치안 시스템을 만들어야 한다.

현재 대구경찰청은 대구시민의 안전을 위해 치밀하게 치안 여건을 분석해서 촘촘하고 든든한 치안정책을 펼치고 있다. 전국 경찰청 평가에서도 대구경찰청은 최고의 수준을 유지하고 있다. 보다 분발하여 제복 입은 경찰관들의 예방 순찰, 지능형 CCTV 등 물리적인 환경설계를 통한 범죄예방, 과학치안 시스템의 도입, 시민참여형 치안 거버넌스 구축 등 주민자치행정과 경찰행정을 잘 결합해서 대구시민을 안전하게 보호해야 한다. 아울러 치료를 중단한 조현병 환자에 대한 치료 시스템, 지역 내 은둔형 외톨이 및 사회적 약자들에 대한 맞춤형 복지정책이 필요하다. 시민의 건강과 안전이 가장 큰 복지정책이다.

대구일보 특별기고(2024. 6. 10.)

제복 입은 시민

경찰, 군인, 소방 공무원의 공통점이 무엇일까? 제일 먼저 생각해 볼 수 있는 것이 바로 위험한 곳에서 시민의 안전을 위해 일한다는 점이다. 경찰 공무원은 범죄가 발생하는 치안 현장에서, 군인은 전투가 발생할 가능성 있는 전장(戰場)에서, 그리고 소방 공무원은 화재나 재난이 발생하는 위험한 사고 현장에서 일을 한다. 그러한 위험한 현장에서 일을 하기 때문에 상하 간 명령체계가 확실하고, 자기희생 정신과 투철한 사명감이 강한 업무 스타일을 갖고 있다.

또한, 경찰과 군인, 소방 공무원은 24시간, 365일 단 1초도 예외 없이 국민을 보호하는 안전 현장을 책임지고 있다. 어떤 돌발 변수가 생길지 모르는 위험한 현장에 출동하여 대응 조치하고, 추가적으로 생길 수 있는 불의의 사고를 대비해야 한다. 늘 긴장 속에서 현장에 임하고 있다. 따라서 끊임없는 교육과 훈련을 통해 업무에 대한 전문성을 높이고, 위기발생 현장에서 사용할 문제해결 역량을 키운다.

아울러 이들 모두는 제복을 입는 공통점이 있다. 여기서 제복이 갖는 의미는 특별하다. 제복은 자기를 희생하면서도 국가가 부여한 임무를 완수하겠다는 의지의 상징이다. 또한 어떤 이는 제복을 "국가를 위해 자신의 목숨이 다할 때까지 이 제복을 입고 있겠다는 일종의 수의(壽衣) 성격도 있다"고 한다. 이 대목에서는 뭉클하다.

얼마 전 술에 취한 남성이 구급차에서 난동을 부리다가, 급기야 출동한 구급대원의 머리를 때려 결국 그 구급대원이 뇌출혈로 숨진 경우가 있었다. 화재 및 재난 현장뿐만 아니라 119 소방관들은 시민들이 위급한 상황에 출동해서 구조를 한다. 하지만 현장에 출동한 소방관들에게 폭언과 욕설, 폭행까지 하는 경우가 적지 않다. 최근 4년간 발생한 119 구급대원을 대상으로 한 폭행 사건은 970여 건, 한 해 평균 240건 수준이다.

지난해 3월 A씨는 대구 동구의 한 가게 앞에 누워있다는 신고를 받고 출동한 경찰이 귀가를 요구한 것에 화가 나 욕설과 폭행을 한 혐의 등으로 재판에 넘겨졌다. 대구지방법원은 경찰관을 폭행한 혐의로 기소된 60대 남성 A씨에게 징역 1년을 선고했다. 이처럼 제복 입은 경찰, 소방 공무원들이 최일선 현장에서 연일 수난을 겪고 있다. 국민의 안전을 위해 밤낮으로 헌신하고 있는 제복 공무원에 대한 폭행은 그들의 사기 저하는 물론이거니와 궁극적으로 우리 사회 전체의 안전을 약화시킨다.

미국은 제복 입은 공무원들에 대한 사회적인 예우가 강한 국가이다. 미국 국민들은 그들에 대해 깊은 존경심을 갖고 있는데, 국가를 위해 순직한 군, 소방, 경찰 공무원 모두 별도의 추모 기간을 정해 촛불 추모제 등 다양한 행사를 성대하게 개최한다. 전사자 유가족을 '골드스타 패밀리'라고 부르며 예우한다. 앞으로 우리도 경찰, 군인, 소방관 등 제복 근무자들에 대한 감사의 마음과 함께 최대한의 예우를 하는 사회 분위기가 조성됐으면 좋겠다.

여기서 필자는 독자들에게 경찰관들이 자주 읽는 '어느 경찰관의 기도'라는 글을 소개한다.

"신이시여! 질서와 행복을 위한 봉사가 우리의 길이라면 끝없는 도전에도 굽히지 않는 용기와 힘을 주소서, 거친 세상에서 옥석을 가리는 지혜를 주시고 사랑의 손으로 약자들의 호루라기가 되게 하소서, 우리를 찾는 이웃에게 주저 없이 달려가 봉사하게 하시고 세상이 알아주지 않아도 눈빛 맑은 오뚝이로 세워 주소서, 쉴 틈이 없어도 주저앉지 않으며 재물의 유혹에 빠지지 않게 하시고 법의 공정한 저울 아래 정의롭고 진실되게 하소서, 그리고 사명을 다하다 비로소 신의 부름을 받을 때 저의 가족을 돌보아 주시고 훌륭한 경찰관으로 기억되게 하소서."

위험한 현장에서 제복을 입고 헌신하는 공무원들은 명예와 사기가 무엇보다 중요하다. 그들의 사기가 바로 국가의 안전을 담보한다고 할 수 있다. 국민의 생명과 재산은 경찰, 군인, 소방 공무원 등 제복 입은 공무원들이 지킨다. 그러면 경찰, 군인, 소방 공무원은 국가가 지켜주어야 한다.

대구신문 대구논단(2024. 7. 12.)

자치경찰의 생생한 기록, 『자치경찰 에세이』 출간

대구시 자치경찰의 태동과 역사적인 출발, 그리고 시민 안전과 사회적 약자 보호, 교통안전 활동과 성과를 알기 쉽도록 책을 출간했다. 필자는 제1기 대구시 자치경찰위원회 상임위원이자 사무국장으로 활동했다. 『자치경찰 에세이(출판: 박영사)』는 1권과 2권으로 구성되어, 총 1,000여 페이지로 방대하다. 임기 3년간 필자가 발표한 자치경찰 칼럼들, 특강과 현장 설명회와 주민 소통 내용, 방송 출연, 저자의 일기와 언론 보도내용 등을 중심으로 기록한 생생한 대구시 자치경찰의 역사이다.

경북일보 2024-07-26 (금) 014면

대구자치경찰 태동부터 현재까지

자치경찰 에세이
자치경찰, 현장에서 답을 찾다
박동균 지음
박영사
3만4000원

박동균 제1기 대구 자경위 상임위원

대구시 자치경찰의 태동과 시민안전 활동, 성과 3년간의 흥미진 대구시 자치경찰의 태동과 역사적인 출발, 그리고 시민 안전과 사회적 약자 보호, 교통안전 활동과 성과를 알기 쉽도록 책이 출간돼 화제다.

박동균 제1기 대구 자경위 상임위원(대구한의대 경찰행정학과 교수)이 대구시 자치경찰의 태동과 시민안전 활동, 성과 3년간의 흥미진진한 생생한 기록을 묶은 '자치경찰 에세이'를 책으로 출간했다. 저자 박동균 교수는 제1기 대구시 자치경찰위원회 상임위원이자 사무국장으로 활동했다. '자치경찰 에세이(출판 박영사)'는 1권과 2권으로 구성돼 총 1000여 페이지로 방대하다.

임기 3년간 저자가 발표한 자치경찰 칼럼들, 특강과 현장 설명회와 주민 소통 내용, 방송 출연, 저자의 일기와 언론 보도내용 등을 중심으로 기록한 생생한 대구시 자치경찰의 역사이다. 저자 박동균 교수는 명실공히 우리나라의 대표적인 경찰행정 전문가이다. 현직 대구한의대 경찰행정학과 교수로 한국치안행정학회장, 한국경찰연구학회장, 대구경찰청 수사심의위원장, 경북경찰청 손실보상심의위원장, 대통령 소속 지방자치발전위원회 자문위원을 지냈다.

2021년 5월 20일 자치경찰위원회 출범과 함께 박동균 교수는 대학을 휴직하고, 대구시 자치경찰위원회 사무국장(상임위원)으로 취임했다. 대구시 자치경찰제는 그 후 시범 실시하고, 그해 7월 1일부터는 공식적으로 활동을 시작했다. 경찰 창설 이후 76년 만에 시행된 자치경찰 제도이다. 원래 의도했던 국가경찰과 분리돼 적절한 책임과 권한을 가진 자치경찰이 아닌 '자치경찰관'이 없는 자치경찰제, 국가경찰관이 수행하는 자치경찰 사무로 출범했다.

여러 가지 한계가 있는 제도 속에서도 지난 3년간 대구형 자치경찰은 시민안전을 위한 많은 성과를 냈다. 이 과정에서 저자가 겪게 되는 아쉬움과 어려움, 한계 등이 책 속에 절절히 표현돼 있다. 필자는 이 책 '자치경찰 에세이'에서 주민자치행정을 책임지고 있는 지방자치단체의 예산과 인력 등 여러 이유를 들며 "사회적 약자 보호, 교통안전과 생활안전 같은 자치경찰 업무는 국가경찰보다 자치경찰이 더 잘할 수 있다"고 말한다.

'자치경찰 에세이'는 박동균 대구시 자치경찰위원회 상임위원의 3년간 현장 경험을 그대로 담아 자치경찰을 연구하고, 실행하는 공직자와 학자, 학생들은 물론이고, 시민안전과 지방자치, 경찰행정에 관심 있는 모든 이에게 유용한 자료가 될 것이다.

김윤섭 기자 yskim@kyongbuk.com

제1기 대구 자경위 상임위원

3년간의 생생함 책으로 출간

자치경찰의 교과서 역할 기대

재난은 가난한 사람들에게 더 가혹하다

유명한 우리 영화 '기생충'에서 주인공 송강호가 사는 집은 반지하 주택이다. 영화 장면 중에 폭우가 쏟아져 집에 물이 가득 차는 장면이 나온다. 2022년 8월 9일 새벽, 서울과 인천 등 수도권에 짧은 시간에 실로 엄청난 폭우가 내려 물바다가 되었다.

서울 신림동의 다세대 주택 반지하에서 40대 자매와 10대 여아 1명이 폭우로 들어온 물에 익사한 채 사망했다. 이 중 한 명은 발달장애인이었다. 비는 똑같이 내렸지만 재난은 이렇게 가난한 사람들에게 더 치명적이다.

미국 컬럼비아 대학의 머터 교수는 "재난은 평등하지 않으며, 가난한 사람들에게 더 혹독하다"고 말했다. 아직까지도 종식되지 않은 코로나19 사태도 이런 사실을 여실히 보여주고 있다. 코로나19 바이러스는 부자와 가난한 자를 가리지 않고 공격한다. 하지만 그로 인한 위험과 고통은 가난한 자들에게 훨씬 더 위협적이다.

이는 2005년 미국 뉴올리언스에서 발생한 허리케인 카트리나와 2010년 아이티의 지진 사례에서도 증명된 바 있다. 강이 범람하는 지역이나 오래된 낡은 건물 등 가난한 지역에 위험이 더 노출된다. 재난

피해의 크기는 재난의 크기가 아니라, 사회구조와 빈부격차, 기존에 있던 부조리와 불평등이 그 크기를 결정한다.

스톡홀름 국제경제연구소의 데이비드 스트롬버그는 과학적 분석을 통해서 재난 발생 시 사망자 수와 소득수준 간에 강한 상관관계가 있음을 밝혀냈다. 재난형태가 동일한 지리물리학적 사건이 발생할 때, 부유한 국가의 사망자 수는 가난한 국가의 사망자 수의 30% 밖에 되지 않았다. 또 다른 연구에서는 동일한 재난이 발생해도 선진국 사망자 수는 개발도상국의 30%에 그친다고 분석했다.

코로나19의 사례로 돌아가 보자. 세계 최강대국 미국은 이번 코로나19 상황에서 많은 사망자가 발생했다. 뉴욕시에서 발생한 사망자의 62%가 흑인과 히스패닉이다. 이들은 미국 사회에서 상대적으로 경제 취약계층이다. 미국은 감염확산을 막기 위해 각 주정부마다 집에서 나오지 말라고 행정명령을 내렸지만 집 없는 사람이 수십만 명이다.

스스로를 격리할 집이 있는지, 재택근무가 가능한 직종인지, 며칠간 휴직하고도 생계를 이을 수 있는지에 따라 생명권에 격차가 생겼다. 취약계층은 재난피해를 복구하기 위한 보험 등 재정자원도 부족할 뿐만 아니라 안전한 주거와 식량, 연료를 확보하는데도 어려움을 겪는다. 저소득층의 온열질환 발생률은 고소득층의 2-3배 높다는 통계도 있다.

우리나라 헌법 제34조에 따라 모든 국민은 인간다운 생활을 할 권리를 가진다. 신체장애자 및 질병·노령 기타의 사유로 생활 능력이 없는 국민은 법률이 정하는 바에 의하여 국가의 보호를 받는다. 국가는 재해를 예방하고 그 위험으로부터 국민을 보호하기 위하여 노력하여야 한다고 규정되어 있다.

국가는 가난하고 위태로운 사람들의 삶을 지탱해 줄 안전망을 확보하고, 불평등을 개선해야 한다. 재난은 자연적인 사건일 뿐만 아니라 정치적, 경제적 속성을 갖고 있다. 독거노인, 중증장애인, 아동 등 사회적 약자들은 자신만의 힘으로 여러 형태의 재난을 극복하기 어렵다. 길고 무더운 여름, 폭우와 태풍 등으로부터 국가는 이들을 보호해야 한다.

경안일보(2022. 8. 11.)

교통사고를 막을 수는 없나?

우리 일상생활 속에서 안전을 위협하는 가장 큰 문제가 교통사고다. 그만큼 교통사고의 예방과 안전은 세계 모든 국가에서 중요한 정책과제로 자리 잡고 있다.

하지만 교통사고는 최근에 발생한 일이 아니다. 역사적으로 볼 때, 19세기부터 마차에 깔리거나 치어서 죽는 사고가 자주 발생했다. 실제로 마리 퀴리의 남편이자 노벨물리학상을 공동 수상한 피에르 퀴리도 1906년 빗길에서 음주운전한 마부의 마차 바퀴에 깔려 현장에서 사망했다는 기록이 있다. 조선 최초의 교통사고는 1899년 5살 어린이가 노면전차에 치어 숨진 사건이라고 한다.

이와 같이, 말을 타고 가든, 말이 끄는 마차든, 자전거나 자동차든 교통사고의 위험성은 상존한다. 일반적으로 교통사고는 신호위반, 음주운전, 졸음운전 등 운전자의 과실로 인한 사고, 그리고 급발진과 같은 자동차 자체의 문제로 인한 사고 등 다양한 이유로 발생한다. 그러면 시민의 안전을 위협하는 교통사고를 사전에 막을 수는 없을까?

2021년 7월 1일부터 전국적으로 시행하고 있는 대구시 자치경찰도 교통사고 예방에 많은 관심과 에너지를 쏟고 있다. 필자가 대구시 자치경찰위원회 사무국장으로 근무할 때, 대구시민들을 대상으로 설문 조사를 한 결과, 운전할 때 위협이 되는 유형에 대한 질문에 음주운전(45%)을 가장 위험하다고 응답했다. 그 다음이 노인의 운전 미숙(40%), 불법 주정차 및 방치(13%)의 순으로 나타났다.

음주운전으로 인한 사망률은 일반 교통사고에 비해 7배나 높다. 혈중 알코올농도 0.1%에서는 사고 위험이 6배, 0.15% 수준에서는 25배까지 상승한다는 연구결과도 있다. 음주운전의 위험성에 대한 경각심 교육과 지속적이고 체계적인 단속이 필요하다. 비가 와도, 달구벌대로와 같은 넓은 도로에서도, 아침이나 대낮에도 음주단속을 지속적으로 실시해야 한다. 특히, 음주 후 도주차량, 운전자 바꿔치기 등은 강하게 형사 처벌해야 한다.

일반적으로 대구시와 경찰청에서는 교통사고를 줄이기 위해서 3E 전략을 활용한다. 첫째, 규제(Enforcement)는 신호위반, 과속 등 법을 위반했을 때, 범칙금과 벌점, 면허취소나 정지 등으로 규제·단속하는 것이다. 최근에는 고속도로에서의 드론 순찰, 교통단속 암행순찰차도 병행하고 있다. 둘째, 안전 시설(Engineering)로서 횡단보도의 위치, 가드레일 설치, 도로의 선형 개선 등 교통공학적인 요소를 말한다. 셋째, 교육(Education)으로 운전자 교육과 초·중·고, 시민안전 교육 등 계몽 같은 것을 말한다.

특히, 어린이와 어르신 등 교통약자를 위해 개선이 필요한 도로 현장을 꾸준하게 점검해서 운전자와 보행자 모두가 안전할 수 있도록 대구시청, 대구경찰청, 교육청 그리고 대구시 자치경찰위원회가 적극적으로 협업해야 한다. 도로 위의 안전은 종합적인 책임 문제이다. 사회의 많은 분야를 연결하는 안전 파트너십은 교통사고를 예방하고, 시민안전을 촉진하는 매개체 역할을 할 것이다.

흔히들 운전은 '허용된 위험'이라고 한다. 운전하는 그 자체가 위험성을 동반한다는 의미다. 내가 교통법규를 잘 지키고 운전을 해도 다른 운전자들이 과속이나 중앙선 침범 등 교통법규를 위반해서 운전을 하면 필연적으로 사고가 나기 때문이다. 이런 의미에서, 교통에서는 '신뢰의 원칙'이 중요하다. 내가 교통법규를 준수하는 만큼, 다른 사람도 교통법규를 준수할 것이라고 신뢰하는 것으로, 다른 사람이 상식 밖의 행동이나 비이성적인 행동으로 법규를 위반하여 행동하는 것까지 미리 예견하여 방어운전 및 조치할 의무는 없다는 형법상의 법리를 말한다. 음주운전, 졸음운전, 휴대폰을 보면서 하는 운전은 절대 안 된다. 일상생활 속에서 운전자는 반드시 신호를 지켜야 한다. 운전자도 자동차에서 내리면 보행자이다. 안전한 도로는 결코 우연히 만들어지지 않는다.

경북일보 특별기고(2024. 6. 5.)

대구일보

2023년 12월 27일 수요일 018면 오피니언

음주운전 제로, 과학적 분석으로 도전하다

특별기고

박동균
대구시 자치경찰위원회
상임위원(사무국장)

지난해 대구에서 발생한 교통사고 사망자 66명 가운데 10명이 음주운전 교통사고로 목숨을 잃었다. 아무리 경찰이 단속을 해도 음주운전이 줄지 않고 있다. 음주운전으로 인한 사망률은 일반 교통사고에 비해 7배나 높다. 혈중 알코올농도 0.1% 에서는 사고 위험이 6배, 0.15% 수준에서는 25배까지 상승한다는 연구결과도 있다.

작년에 대구시 자치경찰위원회에서 대구시민들을 대상으로 설문조사를 한 결과 운전할 때 위협이 되는 유형에 대한 질문에 대해서 음주운전(45%)을 가장 위험하다고 응답했다. 그 다음이 노인의 운전 미숙(40%), 불법 주정차 및 방치(13%)의 순으로 나타났다. 음주운전의 위험성에 대한 경각심 교육과 지속적이고 체계적인 단속이 필요한 시점이다.

대구시 자치경찰위원회와 대구경찰청은 연말연시에 신년 모임 등 각종 술자리 모임이 늘어날 것으로 예상하고, 그에 따라 음주운전으로 인한 교통사고가 우려되어 2023년 11월 27일부터 2024년 1월 말까지 10주간 음주운전 근절 총력 대응에 나섰다. 이번 집중 단속 기간에는 대로 음주운전 단속을 확대한다. 대로 단속은 평소 경찰서 단위로 실시하던 음주단속을 3~4개 경찰서가 연합해 1개 권역으로 편성, 총 3개 권역에 경찰력 및 장비를 집중해 장소 선정에 제한받지 않고, 시내 주요 도로 또는 유흥가 인근 대로에서 실시한다. 이와 같은 음주단속과 함께 대구시 자치경찰위원회는 2023년 8월부터 시작해서 국토교통부와 협업해서 교통, 행정 빅 데이터를 융복합 분석하여 음주운전 예방 활동의 최적 장소 분석모델을 구축했다.

대구시 자치경찰위원회는 국토교통부가 추진해 온 공간 빅 데이터 분석 플랫폼을 활용하여 대용량의 행정 데이터, 음주운전 사고 및 음주 신고, 상가 정보, 일반생활 데이터 등 광범위한 데이터를 수집, 분석해서 위험 등급별로 시각화하게 되었다.

이는 기존에 경찰관들의 경험에 의존하던 단속방식을 벗어나서 과학적이고 체계적인 방법으로 분석함으로써 음주운전 취약지역에 대한 대책을 수립하고, 선제적인 대응방안을 마련하기 위해서이다. 따라서 현장 경찰관들이 음주운전 예방 활동 지역을 쉽게 확인할 수 있도록 기존의 텍스트 기반 위치 데이터를 좌표 기반의 공간 데이터로 시각화하여 음주운전 근절과 지역밀착형 교통안전 대책 등에 활용할 예정이다.

대구시 자치경찰위원회는 이번 음주운전 예방활동 최적장소 분석모델을 기반으로 경찰서별 음주운전 사고 예방을 위한 취약지역 선정 및 단속 지점 선정에 높은 활용도를 기대하고 있다. 또한 대구경찰청, 도로교통공단 등과 협업하여 주요 음주운전 발생 예상지역에 대한 범시민 음주운전 사고 예방 캠페인 전개 등 교통안전문화 확산을 추진한다.

음주는 판단력을 흐리게 한다. 충동 조절이 제대로 안되고, 통제력을 상실하게 되며, 범죄행위에 대한 인식도 저하된다. 범죄를 연구하는 학자들 사이에 '술집 옆은 교도소'라는 우스갯소리가 있다. 음주는 폭력의 가해자나 피해자가 될 가능성, 교통사고, 낙상, 동사 등의 사고 위험이 높아진다.

음주를 하고 운전대를 잡는 것은 단순한 교통법규 위반행위가 아니고, 사람을 다치게 하거나 무고한 생명을 빼앗을 수 있는 중대한 범죄라는 점을 인식해야 한다. 대구시 자치경찰위원회와 대구경찰청은 지속적이고 강력한 음주운전 단속과 함께 처벌의 엄정성 분위기 조성으로 운전자들의 경각심을 높일 것이다.

층간소음 갈등, 해법은?

아파트와 공동주택에서 층간소음, 반려동물 냄새, 담배 연기 등으로 층간 분쟁, 이웃 간의 갈등이 심각한 사회 문제로 나타난 지 오래다.

인천 층간소음 흉기난동 사건은 2021년 11월 15일 오후 5시경 인천시 남동구 서창동의 한 빌라에서 층간소음 갈등으로 벌어진 사건이다. 위층의 층간소음 및 흉기난동 가해자인 남성이 본인을 신고한 아래층 일가 3명에게 흉기를 휘둘러 남편은 오른손 인대를 크게 다쳤고, 딸은 얼굴 쪽에 7cm의 깊은 부상을 입었으며, 아내는 경추 부상으로 의식불명에 빠졌다. 피해 가족 모두에게는 정말 끔찍한 사건이다.

지난 7월 5일에는 부산시 북구에서 이웃 간에 반려견 갈등으로 살인사건이 발생하였다. 아래층에 오랫동안 거주했던 A(60대)씨는 위층에 살던 B(40대)씨와 그의 초등생 딸인 C양에게 흉기를 휘둘러 B씨를 숨지게 했다. 범행 직후 A씨는 흉기로 스스로 복부를 찔러 의식불명에 빠졌다.

이처럼 이웃 간에 발생하는 층간소음 등의 극한 갈등으로 살인과 협박, 방화 등 끔찍한 사건이 끊임없이 발생하고 있다. 층간소음은 이제 생활치안 영역에서 매우 중요한 정책과제이다. 대구광역시 자치경찰위원회가 2022년 6월 23일부터 7월 8일까지 대구시에 거주하고 있는 성인남녀 1,000명을 대상으로 한 여론조사 결과, 공동주택 내 안전에 위협이 되는 가장 심각한 문제로 전체 응답자의 40.7%가 '층간소음, 반려동물 소음으로 인한 이웃 간 불화'를 지적했다. 또한, 현재 경찰에 접수되는 층간소음 신고는 하루 100건 이상이고. 이 중 90% 이상은 반복 신고이다.

또한, 어느 자료에 따르면, 최근 10년간 이웃 사이 소음 갈등으로 촉발된 살인 사건으로 22명이 살해되었고, 피해자가 위중한 경우를 합치면 희생자는 35명까지 늘어난다. 살인미수까지 포함하면 1년에 적게 잡아도 3~4명 정도가 살해당하고 있는 것으로 추정할 수 있다. 그리고 소음 분쟁 살인 사건의 72%는 범행 전 피해자와 가해자의 갈등이 3달 이상 지속되었다는 공통점이 있다. 이 기간에 공동체 내부에서의 조정이나 중재 등의 노력이 제대로 작동하지 않았다.

사실 아파트와 같은 공동주택에서 흡연이라든지 층간소음, 반려견의 소음과 냄새 등은 조금만 신경을 쓰면 다툼이 발생하기 전에 해결할 수 있다. 거실에 소음방지용 매트를 깔고 슬리퍼를 신거나, 밤 늦은 시간과 이른 아침에는 청소나 세탁을 삼가는 등 공동주택 생활의 기본 예절만 잘 지켜도 갈등을 크게 줄일 수 있다. 최근 실제 사례를 소개하면, 새로 이사 온 위층에서 떡과 음료수를 사서 아래층에 '우리 집에는 아이들이 둘이 있어 시끄러울 수도 있는데, 불편하지 않게 아이들에게 잘 주의시키겠습니다'라고 친근감 있게 인사를 왔다고 한다. 아래층에서는 약간의 소음에도 웃음으로 대응을 했다고 한다. 물론 모든 사람들이 이렇지는 않다. 소음에 항의를 하고, 그래서 다툼이 일어나고, 피해자는 경찰에 신고하고, 상대방은 경찰에 신고했다고 화를 내고, 또다시 소음이 일어나고, 그런 과정 속에서 감정이 쌓여 폭발하게 되는 것이다. 바라건대, 공동체 속에서 층간소음으로 고통받는 피해 주민들의 마음을 잘 표현해서 아파트 내부에 포스터나 방송을 하는 것도 층간 분쟁을 줄이는 좋은 방법이 될 수 있다. 소음 발생 등 법과 규정을 따지기에 앞서 소통과 공감을 위해 서로 노력하는 성숙한 공동체 의식이 필요하다.

2021년 7월 출범한 자치경찰제도 지역의 층간소음, 묻지마 범죄, 고독사 등 생활 속 치안 문제에 적극적인 관심을 가져야 한다. 이 문제들은 지역의 사정을 가장 잘 아는 지역 주민들이 적극적으로 참여해서 행정복지센터, 파출소와 지구대, 주민자치위원회, 아파트 관리사무소, 자율방범대 등과 소통하고 협력해서 공동체치안을 만들어야 한다. 이 공동체 속에서 해결하기 힘든 생활치안 문제를 스스로 완화시킬 수 있다. 자치경찰제는 생활치안 서비스를 제공하고, 갈등을 해결하는 주민자치행정과 경찰행정의 결합이다.

경북일보 특별기고(2024. 7. 16.)

개물림 사고

개물림 사고가 심심치 않게 언론에서 보도되고 있다. 2022년 4월 광주의 한 공원 사거리에서 입마개를 하지 않고 목줄이 풀린 중형견 4마리가 길을 지나던 소형견을 물어 죽이고, 개 주인까지 다치게 한 사건이 발생했다. 또한 2022년 5월 19일, 강원도 양양으로 신혼여행 중인 A씨가 아내와 생후 6개월 된 반려견을 데리고 산책을 나갔다가 보더콜리 종의 개에게 물리는 사고를 당했다. 아내가 필사적으로 온몸으로 반려견을 감싸고 저항하자 보더콜리는 부부까지 공격했다. A씨의 아내는 이 사고로 팔과 다리에 상처를 입고 병원치료를 받았고 현재까지 사고 후유증을 겪고 있다. 이들의 반려견도 곳곳에 상처를 입었다.

매년 전국에서 발생하는 개물림 사고는 2,000건이 넘는다. 특히 야외 활동이 잦은 봄철과 여름철(5월에서 8월)에 개물림 사고가 집중됐다. 대구지역의 경우를 보면, 2018년부터 지난해까지 4년 동안 지역에서 개물림으로 인한 병원 이송 건수는 262건이다. 최소 6일에 한 번씩 개에 물려 부상을 입는 사고가 발생하고 있다. 실제로 개물림 사고를 당했지만 신고하지 않고 넘어가는 사례까지 포함하면 훨씬 많은 개물림 사고가 있을 것으로 추정된다. 이렇게 반려동물로 인한 인명 사고가 계속되면서 시민들의 불안감이 늘어나고 있고, 이에 대한 지역사회의 경각심이 요구되는 실정이다.

이제 반려동물 보유 인구 1,500만 명의 시대이다. 현재 우리나라 반려동물 보유가구는 전체 가구의 29.7%로 해마다 증가하는 추세이다. 국민 4명 중 한명은 반려동물과 함께 한다는 의미이다. 이런 사회상을 반영하듯 지역의 각 대학에서는 반려동물보건학과, 애완동물과가 인기학과로 부상하고 있고, 동물병원, 애견 카페 등 반려동물 관련 산업이 호황을 누리고 있다.

개물림 사고는 반려동물 보유인구 증가와 동반하여 급증하는 추세다. 개물림 사고의 가장 대표적인 사례는 입마개와 목줄을 채우지 않아 발생한다. 이 말은 입마개와 목줄만 잘 하면 대부분의 개물림 사고를 예방할 수 있다는 의미이다. 반려견이 사회 속에서 사람과 어울려 살기 위해서는 주인의 통제와 훈련이 필수인데, 개물림 사고는 이러한 규정을 지키지 않는 보호자의 안일한 태도에서 시작되기 때문이다. "우리 애기(개)는 순해서 안 물어요." 입마개를 씌우지 않는 견주들이 자주 하는 말이다. 그러나 단순히 무는 행위가 아니더라도, 개가 달려들거나 핥으려는 행위 역시 타인에게는 위협과 불쾌감이 들 수 있다. 전문가들은 과거 누군가를 무는 시도를 했거나 물었다면 반드시 반려견의 입마개를 채우고 다녀야 한다고 강조한다.

또한, 소방청에서는 혹시라도 길에서 맹견을 만나면 뛰거나 뒤돌아서 도망가서는 안 된다고 교육한다. 갑자기 등을 보이고 뛰면 맹견을 자극할 수 있기 때문이다. 맹견이 접근해 온다면 우선 제자리에 가만히 서서 눈을 마주치지 말고 지나가기를 기다리는 것이 최선이라는 설명이다. 또 개가 공격해 올 경우 가방이나 옷 등으로 몸을 보호하고, 넘어졌을 때는 몸을 웅크려 목과 복부를 보호해야 한다. 가정에서나 학교에서도 이제 이런 교육은 필수적이라고 생각된다.

시민의 안전을 위해 우리 사회의 새로운 숙제가 생겼다. 반려동물은 어느 누군가에게는 사랑스러운 가족이다. 하지만 적절한 관리와 책임이 따르지 않는다면 누군가에게는 공포의 대상이자 불쾌함의 원인이 될 수 있다. 반려동물과 반려인, 비반려인 모두가 서로를 배려하고 존중하는 것이 무엇보다 중요하다. 서울시 자치경찰위원회에서는 반려견 순찰대를, 대구시 자치경찰위원회에서는 개물림 사고 예방 콜라보 프로젝트로서 "댕댕이와 함께 하는 안전한 세상" 기획 프로그램을 운영했다.

대구한의대 반려동물보건학과 학생들이 반려견에게
입마개를 씌우는 실습을 하고 있다.

경북일보 칼럼(2022. 6. 2.)

유해조수 포획과 주민 안전

2024년 7월 8일 밤 11시쯤 강원도 횡성군 공근면 마을회관 인근 야산에서 엽사 A(59)씨의 오인사격으로 쏜 엽탄에 동료 엽사 B(57)씨가 얼굴을 맞았다. B씨는 사고 직후 인근 병원으로 옮겨졌지만 중태다. 또한 지난 7월 13일 오후 8시 30분쯤 영주시에서는 콩밭에서 일하던 여성이 유해조수 포획 허가를 받은 엽사가 멧돼지로 오인해 쏜 총에 맞아 숨지는 사고가 발생했다. 이 엽사는 농작물 피해 신고를 받고 출동했던 것으로 알려졌다.

이틀 후인 7월 15일 경북 경산시 진량읍의 한 장미종묘장에서 일하던 A씨(73)가 유해야생동물 피해방지단 소속 엽사 B씨(54)가 쏜 엽총 산탄에 맞아 눈 위가 찢어지는 부상을 입었다. 엽사 B씨는 야생 오리가 농작물을 해친다는 주민 신고를 받고, 파출소에서 엽총 1정을 받은 후, 사고장소 부근에서 야생 물오리를 잡기 위해 A씨와 50여 미터 떨어진 곳에서 한 발을 발사했고, 발사된 산탄 알갱이가 제방 둑의 돌멩이에 맞고 튀어 인근에서 일하던 A씨가 맞아 다친 것이다.

최근 아프리카 돼지열병(ASF)의 확산으로 연중 멧돼지 포획 작전이 펼쳐지고 있는 가운데 엽총 오발이나 오인으로 인한 인명피해가 잇따라 발생하고 있다. ASF의 확산을 막고 농작물 피해를 줄이기 위해 유해조수 포획을 중단할 수도 없는 실정이다. 보다 실효성 있는 안전대책이 필요하다.

우리나라는 비교적 총기 규제가 엄격한 편이다. 그럼에도 불구하고 국내에서 엽총 오발 사고는 매년 10여 건씩 발생하고 있다. 경찰청 통계에 따르면, 전국에서 총기 사고는 2018년 15건, 2019년 15건, 2020년 8건, 2021년 10건, 2022년 9건 발생했다. 2018년부터 5년간 모두 58건이 발생, 15명이 사망했다. 이 중 대부분이 수렵 중에 발생한 사고들이다.

이와 같이 총기 오발, 오인 사고가 자주 발생하는 이유는 일부 엽사들의 안전불감증과 지방자치단체가 구성하는 야생동물 피해방지단 선발 체계의 미흡 때문이다. 지방자치단체가 운영하는 야생동물 피해방지단은 보통 30~50명의 엽사로 구성되는데, 최근에는 숙련도가 낮은 엽사들이 적지 않게 포함되어 있다. 현재 수렵 면허 취득과정은 비교적 허술한 편이다. 필기시험에 합격하면 수렵 강습을 받게 되는데, 20발의 사격과 4시간의 이론 교육만 받으면 곧바로 면허를 취득할 수 있다. 또한 포획실적이 없어도 유해조수 피해방지단으로 활동할 수 있다. 앞으로는 유해조수 포획단의 수렵 면허 취득 요건을 보다 엄격하게 하고, 철저한 안전 점검과 함께, 엽사들에 대한 안전교육을 강화해야 한다. 안전에 있어서는 교육이 매우 중요하다.

강조하건대, 총기 오발 사고 방지의 핵심 대책은 안전수칙의 준수다. 첫째, 실탄은 수렵 현장 도착 후에 장전하고 종료 후에는 반드시 제거한다. 둘째, 엽총 안전핀은 항상 잠금 위치에 놓고 사격할 때만 풀어야 한다. 셋째, 조준했을 때 사냥감이 100% 확실하게 식별되지 않으면 엽사는 절대 방아쇠를 당겨서는 안 된다. 특히, 어두운 밤이나 인가 근처의 논밭에서는 특히 조심해야 한다. 엽사들이 이와 같은 안전 수칙만 잘 지켜도 안전사고는 충분히 예방이 가능하다. 주민 보호를 위한 안전 수칙의 습관화가 필요하다. 또한, 현장에 투입된 엽사들이 유해 동물과 확실하게 구별할 수 있도록 야광봉이나 밝은 형광색 옷이나 조끼를 착용하는 등 비교적 간단한 안전 수칙도 중요하다. 아울러, 지방자치단체가 주민들에게 엽사들의 수렵 활동을 사전에 알리는 등 안전대책을 강화해야 한다. 우리 동네에 유해조수 포획을 위해 엽사가 투입될 때는 반드시 행정복지센터 등과 소통을 해서 주민들을 안전하게 보호해야 한다. 더 이상 유해조수 포획을 위해 주민이 희생되는 일은 없어야 한다. 모든 안전사고는 방심과 아집에서 나온다.

경북일보 특별기고(2024. 7. 24.)

대공수사권과 간첩 잡기

지금 우리 사회는 정치, 경제, 사회, 노동 등 각 분야에서 간첩 조직이 은밀하게 활동하고 있다. AI와 딥페이크 가짜뉴스, 반국가세력의 선전·선동이 판을 치는 SNS 시대에 진짜 적(敵)은 우리 내부에 있다. 아무리 군사력이 뛰어나도 성(城) 안에서 적군에게 정보를 주고, 심지어 대문을 열어주는 간첩이 있다면 그 전쟁은 백전백패할 수 밖에 없다. 치열한 국가 간의 무한경쟁과 남북분단의 특수한 상황에서 적을 돕는 간첩에 대한 감시와 색출은 국가안보에 있어서 무엇보다 중요하다.

간첩을 찾아내 국가보안법 위반 혐의를 적용해서 수사하는 권한을 '대공수사권'이라고 한다. 2020년 문재인 정부 당시 국정원이 갖고 있던 대공수사권을 삭제하는 국정원법 개정안이 국회를 통과했고, 3년간의 유예기간을 거쳐 올해 1월 1일부터 시행되었다. 현재 국정원의 대공수사권은 공식적으로 폐지되고, 이를 경찰이 전담하게 됐다. 경찰은 효과적인 대공수사를 위해 경찰청 국가수사본부 산하에 안보수사국을 설치하는 등 각종 수사 시스템을 구축하였다.

하지만 대공수사권이 국정원에서 경찰로 완전하게 넘어가면서 대공수사가 부실해질 것이란 걱정이 많다. 실제로 경찰에는 해외 방첩망이 없고, 여러 부서를 옮겨 다니는 순환보직 인사 시스템상 수사의 연속성과 전문성 확보가 어려운 것이 사실이다.

국가안보 시스템을 구축하는 데 있어서 해당 전문분야의 업무를 가장 잘할 수 있는 기관에 그 권한과 책임을 부여하는 것이 타당하다. 그런 점에서 볼 때, 국가안보를 해치는 간첩을 잡는 데 있어서 대공수사권은 국가정보원이 가장 잘할 수 있으므로 반드시 그 권한을 국정원에 부여해야 한다.

최근 북한은 내국인 포섭을 통한 지하당 구축을 통해 대남 공작 활동에 집중하고 있다. 이 과정에서 최첨단 통신 방법의 암호화, 고정 간첩에 대한 공작금 전달과 지령이 해외에서 은밀하게 진행되고 있다. 간첩을 색출하고 잡는 데는 적지 않은 시간과 노력이 소요된다. 대공수사는 수사 업무 중에서도 많은 시간과 인내, 내공이 필요한 전문수사 분야이다. 수사 업무 유형 중에서도 가장 난이도가 높다. 오랫동안 축적된 국정원 대공수사 전문 인력의 노하우와 고도화된 대북·국제 정보수집 시스템, 암호분석 등 과학수사 역량이 간첩 검거에 필수적이다.

최근 미국이나 영국, 독일 등 주요 선진국들에서 국가안보를 위협하는 요인에 대해 새로운 인식들이 발견되었다. 전통적인 국가안보의 위협이었던 적국의 스파이 행위, 군사도발, 테러리스트와 초국가 범죄단체의 위협들 이외에도 기후변화, 전염병과 신종 바이러스의 위협, 식량과 반도체 등 공급망, 사이버 공격과 해킹, 최첨단 신기술과 관련된 경쟁 위협들이 새롭게 인식된다. 특히 악의적인 가짜뉴스와 허위 정보, 정보 조작을 통한 사회 혼란 유발, 여론조작과 선거 개입 등이 새로운 국가 위해요소로 등장하였다. 이와 같은 위협들이 국가 생존과 직접적으로 연계되면서 주요 선진국들의 정보기관들은 복합적 국가안보 위협에 대응하기 위한 철저한 대비를 하고 있다.

하지만 우리나라는 정보기관의 수사 및 정보 활동이 크게 약화된 상황이다. 우려할 만하다. 현재 세계 각국이 처한 환경은 조금씩 다르지만 급변하는 국제 정서에 효과적으로 대응하기 위한 정보력 강화 노력은 모든 국가가 동일하다. 국가 간 정보전이 치열해짐에 따라 고급정보를 보다 신속하고 정확하게 확보해서 분석할 수 있는 전문 정보기관으로서의 역할 제고가 필요하다. 지금 가장 먼저 해야 할 일은 국정원의 대공수사 기능 복원이다. 간첩 색출과 검거는 국제 테러, 마약, 해킹 등 중대한 국제범죄들과도 연계된 경우가 많다. 진짜 무서운 적은 멀리 있지 않다. 우리 내부에 있다. 국가정보원과 경찰은 물론이고, 군, 외교부 등 주요 안보기관과 긴밀하게 공조해서 국가안보를 튼튼하게 해야 한다.

경북일보 특별기고(2024. 6. 5.)

어공과 늘공

공무원 사회에는 늘공과 어공이라는 용어가 있다. 늘공은 공개채용을 통해 입직한 직업 공무원인 '늘 공무원'의 약칭이고, 어공은 특별채용된 별정직, 정무직, 계약직 공무원인 '어쩌다 공무원'의 줄임말이다.

어공은 교수, 연구원, 시민단체, 기자, 전문가 등 다양한 직업에서 종사한 사람들이 정치적 임명 등을 통해 공무원이 된 경우가 많다. 물론 정부 기관장이나 지방자치단체에도 어공이 있다.

어공과 늘공은 각자 나름대로의 장단점이 있다. 어공은 정권 또는 정부에 대한 책임감이 강하고, 주로 개혁의 주체로 나서지만, 전문성이 떨어지고 정파성에 함몰되는 경향이 있다. 반면 늘공은 실무와 전문성 측면에서는 유능하지만 오랜 관성으로 원칙과 규정을 고집하며, 보수적인 성향이 강하다.

어공과 늘공은 일하는 방식이나 동기부여 측면에서도 차이가 있다. 대체로 어공은 성과를 중시하고, 목표(비전) 지향적이다. 반면에 늘공은 원칙과 과정을 중시한다. 어공은 늘공을 수구꼴통이라고 비판하고, 늘공은 어공이 현실도 잘 모르면서 이상적인 것만 추구한다고 투덜대기도 한다.

참여정부 시절에 재미있는 이야기가 있다. 학계 출신(어공)이던 ○○○ 공정거래위원장의 퇴임식에서 직원들(늘공)이 위원장 재임 시 우수한 '10대 업무'를 선정해서 발표했다. 이 자리에서 ○○○ 위원장은 본인이 재임 시절 가장 중점을 두고 추진했던 '시장개혁 3개년 계획'이 최고 우선순위에 올랐을 것이라고 기대했다고 한다. 하지만 실제로 '최고의 성과'로 선정된 것은 기획재정부 산하에 있던 한국소비자원을 공정거래위원회 관할로 가져온 것이었다. ○○○위원장은 이때, 공무원들(늘공)은 이런 것을 중요시한다는 걸 알았다고 한다.

또한, 늘공은 새로운 정책 아이디어가 있어도 그 생각이 구체화되려면 많은 법률 검토, 부서 토론, 관계 기관 회의와 보고서 작업을 거쳐야 한다. 직업 공무원인 늘공은 늘 신중하다. 항상 국회 및 감사원 등의 행정사무감사를 대비하고, 만약에 있을 수도 있는 행정소송에도 신경을 쓴다.

결국 중요한 것은 조직 내에서 어공과 늘공의 슬기로운 통합이다. 어공과 늘공은 국가를 위해 일한다는 면에서 궁극적인 목표는 동일하다. 보통 정부 출범 초기에는 혁신과 성과를 추구하는 '어공'이 조직을 주도한다. 하지만 시간이 지날수록 안정적인 국정 관리를 명분으로 '늘공'이 다시 부각되는 경향이 많다.

공직사회에서는 목표와 수단에 있어서 명확한 정답이 따로 없다. 공공행정이라는 것이 목표나 정책 등의 측면에서 민간경영과는 전혀 다르다. 공직사회에는 행정 영역과 함께 정무적인 영역이 있다. 행정 영역에 늘공이 있고, 정무 영역에는 어공이 있다고 할 수 있다. 서로의 역할을 인정하고 부족한 부분을 채워 줄 때 좋은 성과가 나타난다.

필자는 2021년부터 3년간 어공 생활을 했다. 우리나라에 경찰이 창설된 이후 76년 만에 시행된 대구시 자치경찰위원회에서 사무국장(상임위원)을 했다. 정무직 3급 대우 공무원이다. 경찰행정학과 교수 생활 20년을 하다가 전공을 살려 대학을 휴직하고 공직에 들어간 것이다. 출범 당시 사무국에는 대구시 공무원 20명, 경찰청에서 파견 나온 경찰관 10명, 대구교육청에서 파견 나온 장학사 1명 등 31명의 늘공들과 함께 일했다. 2개 과, 6개 팀으로 구성되어 필자가 국장을 맡았다. 긴밀한 소통과 협력, 따뜻한 공감으로 많은 성과를 냈다. 현재 대구시와 경상북도에도 늘공이 적지 않다. 적재적소에서 좋은 성과를 내고 있다.

지금 정부에는 다양하게 얽혀있는 어려운 현안들이 많다. 이런 난제들을 풀고, 해결하는 문제 해결 역량이 매우 중요하다. 꼭 필요한 분야에 유능한 전문가를 등용하고, 늘공과 어공의 조화를 통한 적극적인 인사행정이 필요하다.

대구신문 대구논단(2024. 8. 23.)

안전사회를 위한 공무원의 적극행정

최근 신림동 묻지마 살인 사건, 분당 서현역 흉기난동 사건, 신림동 등산로 성폭행 살인 사건 등 흉악범죄들이 연이어 발생하고 있다. 또한, 살인 예고 글이 잇따르면서 시민들이 극도로 불안해하고 있다. 게다가 기후변화로 인한 홍수와 태풍, 산사태, 폭염 등의 자연재해와 함께 이태원 압사 참사 같은 사회적 재난 등으로 재난 및 위기관리에 대한 경각심이 높아진 상태이다. 물론 이는 우리나라만의 문제는 아니다. 미국이나 영국, 프랑스 등 유럽 국가들도 각종 범죄나 재난으로부터 최근 많은 피해를 입었고, 현재 진행형이다.

이러한 범죄와 재난 등 위기 상황은 '불확실성'이라는 개념이 지배하고 있다. 언제, 어디서 발생할지 모르는 미래 예측의 불확실성, 어느 한 기관의 힘으로는 해결하기 어려운 해결방안의 불확실성 등이 바로 그것이다. 그래서 위기관리가 어려운 것이다. 24시간, 365일 한 치의 빈틈도 없이 국민을 지키는 힘들고, 위험하고, 어려운 업무이다.

요즘 공직사회에는 '열심히 일을 하면 직권남용, 안이하게 일을 하면 직무유기'라는 말이 있다. 특히 정례화되고, 주기적인 정책이 아닌 정답이 따로 없는 정책의 경우는 더욱 그러하다. 괜히 소신있게 정책을 제안해서 열심히 일을 하다가 혹시라도 변수가 발생해서 시민단체나 언론 등에서 문제점이라도 제기를 하면, 일을 하던 공무원이 여기저기 감사부서에 불려 다니는 경우가 있다. 이런 경우, 징계를 받거나 심한 경우는 조직을 떠나거나 형사처벌을 받는 경우도 있다.

만약에 어느 음식점의 직원이 열심히 접시 10개를 닦다가 실수로 한 개를 깨뜨린 경우에 실수에 대한 책임을 물어 변상 조치를 명한다거나 벌점을 준다면, 누가 열심히 접시를 닦겠는가? 접시를 하나도 닦지 않는 게으른 직원은 접시를 깰 일이 아예 없다. 이 게으른 직원이 문제인 것이다. 여기서 '적극행정의 면책제도'를 활성화해야 한다. 적극행정은 공무원이 공공의 이익을 위해 창의성과 전문성을 바탕으로 적극적으로 업무를 처리하는 행위를 말한다. 적극행정의 면책제도는 공무원이 공공의 이익을 위하여 성실하고 적극적으로 업무를 처리한 결과에 대하여 고의나 중대한 과실이 없을 때 책임을 면제하거나 감경해 주는 제도이다. 열심히 일하는 과정에서 생긴 부분적 실수에 대해 책임을 감면함으로써 적극적으로 일할 수 있는 공직문화를 만들기 위한 것이다. 예를 들어서, 범죄나 재난, 안전사고를 막기 위해서 소신 있는 공무원이 어떤 정책을 시행했다가 다행히 위험 상황이 심각하지 않게 잘 종료된 경우, 왜 굳이 예산과 인력을 동원해서 행정력을 낭비했다고 질책한다면 누가 열심히, 소신 있게 일을 하겠는가? 흉기를 들고 시민을 위협하는 경우, 경찰관이 범죄자를 진압하는 위험한 현장에서 설사 조금 강하게 팔목을 비틀었다고 해서 직권남용이나 독직폭행으로 처벌한다면 어떻게 경찰관이 이 흉악한 범죄자에 대해 제대로 된 법 집행을 할 수 있겠는가? 또한 귀가 중인 여학생을 폭행하고 괴롭히는 불량배를 시민이 용기를 내어 제지하는 격투 과정에서 범인의 목을 조른 것을 폭행으로 처벌한다면 누가 위험에 처한 시민을 도울 것인가?

헌신적으로 성실하게 일하는 공무원들과 위험에 처한 사람을 도운

의로운 시민들에게는 승진이나 표창을 주어 칭찬하고, 널리 알려야 한다. 그리고 흉악하고 못된 인면수심의 범죄자는 엄벌해야 한다. 악랄하고 흉악한 범죄와 비교했을 때 그보다 가벼운 형벌, 흉악한 범죄자 보다 약한 공권력으로는 안전한 사회를 만들 수 없다. 안전한 사회를 만들기 위해서 소신있게 일하는 공무원의 적극행정을 활성화해야 한다.

경북일보 특별기고(2023. 8. 28.)

딥페이크와의 전쟁

최근 지인이나 온라인에 게시된 타인의 사진으로 딥페이크(이미지 합성기술) 음란물을 만들고 SNS를 통해 공유하는 디지털 성범죄가 기승을 부리고 있다. 진리의 상아탑이라고 하는 대학뿐만 아니라 초·중·고등학교에서도 급속하게 퍼지고 있다. 학생, 교사, 군인 심지어는 그 가족까지 딥페이크 음란물 제작의 대상이 된 것으로 알려지면서 우리 사회의 누구나 피해자가 될 수 있다는 불안감이 확산하고 있다. 실제로 발생했지만 당국에는 공식적으로 보고되지 않은 암수범죄도 많을 것이다.

현재 딥페이크 영상을 제작, 유포한 사람 모두 5년 이하의 징역 또는 5,000만 원 이하의 벌금형에 처할 수 있다. 만약 딥페이크 영상을 영리 목적으로 배포했다면 벌금형 없이 7년 이하의 징역이라는 처벌을 받게 된다.

하지만 현행 법률상 딥페이크 영상물을 소지하거나 구입·저장·시청한 사람은 처벌하지 못한다. 현행법으로는 딥페이크 음란물에 대한 수요를 예방할 수 없는 한계가 있는 것이다. 영상물 유포는 유포하는 사람은 물론이고, 이를 보는 사람이 있기 때문에 성립하는 범죄이다.

최근의 심각한 상황을 반영해서 국회에서는 딥페이크 성범죄의 처벌을 강화하는 법안이 발의되고 있다. 새로운 유형의 범죄가 널리 퍼진 만큼 더 세부적인 유형으로 구분해 규정하고, 사회적 해악에 상응하는 수준의 처벌이 가능하도록 법 개정이 필요하다.

경찰 수사를 가로막는 제약 요인도 적지 않다. 디지털 성착취범들이 주로 이용하는 텔레그램의 경우 본사가 해외에 있어 수사 협조를 받기가 어렵다. 또한, 위장 수사를 하려고 해도 현행법에서는 미성년자 대상에 한해서만 가능하고, 성인 대상 범죄는 사실상 불가능하다. 특히 최근에는 초등학생은 물론 중·고등학생까지도 상당한 컴퓨터 활용 능력을 갖추고 있어 관련 분야에 청소년 범죄가 발생하고, 여러 유형의 피해자를 양산하고 있다. 연예인들과 지인들에게 평소 악감정을 표출하는 통로가 딥페이크 성착취물 제작이라는 말이 나올 정도로 빠르게 온라인상에서 확산세를 보이고 있다. 더구나 한 번 인터넷에 퍼진 성착취물은 웬만해서는 완전하게 삭제되기가 불가능하므로 피해자들은 그 고통에서 손쉽게 벗어나기 어렵다.

또한, 많은 사람들이 이용하는 다크 웹과 해외 서버를 이용한 유포는 경찰에서도 범인을 특정하고 검거하는 것이 어렵다. AI 등 컴퓨터 기술 발전 속도에 따라 나타나는 악랄한 범죄에 비해서 법률과 제도가 늦게 따라가는 것도 문제다. 이와 같은 문제를 해결하기 위해서는 우리 사회의 전방위적 노력이 필요하다.

최근 미국 샌프란시스코 검찰청이 딥페이크 음란물 제작으로 유명한 업체 16곳을 상대로 소송을 제기했다. 클릭 한두 번이면 정상적인 사진을 나체 음란물로 바꿔주며 돈벌이를 하고 있는 업체들이 아동 성착취 금지 등 주법과 연방법을 어겼기 때문이다. 또한, 프랑스는 지난 8월 28일 온라인 성범죄, 마약 거래 등의 행위를 공모, 방조했다는 혐의로 텔레그램 창업자 파벨 두로프를 체포했다.

딥페이크 성범죄에 대한국민적 공분이 커지면서 온라인상에서는 가해자로 지목된 이들의 신상 정보를 유포하는 등의 사적 제재 움직임도 일어나고 있다. 딥페이크 성범죄 피해가 늘어나는 반면 처벌은 솜방망이로 끝난다는 인식 때문이다. 하지만 이런 사적 제재 행위는 엄연한 불법이다. 개인정보보호법 위반 또는 명예훼손 등으로 처벌받을 수도 있다. 아울러 부정확하고 부적절한 정보가 공유되면서 성범죄 피해자 외 또 다른 피해자를 양산한다는 지적도 나오고 있다.

딥페이크 등 디지털 성범죄는 피해자의 삶을 처절하게 파괴하고 사회질서를 위협하는 용서할 수 없는 강력범죄이다. 처벌 규정을 강화하는 것뿐만 아니라 AI 기술의 가이드 라인이 될 AI 기본법의 제정도 시급하다. 딥페이크와의 전쟁을 선포해야 한다.

경안일보(2024. 9. 4.)

국가정보원

최근 우크라이나와 러시아, 이스라엘과 헤즈볼라 전쟁 등 국제 간의 긴장이 최고조에 이르고 있다. 세계 각국에서는 여러 형태의 테러 발생도 자주 보고되고 있다. 우리나라도 테러의 안전지대가 아니다. 북한에 의한 테러, 국제 테러리스트에 의한 테러, 외로운 늑대에 의한 자생 테러 등이 예상되고, 구체적인 실행방법으로는 사이버 테러, 생화학 테러, 드론 테러, 핵 테러 등을 활용할 가능성이 높다. 테러에 대한 대비는 일반적인 범죄 대응과는 다르다. 테러에 대한 국가정보기관의 정확하고 치밀한 정보수집과 유관 기관 간의 정보 공유가 무엇보다 중요하다. 아무리 강조해도 지나치지 않다.

또한 지금 우리 사회에는 마약 문제가 심각하다. 마약 대책은 마약 생산의 제한과 반입 차단, 투약자 처벌과 치료, 그리고 교육과 홍보 등으로 요약할 수 있다. 특히, 마약의 국제 간 유통경로를 파악하여 차단하는 것이 중요하다. 국가정보원, 경찰청, 법무부 등 국내외 유관 기관 간의 긴밀한 정보공유 및 시스템 구축이 필수적이다.

아울러, 최근 북한은 국내의 간첩을 이용해서 대남 공작 활동에 열을 올리고 있다. 이 과정에서 최첨단 통신 방법의 암호화, 고정 간첩에 대한 공작금 전달과 지령이 비밀리에 이루어지고 있다. 아무리 국방력이 뛰어나도 적에게 아군의 정보를 주는 간첩이 있으면 그 전쟁은 패배할 수밖에 없다. 간첩을 잡는 데 필요한 대공수사는 수사 업무 중에서도 많은 시간과 노력, 내공이 필요한 전문수사 분야이다. 오랜 기간 축적된 국가정보원의 전문화된 대공수사 역량, 대북·국제 정보수집 시스템, 암호분석 등 첨단 수사 역량이 간첩 검거에 필수적이다.

지난 5년간 산업기술 해외 유출 시도에 따른 예상 피해 규모는 약 22조 원에 달한다. 보안 시스템이 비교적 잘 구축된 대기업보다는 핵심 협력업체를 공략해서 최첨단 기술을 빼가거나 산학협력이나 컨설팅을 빙자해 기술을 유출하는 다양한 수법이 이용되고 있다. 또한 산업스파이들은 클라우드, 다크 웹을 활용해 기술 자료를 유통하는 등 점점 고도화된 수법을 쓰고 있다. 국익 수호 차원에서 국가정보원이 수행하는 산업기술 안보 임무의 중요성이 갈수록 커지고 있다. 반도체 인력의 양성만큼이나 핵심기술 보호가 중요하다.

예전에는 전통적인 국가안보의 위해 요인이 군사도발, 적국의 스파이 행위, 테러, 초국가 범죄단체의 위협들이었다. 최근에는 기후변화, 전염병, 신종 바이러스의 위협, 식량과 반도체 등 공급망에 대한 사이버 공격과 해킹, 최첨단 신기술과 관련된 경쟁 위협들이 새롭게 등장했다. 특히 가짜뉴스와 허위 정보, 정보 조작을 통한 사회 혼란 유발, 여론조작과 선거 개입 등이 심각한 국가 위해요소가 되었다. 이와 같은 위협들이 국가 생존과 직접적으로 연계되면서 주요 선진국들의 정보기관들은 포괄적 안보 위협에 대응하기 위해서 철저한 대비를 하고 있다. 우리도 이제 무한경쟁 시대를 이겨낼 수 있도록 국가에 필요한 고급 정보를 보다 신속하고 정확하게 확보·분석할 수 있는 전문 정보기관으로서의 역할 제고가 필요하다.

국가정보원(National Intelligence Service)은 안보전쟁, 경제전쟁, 기

술전쟁의 최일선에서 대한민국 안보와 국익을 수호하는 중추적인 정보기관이다. 국가정보원은 북한·해외 정보, 대테러·방첩, 안보 조사, 국제범죄 및 산업기술 유출 차단뿐만 아니라, 사이버, 경제, 우주 등 최근 새롭게 부상하고 있는 안보 위협에도 선제적이고 능동적으로 대응하고 있다.

대한민국 정보의 핵심 기관인 국가정보원이 테러와 국제마약, 방첩, 산업보안 등 정보 업무의 컨트롤 타워로서 중심을 잡고, 관련 기관과의 긴밀한 연계 시스템 및 국제공조 체제를 견고하게 해야 한다. 국가안보와 국민안전에 있어서 절대로 빈 틈이 있어서는 안된다. 정부도 국가기밀 사항이나 개인 프라이버시 보호와 관련된 민감정보 이외에 국민이 알아야 할 정보는 공개해야 한다. 그래야 국민들의 폭넓은 협력과 신뢰를 얻어낼 수 있다. 국민의 안전이 최고의 복지다.

경안일보(2024. 10. 7.)

사기를 당하지 않는 방법

최근 보이스 피싱, 전세 사기, 투자 리딩방 등 신출귀몰한 사기범죄로 인해 애꿎은 서민들이 많은 피해를 입고 있다. 심지어는 전 재산을 날린 피해자가 정신적 충격으로 극단적인 선택을 하는 경우도 있다. 필자가 지역 주민들을 대상으로 하는 범죄예방 특강에서 꼭 강조하는 내용이 있다. 내가 투자한 것보다, 그리고 내가 일한 것보다 훨씬 많은 돈을 주는 것은 '사기' 아니면 '도박'일 가능성이 높다는 것이다. 예를 들어, 1,000만 원을 투자했는데 원금의 3배 이상의 수익을 보장하는 것은 사기범죄일 가능성이 높고, 간단한 돈 배달 심부름을 했는데 일당 50만 원의 높은 보수를 주는 것은 보이스 피싱의 현금 수거책일 가능성이 높다. 이런 경우에는 먼저 의심부터 해야 한다. 공짜 점심은 쥐덫에만 있다. 달콤한 유혹에 넘어가서는 안 된다.

얼마 전 코로나19의 대유행으로 서민 경제가 어려워지면서 사람들은 손쉽게 많은 돈을 벌 수 있는 방법에 유혹되기 시작했다. 이에 편승하여 사기범죄가 급증하고 있는 것이다. 특히, 유튜브, 페이스북과 인스타그램 등 SNS가 보편화되면서 자산시장에서도 대박 투자에 대한 환상들이 나타났다. 이러한 사회변화와 자산시장의 허점을 틈타 다양하고 치밀한 금융범죄가 증가 추세에 있다. 최근에는 휴대폰 광고를 통한 투자 리딩방을 미끼로 한 사기 피해가 늘고 있다. 특히 연예인이나 유명인들을 사칭하거나 동원해서 온라인에 가짜 정보를 뿌려 놓고 사람들을 속여 돈을 가로채고 있다. 이와 같은 투자 리딩방 사기 피해는 올해 경찰에 신고된 것만 3천여 건, 피해 금액은 수천억 원에 달한다. 따라서 유명인을 사칭하거나 동원하는 투자 광고는 일단 의심부터 해야 한다. 투자 종목을 추천해 준다는 스팸 문자는 절대 클릭하지 말아야 한다.

아울러, 최근에 특히 사회 문제가 되는 것이 '전세 사기'다. 전세 계약 기간이 끝나고도 보증금을 돌려받지 못하는 임차인이 늘고 있어 심각한 사회 문제가 되고 있다. 특히, 대학생이나 사회 초년생들은 순진하고, 기초적인 부동산 지식이 부족해서 쉽게 사기를 당하기도 한다. 특히, '깡통전세'는 임대인이 세입자의 보증금으로 주택을 구매한 뒤에 보증금 반환 시점에 보증금을 돌려주지 못하는 경우를 말한다. 이러한 상황은 세입자에게 막대한 재정 손해를 입히며, 엄청난 정신적, 육체적 고통을 준다. 이와 같은 깡통전세 사기를 당하지 않으려면 먼저 부동산의 실거래가와 정확한 물건의 시세를 파악하는 것이 중요하다. 국토교통부 실거래가 공개 시스템과 등기부등본을 활용해서 해당 주택의 시세를 확인하고, 임대인의 부채 상태를 면밀하게 검토한 후에 현저하게 싸게 나온 매물 중 보증금과 대출금의 총합이 집값의 80%를 넘긴다면 깡통주택일 확률이 높다. 임대인이 자기 돈을 얼마나 들여서 집을 갖고 있느냐가 중요하다. 깡통주택의 임대인은 불상사가 생겼을 때 빚 상환을 회피해버릴 수 있기 때문이다. 이런 전세는 절대로 계약해서는 안 된다.

또한, 최근에 스미싱범죄가 날로 진화하고 있다. 결혼 청첩장, 부고장이나 택배 배송 알림, 교통 과태료 고지 등의 그럴듯한 내용을 미끼로 악성 링크가 포함된 문자메시지를 전송하고, 링크를 누르면 악성 프로그램이 설치되어 스마트폰에 저장된 정보를 탈취 후 돈을 출금하는 수법으로 이뤄진다. 피싱 수법에 당할 경우 구제받기도 힘들다. 특별한 주의가 필요하다.

이처럼 범죄자의 치밀하고 계획적인 사기범죄로부터 국민 누구나 피해자가 될 수 있다. 오늘도 사기범죄자들은 시민들을 유혹하기 쉬운 아이템으로 보다 치밀하고 정교한 범죄를 기획하고 있다. 거래금액이 큰 금융거래나 부동산 거래를 할 때, 항상 경각심을 가져야 한다. 어떠한 주식이나 금융 투자도 '고수익이면서 무위험'은 있을 수 없다. 거래 상대방이 터무니없는 고액의 배당금과 이윤을 약속하면 그건 사기라고 생각하면 된다. 이런 의심과 확인, 경각심들이 사기를 당하지 않는 방법이다.

대구신문 대구논단(2024. 7. 12.)

졸음운전은 범죄행위다

2024년 4월 24일 점심시간, 대구시 북구 읍내동 도로에서 승용차를 운전하던 40대 A씨가 갑자기 버스 정류장으로 돌진했다. 이 교통사고로 인해 운전자 A씨는 실신했다. 80대 여성인 B씨는 중상을 입었고, 60대 C씨 등 2명은 어깨와 다리를 다쳤다. 경찰 조사 과정에서 A씨는 "수면제를 복용했는데, 운전 중에 졸음이 왔다."고 진술했다.

또한, 지난 6월 4일 오후 2시쯤 대구 군위군 의흥면의 한 국도에서 30대 남성이 운전하던 1톤 트럭이 갓길 전봇대와 가드레일을 박았다. 트럭에는 6명이 타고 있었는데, 이 중 60대 여성이 숨졌고, 운전자를 포함해서 동승자 4명도 크게 다쳤다. 경찰은 졸음운전을 하다 사고가 났을 가능성이 크다고 보고, 조사 중이다.

최근 초여름 무더위로 졸음운전 사고가 증가할 것으로 예상된다. 졸음운전은 운전자가 눈을 감고, 자면서 운전한다는 것을 의미한다. 운전 중에 2~3초만 졸아도 거의 100m에 가까운 거리를 눈을 감고 운전하는 것과 같기 때문에 매우 위험하다. 운전자 본인은 물론이고, 동승자, 심지어는 다른 운전자나 도로 위의 사람들까지도 위험한 상태로 만든다.

경찰청의 통계에 따르면, 지난 5년(2019~2023년)간 졸음운전으로 인한 교통사고는 1만 765건으로 하루 평균 5.9건이 발생했다. 요일 중에는 토요일(하루 평균 6.8건)이 가장 많았다. 같은 기간 졸음운전으로 인한 사망자는 316명으로 사고 100건당 2.9명이 사망했는데, 이는 음주운전 교통사고(1.5명)의 2배에 이른다. 실로 심각한 통계다.

특히, 고속도로의 경우, 졸음운전 사고 100건당 사망자가 8.3명이며, 그 외 일반국도, 지방도 등 통행속도가 빠른 곳에서 사고 건수 대비 사망자가 많았다. 고속으로 운전하는 만큼 더 위험한 것은 당연한 결과이다.

또한, 졸음운전을 하는 운전자의 차종별로 살펴보면, 차량 10만 대당 졸음운전 사고는 특수차(13.6건), 승합차(11.2건), 화물차(10.6건), 승용차(7.8건)의 순으로 나타났다. 주로 업무를 목적으로 운행하는 차량이 졸음운전을 더 많이 하는 것으로 나타났다. 정부가 주목할 만한 통계이다. 또한, 야간(오후 6시~다음 날 아침 6시)과 주간(오전 6시~오후 6시) 시간대를 살펴보면, 사고 발생 건수는 야간 5,158건, 주간 5,607건으로 큰 차이가 없었다. 하지만, 사망자 수는 주간(201명)이 야간(115명)보다 1.75배 많아 주간 시간대 졸음운전 사고가 오히려 야간보다 인명피해가 컸다.

일반적으로, 졸음운전의 원인으로는 수면시간 부족으로 인한 집중력 저하, 장시간 운전의 피로감이 가장 많다. 혈중알코올농도를 측정해서 처벌할 수 있는 음주운전과는 달리 졸음운전은 그 정도를 측정할 수 있는 기준이 없다. 따라서 운전자가 자신의 컨디션을 확인하고, 운전하는 습관이 제일 중요하다.

도로교통공단의 연구에 따르면, 차량 내 이산화탄소(CO_2) 농도가 증가함에 따라 졸음운전 가능성이 커진다고 한다. 따라서 졸음운전을 예방하기 위해서는 졸음이 올 때, 반드시 휴게소나 졸음쉼터에서 조금이라도 쉬어야 한다. 또한 운전 중에도 수시로 창문을 열거나 환기장치 등을 활용해 차량 내 이산화탄소 농도를 낮추어야 한다.

경찰청에서는 졸음운전 사고 예방을 위해 한국도로공사 등과 협조해 고속도로의 장거리 직선 구간과 상습 정체 구간 등 졸음운전 취약 지점에 노면요철 포장, 안전표지 시설, 사이렌을 활용한 사고예방 알람 순찰 등을 확대해 나갈 예정이다. 또한, 운전자는 앞에 가는 자동차가 졸면서 운전하고 있다고 의심되면 '빵빵빵' 경적 소리로 알려주어야 한다. 무엇보다 교통에서는 '신뢰의 원칙'이 중요하다. 내가 교통법규를 준수하는 만큼, 다른 사람도 교통법규를 준수할 것이라고 신뢰하는 것을 말한다. 졸음운전은 단순한 교통법규 위반이 아니라, 무고한 사람의 생명을 뺏을 수 있는 범죄행위다.

대구신문 대구논단(2024. 6. 28.)

테이저건을 말하다

얼마 전 안타까운 일이 발생했다. 광주 양산동 아파트에서 30대 아들을 흉기로 찌른 A씨를 제압하기 위해 경찰관이 A씨의 등에 테이저건을 쏘아 체포했다. A씨는 경찰서로 이동해서 조사를 받다가 갑자기 호흡곤란 증세를 보였고, 곧바로 병원으로 옮겨졌지만 30여 분만에 사망했다.

경찰은 테이저건 발사와 사망 간의 인과관계가 있는지를 조사하기 위해 국립과학수사연구원에 부검을 의뢰해서 사인 규명에 나선 상태다. 경찰 관계자는 의료 기록 검토와 조직 및 혈액 등의 검체를 종합한 최종 결과가 나오는 데 최소 3개월 이상 소요될 것으로 추정하고 있다.

테이저건은 경찰이 사용하는 권총형 진압 장비다. 유효 사거리는 4~10미터로 강한 전류가 흐르는 전기침 두 개가 동시에 발사된다. 테이저건의 위력은 순간 최대 전압 5만 볼트이지만, 테이저건에서 전류가 발사되어 사람에게 명중했을 때의 전압은 최대 1,200v, 평균 400v라고 한다. 테이저건의 침에 맞으면 전기에 의해서 중추신경계, 근육계가 일시적으로 마비되어 쓰러지거나 기절하게 된다.

경찰이 테이저건을 사용한 것은 2005년부터지만 현재까지 테이저건으로 인한 사망을 공식적으로 인정한 사례는 없다. 테이저건과 사망 사이에 직접적인 인과관계가 명확하게 입증되지 않았기 때문이다. 2017년 6월 경남 함양에서 정신질환이 있는 40대 남성이 흉기를 휘두르다가 테이저건에 맞고 1시간 30분 후에 사망하는 사건이 있었다. 당시에도 테이저건의 안전성 논란이 있었지만 사망과 직접적인 관련성은 밝혀지지 않았다. 우리나라 경찰이 사용하는 테이저건은 미국 회사 액손 제품이다. 액손은 테이저건이 치명적인 부상이 발생하지 않도록 만들어져 인체에는 큰 영향을 주지 않고, 총이나 경찰봉보다 위해가 훨씬 적다고 주장한다. 테이저건은 경찰 사용 매뉴얼에 노약자나 어린이, 임산부 등에게는 사용이 금지되어 있다. 경찰청 예규인 '경찰관 물리력 행사의 기준과 방법에 관한 규칙'에 따르면, 권총은 고위험 물리력, 테이저건과 삼단봉은 중위험 물리력으로 분류된다.

보통 경찰의 물리력 행사는 총 5단계로 △ 순응 - 수갑·언어적 통제 △ 단순 불응 - 경찰봉·방패로 밀어내기 △ 소극 저항 - 누르기·조르기·넘어뜨리기 △ 적극 저항 - 전자충격기 및 가스 분사기 사용 △ 공격 저항 - 권총 사용 순이다. 경찰의 진압 대상자가 경찰관이나 무고한 시민에게 신체적 위해를 가하는 '폭력적 공격' 상태에서는 경찰봉이나 테이저건 등을 이용한 '중위험 물리력'을 행사할 수 있다.

긴급한 사건현장에 출동한 경찰은 권총을 발사하면 큰 위해가 가기 때문에 총을 쏠 수 있는 상황에서도 가급적이면 덜 치명적인 테이저건을 사용하려 한다. 실제로 위험한 사건 현장에서 경찰관이 규정과 매뉴얼대로 무기를 사용했다 하더라도 범죄자가 다치거나 사망하면 민·형사상 소송, 감찰 조사 등 많은 부담을 감당해야 하기 때문이다. 이런 사실을 경찰관들은 잘 알고 있다.

불과 얼마 전 묻지마 흉악범죄 때문에 전 국민이 불안에 떨었다. 유흥가를 무대로 선량한 시민과 상인들을 괴롭히는 조직폭력배들, 마약사범들은 사회불안 요소들이다.

무고한 시민을 위협하고 해치는 흉악한 범죄자에게는 경찰관이 소신있게 무기를 사용해서 범죄자를 조기에 진압할 수 있게 해야 한다. 그래야 시민을 안전하게 보호할 수 있다. 흉기를 든 강력범죄자보다 약한 공권력으로는 시민을 안전하게 지킬 수 없다. 아울러 현장 경찰관들의 범죄대응 역량 향상을 위해 사격 및 테이저건, 체포술 등 교육훈련을 강화해야 한다. 최근 경찰이 사용해 온 단발성 테이저건이 20년 만에 2연발이 가능한 신형 테이저건으로 재탄생했다. 흉악한 강력범죄자를 제압하는 데 효과를 낼 수 있을 것이다.

대구신문 대구논단(2024. 6. 14.)

고독사와 자치경찰

최근 우리 사회는 1인 가구 중심의 가족구조와 경제침체 및 사회적 양극화로 인한 사회적 고립이 심화되고 있다. 이에 따른 고독사도 증가하고 있다. 고독사(孤獨死)는 “주위에 사람이 아무도 없는 상태에서 혼자 죽는 것”을 말한다. 현행 고독사 예방 및 관리에 관한 법률에 의하면, 고독사를 “가족, 친척, 친구, 지인 등 주변 사람들과 단절된 채 홀로 사는 사람이 자살·병사 등으로 혼자 임종을 맞고, 시신이 일정한 시간이 흐른 뒤에 발견되는 죽음”이라고 정의한다.

고독사라는 용어는 1990년대 이후 일본에서 처음 사용하기 시작했다. 국내에서는 2000년대에 언론을 통해 알려졌다. 그럼 고독사가 발생하는 원인은 무엇일까? 가장 먼저 생각할 수 있는 것이 ‘1인 가구’의 증가다. 1인 가구는 경제, 안전, 건강 등의 측면에서 여러 사람이 모여 사는 다인(多人) 가구에 비해 취약하다. 경제위기와 개인주의의 확산으로 결혼과 출산을 포기하는 청년층이 증가했고, 장년층의 경우 실직과 경제난으로 이혼·별거 후 가족과 떨어져 사는 사람들이 늘었다. 또한, 인간관계에 있어 스트레스와 피로감 등으로 인한 자발적 1인 가구도 증가하는 추세이다. 어느 조사에 따르면, 우리나라의 남성 고독사는 여성 고독사에 비해 4배 이상 많고, 가장 많은 비중을 차지하는 연령은 50~60대로 매년 50% 이상으로 파악된다. 또한 가장 많이 발생하는 장소는 주택·아파트·원룸 순서이며, 최초의 발견자는 형제·자매, 임대인, 이웃주민 순으로 나타났다. 주목할 만한 통계 자료이다.

2023년 대구시에서 실시한 고독사 위험군 실태조사에 따르면, 대구시의 장년(50~64세) 1인 가구의 19.5%, 청년(20~39세) 1인 가구의 19.7%가 고독사 위험에 노출되어 있다고 한다. 한창 일하고 사회 활동을 하는 연령대의 고독사 위험군이 이 정도라니 놀랍고 안타깝다.

이제 고독사라는 새로운 복지 사각지대에 대해 정부와 지자체는 책임감 있게 적극적으로 대응해야 한다. 특히, 지방자치단체는 당장 도움이 필요한 곳에는 즉각적인 지원에 나서고, 아울러 공동체 내외부에서 고독사를 관리할 수 있는 실효성 있는 대책을 실시해야 한다.

고독사 문제를 근본적으로 해결하기 위해서는 먼저 고독사 고위험군을 정확하게 파악해서, 찾아낸 위험군에 대하여 맞춤형 집중 지원을 해야 한다. 특히 중·장년층은 고독사 중에서도 가장 많은 비중을 차지하는 연령대인 만큼 건강과 안전, 재취업과 사회관계, 가사 등 일상생활 문제 해결을 위한 행정복지 서비스 제공을 강화해야 한다. 특히, 청년들의 고독사가 날로 증가하고 있지만 우리 사회는 아직도 청년들의 정신건강에는 무관심한 편이다. 청년층에 대한 고독사 예방정책은 정신·심리지원 등 자살예방정책과의 적극적인 연계가 필요하다.

또한, 2021년 7월 출범한 대구형 자치경찰제는 "시민과 소통하고 사회적 약자를 배려"하는 정책목표를 갖고 있다. 자치경찰 출범 시부터 다양한 사회적 약자보호정책을 수행하고 있다. 엄밀하게 말해서, 고독사 문제는 자치경찰의 업무는 아니다. 하지만 고독사 위험군은 지역사회와 단절되어 혼자 있기 때문에 우리 사회에 불안스러운 위험군이라고도 할 수 있다. 대구형 자치경찰제는 지역 내의 은둔형 외톨이와 고독사를 비롯해서, 묻지마 범죄, 자살 등 생활 속 치안 및 지역 공동체에 적극적인 관심을 가져야 한다. 거주하는 지역의 사정을 가장 잘 아는 해당 지역 주민들이 능동적으로 공동체에 참여해서 행정복지센터, 파출소와 지구대, 주민자치위원회, 자율방범대 등과 소통하고 협력해서 지역 안전 시스템을 만들어야 한다. 한 가지 사례로서, 강원도 자치경찰위원회는 강원도와 강원경찰청이 고령 1인 가구가 증가하면서 우려되는 고독사 문제를 예방하기 위해 '집배원'들과 협업해서, 집집마다 다니며 우편물을 배달하는 집배원이 홀로 사는 노인들의 안부를 확인하고, 위기 상황 발생 시 경찰에 신속하게 신고하는 시스템을 구축하였다.

대구신문 대구논단(2024. 8. 9.)

해양경찰

경북 포항이나 울진 등 바닷가 쪽으로 가면, 해양경찰이 있다. 보통 '해경'이라고 줄여서 부른다. 해경은 해군과 함께 우리 바다를 지킨다.

해양경찰을 총괄하는 해양경찰청은 6.25 전쟁이 끝난 후 1953년 12월 23일 부산광역시 앞바다를 침범해 오는 일본 불법 조업선의 단속과 북한 공작원의 남파 방지를 위해 부산광역시에서 내무부 치안국 해양경찰대를 발족한 것이 시초라고 할 수 있다. 전 세계 대부분의 국가들이 처음부터 독립적인 해양경찰 조직을 만들어 발전시킨 것과는 달리 우리나라는 기존의 경찰자원을 이용해서 경찰청의 하위기관으로 해양경찰을 출범했다. 지금 해양경찰청은 경찰청과 대등한 위치에서 치안 업무를 잘 수행하고 있다.

해양경찰(Coast Guard)은 대한민국 영토 내에서 해상에서의 경찰 업무와 해양오염 방제 업무를 주로 담당한다. 해양경찰의 국제법상 경찰권이 인정되는 수역의 범위는 접속수역으로 한정하고 있다. 하지만 국제조약과 국제법상 인정되는 일부 사안에 대해서 배타적 경제수역 내에서도 넓은 의미의 경찰권이 인정된다.

해양경찰은 경찰 업무수행을 하면서 바다를 관할구역으로 하고 있기 때문에 해군과 경찰 사이에서 긴밀한 소통과 협력관계를 유지하고 있다. 또한 외교 갈등 등 국제 문제의 발생 가능성을 최소화하기 위해서 해상에서는 해군이 아닌 해양경찰이 경찰 업무를 담당하고 있다.

UN 해양법 협약과 EEZ(배타적 경제수역) 선포로 인해 전 세계 모든 국가는 해양자원의 선점을 위한 무한경쟁을 가속화하고 있다. 또한 해양환경의 변화와 어(漁)자원의 고갈 등에 따른 불법조업도 급격하게 증가하고 있다. 아울러 국민소득 증대에 따른 해양레저의 확산 등 국민의 해양치안 서비스 욕구도 증가하고 있다. 따라서 급변하는 해양치안 환경과 국제 해양질서 재편의 흐름 속에서 능동적으로 대응하기 위한 해양경찰의 혁신이 필요하다. 먼저 해양경찰의 우수인력 확충과 대형선박 및 항공기 등 첨단 과학장비의 보강이 필요하다. 또한 증가하는 해양범죄 및 국제범죄에 대한 수사역량 강화에 총력을 기울여야 한다. 이런 맥락에서, 최근 해양경찰청에서는 일선 현장의 목소리를 수렴하여, 시급하고 중요한 개선 과제를 적극적으로 시행하고 있다. 먼저, 과학수사·마약범죄수사 분야 등 전문교육의 내실화, 범죄피해자 보호 기금 확보 및 해양범죄 피해자 보호 강화, 인권위원회의 보강과 수사인권관 제도의 신설 등을 시행하고 있다. 특히 수사인권관 제도는 수사경찰관의 수사 업무 비위조사를 하는 것으로 수사관을 대상으로 한 민원접수 시 조사를 하는 시스템이다. 이 제도는 사법기관 최초로 수사경찰관만을 대상으로 한 감찰제도라는 점에서 의미가 크다. 아울러 사회적 비난 가능성이 낮은 경미사범 등의 조속한 사회복귀와 전과자 양산 방지를 위한 '경미범죄 심사제도'를 시행함으로써 많은 호응을 얻고 있다.

우리나라는 동해, 서해, 남해 등 3면이 바다이다. 북한이 있는 북쪽은 휴전선이 있어 갈 수 없는 곳이다. 그래서 혹자는 우리나라를 실질적인 '섬나라'라고 표현하기도 한다. 바다에서 우리 국민의 생명과 재산을 지키는 노력이 매우 중요하다. 현재 우리 해경의 중국 불법조업 단속 현장은 위험하다. 필사적으로 단속 현장에서 도망가려는 중국 어선들의 손도끼와 해머, 쇠 파이프 등 흉기를 휘두르는 현장은 마치 전쟁 상황과 유사하다. 이 과정에서 해양경찰관들은 크고 작은 부상을 입고, 심지어는 순직하는 경우도 적지 않다.

위험한 현장에서 목숨을 걸고 일하는 해양경찰의 소신 있고 담대한 업무수행을 위한 법적, 행정적 지원이 절실하다. 바다에서 우리 국민의 생명과 재산은 해경이 지킨다. 해경의 생명은 국가가 지켜주어야 한다.

대구신문 대구논단(2024. 10. 4.)

신뢰할 수 있는 정부

행정학을 가르치고, 연구하면서 필자는 '신뢰'라는 말을 무척 좋아한다. 논문에서도 칼럼에서도 자주 사용하는 단어다. 신뢰를 국어사전에서 찾아 보면, '굳게 믿고 의지함'이라고 나온다. 살아가면서 지인들과 신뢰를 쌓기 위해서는 시간도 많이 걸리고 많은 노력이 필요하다. 하지만 무너지는 것은 한 순간이다. 국가도 마찬가지다.

자공이 공자에게 정치를 하는 데 있어 가장 중요한 것이 무엇이냐고 질문하였다. 공자께서 말씀하셨다. "식량을 풍족하게 하는 것, 군비를 넉넉히 하는 것, 백성들이 믿도록 하는 것이다." 자공이 다시 여쭈었다. "어쩔 수 없어서 한 가지를 버려야 한다면 세 가지 가운데 어느 것을 먼저 버려야 합니까?" 공자는 "군대를 버린다."고 답하였다. 자공이 다시 여쭈었다. "어쩔 수 없어서 한 가지를 더 버려야 한다면 어느 것을 먼저 버려야 합니까?" "식량을 버린다. 예로부터 모두에게 죽음은 있는 것이지만, 백성들의 믿음이 없으면 국가는 존립하지 못한다."고 답하였다. 국가에 대한 국민의 신뢰가 얼마나 중요한지를 말해주는 오래된 가르침이다.

요즘 부동산 문제로 머리가 아프다. 스웨덴은 다주택자가 거의 없다. 이것은 국민들 사이에 사회적 합의가 있기 때문에 가능하다. 이를 위해 정부는 투명하게 조세와 재정을 운용하고, 국민들은 스웨덴 정부를 신뢰한다.

요즘 우리 공무원들이 연수를 많이 가는 북유럽 국가들은 더 나은 복지를 위해서 국민들로부터 많은 세금을 걷는다. 세금 없는 복지는 불가능하다. 덴마크의 소득세는 40에서 60%, 부가가치세는 25%로 높은 세율이다. 월급의 절반을 세금으로 지불해야 하지만, 국민 개개인이 곤란에 처했을 때 유능한 공무원들이 이 세금을 잘 운용하여 정부가 도움을 줄 것이라는 국민들의 신뢰가 강하다. 높은 세금을 받아들이고, 따라서 조세저항도 없다.

노르웨이, 덴마크, 스웨덴, 핀란드 북유럽 4개국은 매년 국제투명성기구에서 발표하는 부패인식지수 순위의 최상위권에 있다. 이들 국가의 공통점은 공무원과 정치인에 대한 신뢰도가 높다는 것이다. 국가의 주요 정책이 원활하게 이루어지도록 하는 제도와 정치에 대한 국민들의 신뢰가 높은 것이다. 이러한 신뢰는 국가운영에 있어 소중한 사회적 자본이다. 북유럽 국가들의 발전은 하루아침에 이루어진 것이 아니다. 아주 중요한 사안은 정부가 독단적으로 결정하지 않고, 국민들과의 진솔한 토론과 사안에 따라서는 국민투표가 실시되었다.

1995년 출간한 후쿠야마의 『트러스트』에서, 저자는 한 국가의 경쟁력은 그 국가가 고유하게 갖고 있는 신뢰의 수준에 의해 결정된다고 주장했다. 후쿠야마의 분류에 따르자면, 한국은 저신뢰 사회다. 후쿠야마 교수는 어느 국가든 선진국이 되기 위해서는 신뢰가 반드시 필요하다고 강조했다.

미국의 정치학자 새뮤얼 헌팅턴도 "신뢰가 높은 사회는 더 발전된 거버넌스, 낮은 범죄율, 더 높은 번영의 혜택을 누린다. 사회적 네트워크와 시민의 참여가 이를 떠받친다"고 했다. 신뢰는 민주화와 사회경제

발전의 중요한 기반이이다. 타룬 카나 미국 하버드대 교수는 "사회의 신뢰가 떨어지면 시민들은 법 규정을 준수하거나 경제에 기여하지 않고 선동에 빠지기 쉽고 이웃을 잘 돕지 않는 성향을 보인다"고 지적했다.

신뢰는 믿음이고 사랑이다. 만약 신뢰라는 사회적 자본을 단기간에 갖추기 어렵다면 시스템(system)으로 보완하는 방법이 있다. 다른 사람들이 나를 의심하지 않고, 내가 다른 사람들을 믿게 하는 시스템을 갖추면 신뢰가 만들어지고, 불필요한 비용을 절감할 수 있다. 또한, 신뢰가 구축되면 소통과 협력이 잘 된다. 신뢰가 있는 곳에서는 위험과 고통을 참을 수 있다. 신뢰는 국가를 발전시키는 궁극적인 힘이 된다.

공정한 법 집행, 일 잘하는 능력 있는 정부, 참여와 소통의 시민사회 활성화가 국가의 신뢰 증진을 위해 필요하다. 신뢰할 수 있는 정부는 공정하고 정의로운 정부이다.

대구신문 대구논단(2024. 9. 20.)

최첨단 드론과 CCTV로 시민을 지킨다

범죄를 예방하기 위해서 경찰의 가장 중요한 기능이 순찰이다. 순찰을 경찰학 사전에서 찾아 보면 "경찰관이 경찰 임무의 수행과 관내 정황을 파악하기 위하여 일정한 지역을 순회 시찰하는 외근 활동"이라고 정의한다. 순찰은 경찰의 외근 근무 중에서도 가장 대표적이며 중요한 근무이다. 순찰은 범죄예방과 범인 검거, 법 집행과 질서유지, 대민 치안 서비스 제공, 교통정리 등이고, 범죄예방 활동을 포함한 모든 경찰 활동의 목적이 순찰을 통하여 달성된다고 할 수 있다.

이러한 순찰 활동이 과거에는 경찰관들이 도보나 차량, 자전거나 오토바이를 주로 활용하였다. 하지만 부족한 경찰 인력으로 넓은 지역을 순찰하기 위해 고성능 CCTV를 곳곳에 설치해서 실시하는 화상 순찰도 최근에 많이 활용되고 있다. 실제로 올해 3월 22일 새벽 1시경, 서울 노원구 CCTV 관제센터는 CCTV 화면상 수상한 움직임을 포착한 관제 요원이 즉시 112에 신고했고, 곧바로 출동한 경찰에게 차량 절도범으로 현장에서 체포되었다. 이런 사례는 전국적으로도 많이 있다.

또한, 최근 제주경찰청은 인적이 드문 올레길과 한라산 둘레길 순찰에 드론을 투입했다. 최근에는 개인정보보호법과 경찰 무인비행장치 운용규칙이 개정되면서 그동안 인명구조 수색에만 국한됐던 드론을 범죄예방과 교통단속 등에도 활용할 수 있게 됐다. 올레길과 둘레길은 연간 80만 명이 넘는 제주도민과 관광객이 걷는 명소지만 인적이 드물어 범죄에 대한 두려움을 호소하는 사례가 적지 않았다. 아울러 봄철에 자주 발생하는 고사리 채취객의 길 잃음 사고에도 드론 순찰대를 적극적으로 활용하고 있다. 경찰 드론은 30배 확대가 가능한 고성능 카메라와 열화상 감지 카메라 등이 장착되었고, 순찰차 캠을 드론 조정기에 연결하면 드론이 촬영한 영상을 112 치안종합상황실에서 실시간으로 모니터링할 수도 있게 되었다.

2023년 11월에는 전라남도 자치경찰위원회가 전남테크노파크 고흥드론센터에서 고흥경찰서·고흥군 드론 합동 순찰대 발대식을 가졌다. 드론 순찰대는 경찰관이 상시 배치되지 않은 전라남도 섬마을을 '드론 경찰관'이 순찰한다. 이 드론은 체공 시간이 일반 드론보다 길고 야간에도 순찰이 가능한 장점이 있다. 드론 순찰대는 이동형 관제차량을 이용해 경찰관이 순찰하지 못하는 섬과 갯벌 지역 등에 치안 드론을 띄워 순찰한다. 특이상황이 발생하면 고흥군 폐쇄회로 CCTV 관제센터와 고흥경찰서로 영상을 보내 현장 상황을 공유하게 된다. 전라남도 자치경찰위원회는 파출소가 없는 섬 지역의 치안 사각지대를 없애기 위해 총사업비 8억 원을 투입해서 맞춤형 치안 드론을 개발한 것이다. 치안 드론은 섬 지역의 강한 바닷바람을 견디며 안정적인 운용이 가능하고, 150m 상공에서 정확하게 음성이 전달되는 스피커도 갖추고 있다.

인천광역시도 인천해양경찰서와 함께 여름철에 자주 발생하는 관광객들의 갯벌 고립사고 방지에 나섰다. 인천시는 작년에 갯벌 사고 예방을 위해 시범적으로 운영했던 야간 드론 순찰 사업의 우수성을 확인하였고, 올해도 운영한다.

과학치안을 시민안전에 가장 먼저 강력하게 추진한 기관은 대구광역시 자치경찰위원회다. 대구시 자치경찰위원회는 2023년 4월에 경찰청(과학치안센터)이 과학치안 역량 강화를 위해 추진한 '자치경찰 수요기반 지역 문제 해결 연구개발 공모사업'에 전국 최초로 선정되었다. 최첨단 드론, 인공지능(AI), 빅데이터 등 최첨단 과학기술을 치안 분야에 도입해 획기적인 치안 역량의 발전을 도모하는 사업으로 자치경찰제 도입과 동시에 시행했다. 야간에 여성이나 청소년들이 이용할 수 있는 안심 귀갓길을 실시간으로 알려주고, 위험한 구간은 드론이 안내해 주는 디지털 순찰 서비스가 이 사업의 핵심이다. 과학과 치안의 환상적인 결합으로 시민을 안전하게 지키는 것이다.

대구일보 특별기고(2024. 8. 5.)

검경 수사권 조정 이후의 과제

범죄를 저지른 사람은 반드시 체포해서, 그 죄에 상응하는 책임과 벌을 받아야 한다. 물론 이 과정에서 죄 없는 억울한 사람을 만들어서는 절대로 안 된다. 이런 일을 제대로 하는 것이 경찰, 검찰, 법원 등 형사사법기관이다. 미국이나 독일 등 선진국일수록 어느 한 기관이 형사사법에 대하여 특별한 권한을 독점하지 않고, 기관 상호 간에 견제와 균형에 의해 형사사법 시스템이 공정하고 세밀하게 운영되고 있다.

검경 수사권 조정은 검찰이 수사와 기소, 영장청구 권한을 모두 독점하고 있는 기존의 구조에서 경찰에 1차적인 수사권과 수사종결권을 부여한 것을 말한다. 2020년 1월 13일 검경 수사권 조정안과 관련된 형사소송법과 검찰청법 개정안이 국회를 통과했고, 이어 2021년 1월 1일부터 이 개정안이 시행되었다.

하지만 실제 운영 과정에서 경찰의 수사 업무가 많이 늘어났다. 이에 경찰 처리 사건에 대한 검찰의 보완요구와 시정조치 요구도 늘어났다. 하지만, 정작 수사 인력이나 예산은 뒷받침되지 못하고 있다. 일선 수사경찰관들은 과부화된 업무에 만성 피로와 스트레스를 호소하고 있고, 심지어는 극단적인 선택을 하는 사례도 나타나고 있다. 실제로 지난 7월 서울관악경찰서 수사 부서에서 일하던 30대 A 경위가 스스로 목숨을 끊었다. A 경위는 동료들에게 '사건이 73개다. 사건이 쌓여만 간다. 이러다 죽을 것 같다'는 문자 메시지를 보냈다고 한다. 늘어난 수사 업무는 결국 수사 지연으로 이루어질 수 밖에 없고, 궁극적으로는 국민들이 피해를 보게 된다. 수사 인력의 확충과 수사비 현실화가 반드시 필요하다.

또한, 경찰에 대한 검찰의 수사지휘권이 폐지되면서, 검찰과 경찰 사이에 수사 범위가 모호해진 부분이 있고, 일부는 겹치고 있다. 사건 관계자들이 두 수사기관에서 중복 조사받는 것은 비효율적이다. 과거 중복수사로 인한 인권침해 논란도 있었다. 효율적인 수사를 위해 수사 관할을 논의하는 협의체가 필요하다.

아울러 올해부터 시행된 개정 국정원법에 따라 대공수사권이 국정원에서 경찰로 완전히 넘어가면서 대공수사가 부실해질 것이란 우려가 있다. 국가안보에 필수적인 간첩을 잡는 데 있어서 대공수사권은 국가정보원도 할 수 있어야 한다. 최근 북한은 내국인 포섭을 통한 지하당 구축을 통해 대남 공작 활동에 집중하고 있다. 이 과정에서 최첨단 통신 방법의 암호화, 고정 간첩에 대한 공작금 전달과 지령이 해외에서 은밀하게 진행되고 있다. 대공수사는 수사 업무 중에서도 많은 시간과 내공이 필요한 전문수사 분야이다. 오랫동안 축적된 국정원 대공수사 전문 인력의 노하우와 고도화된 대북·해외 정보수집 시스템, 암호분석 등 과학수사 역량이 간첩 검거에 필수적이다. 검경 수사권 조정 이후 풀어야 할 과제들이 적지 않다.

매일신문(2024. 9. 19.)

음주와 범죄

적절한 수준을 넘어서는 과도한 음주는 판단력을 흐리게 한다. 충동조절이 제대로 안되고, 통제력을 상실하게 되며, 범죄행위에 대한 인식도 저하된다. 또한, 과도한 음주는 범죄의 피해자가 되기도 한다. 술에 만취한 사람은 범죄의 피해를 입어도 본인이 기억을 못함은 물론 주위의 증거물이나 목격자 확보도 어려운 경우가 많다. 억울해도 달리 방법이 없다.

범죄를 연구하는 학자들 사이에 '술집 옆은 교도소'라는 우스갯소리가 있다. 술로 인한 사회적 비용이 연간 15조라는 통계도 있다.

2008년 초등학생 성폭행(조두순 사건), 2010년 부산 여중생 성폭행 살해 유기(김길태 사건), 2012년 성폭행 토막살인(오원춘 사건), 2019년 베트남 아내 폭행 사건, 2022년 인하대 성폭행 사건 등의 공통점은 범행 당시 범죄자가 음주 상태였다는 것이다.

어느 조사에 의하면, 살인자가 살인을 저지를 당시 30%에서 70%가 술을 마셨다고 한다. 또한 폭력의 전과자를 상대로 조사한 바에 따르면, 폭력범죄 당시 약 65%가 술을 마시고 있었다고 한다. 아울러 알코올 중독자의 자살률은 정상적인 사람들에 비해 약 60배 정도 높다고 한다.

실제로 우리나라에서도 112 사건 신고가 많고, 범죄가 많은 지역은 주로 유흥업소 등 술집이 많은 지역이다. 대구시의 경우를 예로 들면, 중구 동성로 클럽 골목이나 수성구 황금동, 동대구역 주변 등 유흥업소 밀집 지역이 그렇다.

현장 경찰관들의 이야기를 들어보면, 야간 폭력 사건의 대부분이 과도한 음주와 관련이 있다고 말한다. 과도한 음주로 인해 자기 감정을 조절 못해 주먹을 휘두른다는 뜻이다. 실제로 전체 경찰 업무의 26.6%가 음주범죄라는 통계도 있다. 야간에 근무하는 경찰관들은 주취자들 때문에 많은 애로를 겪고 있다.

하지만 우리나라는 여전히 음주에 대해 관대한 편이다. 음주 중이나 음주 후 실수한 것에 대해 너그러운 편이다. 심지어 음주 후 범죄를 저지른 것에 대해서도 판사들의 형량이 낮은 편이다. 또한 아무리 지속적인 단속을 해도 음주운전은 끊임없이 적발된다. 음주운전은 단순한 교통위반이 아닌 무고한 사람의 생명을 빼앗을 수 있는 강력범죄라는 인식이 우리 사회에 자리 잡아야 한다.

청소년의 음주도 심각한 상황이다. 청소년 5명 중 1명이 음주 경험이 있는 것으로 나타났다. 청소년의 음주는 정상적인 성장과 발달을 저해할 뿐만 아니라 성인기 알코올 중독의 원인이 되고, 비행 행동의 출발점이 되기도 한다. 현재 미성년자에게 주류판매를 엄격하게 금지하고 있지만, 신분 확인과 판매 거절 등의 어려움으로 청소년들의 주류 구매가 비교적 쉬운 편이다. 이에 대한 강력하고 실질적인 대책이 필요하다.

아울러 우리 사회 전반의 음주문화 개혁이 필요하다. 국회에서는 김용판 국회의원이 대표적인 음주문화 개혁론자이다. 이른바 경찰 재직 시 주폭(酒暴)과의 전쟁을 선포한 장본인이다. 최근에는 대구의 대학교수들을 중심으로 한국음주문화관리협회가 설립되어 대한민국 음주문화 개혁 프로젝트를 출범했다.

강조하건대 지금 필요한 것은 건전한 음주문화를 위한 교육과 계몽이다. 초·중·고, 대학에서 건전한 음주문화에 대한 교육이 필요하다. 필자는 학생들에게, 그리고 시민들에게 꼭 이야기하는 것이 있다. 스트레스를 풀려고 술 마시지 않기. 억지로 상대방에게 술 권하지 않기. 1차만 하기. 주량을 넘지 않기. 음주운전은 파멸의 길이니 절대 하지 않기 등이다.

우리 지역의 법조계, 교육계와 언론계, 경제계, 시민단체 등이 적극적으로 동참하길 희망한다.

경북일보 특별기고(2022. 10. 11.)

공무원의 성과평가

우수한 조직은 성과가 높다. 성과가 높은 조직은 일을 열심히 하는 직원에 대한 공정한 평가가 있고, 또한 그에 따른 합당한 보상이 있다. 사전에 평가 기준이 직원들에게 공개가 되고, 이 기준에 대한 직원들의 합의가 있는 조직이 건강한 조직이다. 이런 점에서 성과평가가 중요하다. 공무원의 성과평가는 공무원을 체계적이고 정기적으로 평가하여 각종 인사관리의 기초자료로 활용하고, 조직 전체의 능률을 향상시킨다.

보통 기업체와 같은 민간조직에서는 성과평가가 공공조직에 비해 쉽다. 민간기업은 판매량, 생산량, 이윤 등과 같은 계량적인 평가기준이 공공조직에 비해 비교적 명확하기 때문이다. 그래서 공익을 추구하는 공공조직에서는 성과평가 기준과 방법이 더욱 중요하다.

임진왜란 때는 중국 진나라의 상수공법(上首功法)을 도입해서 수급(首級)의 숫자로 장수들의 성과를 평가했다. 즉, 전쟁에서 베어 얻은 적군의 머리 숫자로 평가하는 것이다. 선조 임금도 이 방법을 선호했는데, 이 방법은 문제가 있었다. 당장 적과의 전투에 집중하기보다 수급을 베어 자신의 실적을 높이려 했기 때문이다. 이런 상황에서는 우리

편끼리 다툼이 생기기도 하고, 각자의 임무에 충실하기보다는 적의 목을 베는데 신경을 쓰게 된다. 그러니 전투에 충실하지 못하고, 심지어는 무리하게 머리를 베다 부상을 당하는 경우도 많았다. 이순신 장군은 수전의 특성 때문에 수급이 전공의 기준이 되어서는 안 된다고 판단했다. 전투 중에 적군이 바다에 떨어지면 건져서 머리를 베고, 이를 보관하려 하면 전투에 지장이 있었기 때문이다. 심지어는 전투를 마친 후에 적군에게 포로로 잡혀 있던 무고한 조선 사람의 머리를 베어서 거짓 보고하는 사례도 있었다. 이순신 장군의 난중일기에는 우리 조선 백성인 고기잡이의 목을 몰래 베었다는 기록도 있다. 이런 상황에서 이순신 장군은 새로운 성과평가 방법을 도입한다. 적의 목을 베기 보다는 최선을 다해 열심히 싸운 자의 공을 높여주는 방법이다. 이 모든 것을 세밀하게 관찰해서 평가하겠다고 사전에 공지하고, 실제로 이 방법을 시행했다. 기존의 방식과는 전혀 다른 이 성과평가 방법은 적의 목을 베는 것에 집중하는 것이 아니고, 본연의 전투에 집중할 수 있게 해 주었다. 이로 인해 더욱 효과적으로 전쟁에 승리하게 된다. 열심히 싸우면 싸운 만큼 공을 인정해 주었기 때문에 이순신 장군의 부하들은 용감하고 소신 있게 전투에 임했다. 여기서 중요한 대목이 있다. 적의 수급 숫자로 성과를 평가하는 것을 '정량평가'라고 하고, 열심히 전투에서 싸우는 것을 지휘관이 평가하는 것을 '정성평가'라고 한다. 정량평가는 숫자로 하기 때문에 비교적 객관적이고 공정하다. 하지만 앞서 말한 문제점이 있는 것이다. 또한 정성평가는 지휘관의 주관적인 평가가 중요하기 때문에 공정하지 못하면 부하들의 불만이 많을 수 있다. 정성평가에 대한 직원들의 이의제기가 많고, 불신이 많으면 그 조직에서는 좋은 성과를 기대할 수 없다. 따라서 사심 없는 공정한 성과평가가 무엇보다 중요하다.

대구광역시 자치경찰위원회에서도 대구경찰청 관내 11개 경찰서 자치경찰 부서의 성과를 평가한다. 각 경찰서의 범죄예방대응과, 여성청소년과, 교통과의 자치경찰 사무가 그 대상이다. 성과평가 결과는 치안종합 성과평가에 반영되고, 열심히 근무해서 우수한 성과를 낸 경찰서에 성과급이 차등 지급되고, 승진 등 인사에도 반영이 된다. 단속 실적과 같은 정량평가와 함께 사회적 약자 보호 활동과 같은 정성지표를 잘 혼합해서 공정하게 평가하고 있다. 올해 성과평가 지표를 미리 각 경찰서에 통지하고, 경찰서에서는 이 기준을 참조해서 시민안전을 위해 열심히 근무한다. 대구시민을 위한 문제해결적 경찰 활동, 생활질서 위반 단속·수사 활동, 소년범 선도·보호 지수, 사회적 약자 보호 주요 활동, 국민편익 위주의 교통경찰 활동이 주요 성과평가 지표이다.

대구신문 대구논단(2024. 4. 19.)

잘 계획된 정책이 성공하려면?

치밀하고 정교하게 계획한 것이 진행이 잘 안되는 경우가 있다. 이는 개인이나 기업도 그렇고, 국가정책도 마찬가지다. 정책은 얼마든지 거창하고 멋있게 수립할 수 있다. 하지만 구체적으로 그 정책을 집행하는 것은 험난한 과정이고, 결과는 의도한 대로만은 되지 않는다.

보통 중앙정부나 지방자치단체의 정책은 몇 가지 중요한 과정을 거친다. 먼저 정책의 목표를 수립하고, 실행기획안을 작성한다. 지금 우리 사회는 변화의 속도가 엄청나게 빠르고, 불확실성이 매우 높다. 그만큼 공공정책도 혁신적이어야 하고, 과학적이며, 포용적이어야 한다.

보통 정책기획안을 작성할 때는 그 조직의 가장 우수한 인재들과 관련 전문가들이 모여 오랜 시간, 수많은 회의와 자문을 거친다. 여기서 다양한 정책 아이디어들이 식별되고, 선택된다. 한정된 물적·예산의 제약 속에서 여러 가지 정책대안들이 상대적인 중요성과 시급성, 전략성 등을 감안해서 우선순위가 결정된다. 중요하지만 예산이 많이 소요되는 정책, 단기적으로는 해결하기 힘들어서 장기적인 과제로 넘어갈 사안, 현행 법률 체계와 과학기술 능력으로는 해결하기 중요한 난제 등은 정책결정의 최종단계에서 제외된다.

그다음 단계가 정책의 집행단계이다. 정책목표와 실행기획안이 확정되면, 구체적으로 정책을 집행해야 한다. 정책은 누가, 어떻게 집행하느냐에 따라 정책의 효과는 전혀 다르게 나타난다. 정책을 에워싸고 있는 환경은 시시각각 변화한다. 이것이 바로 '불확실성'이다. 정책을 집행하는 기관은 이와 같은 불확실성에 신축성 있고, 기민하게 대응해야 한다. 이것이 공직자의 실력이고, 내공이다. 이제 공직자도 아마추어는 안 된다. 프로가 되어야 한다. 내공을 갖춘 문제해결자여야 한다는 의미다.

일반적으로 정책을 집행하는 데 있어서 몇 가지 사항은 성공적인 정책집행을 위한 필수적인 요인이다. 첫째, 정책집행 내부기관의 구조가 잘 통합되어 있어야 한다. 둘째, 정책집행 담당자들의 업무수행 역량이 높아야 한다. 예를 들어, 축구에서 최전방 공격수는 골을 넣을 수 있어야 한다. 따라서, 정책집행 담당자들의 업무 지식과 사기가 중요하다. 셋째, 정책집행과 관련된 기관들과의 협업 시스템이 무엇보다 잘 되어야 한다. 여기에는 직·간접적으로 관련된 기관은 물론이고, 국회와 지방의회, 언론, 시민단체 등도 포함된다.

정책이 집행되는 과정에서 정책결정자의 의도나 목표대로 잘 진행되면 좋지만, 그렇지 않은 경우는 난감하기 짝이 없다. 일반적으로 정책집행이 잘 되지 않는 이유 중에는 해당 정책이 정책대상자와 이해 관계자 간에 직접적으로 이해관계가 상충될 때 크게 나타난다. 이것은 정책을 결정할 때 이미 예견되어 있어야 하고, 사전에 어느 정도 조율되어야 한다. 또한, 예산과 인력이 정책을 수행하는 데 충분하지 않을 때도 정책집행이 잘 안된다. 물론 극히 드문 사례이기는 하지만 처음부터 정책이 완전히 잘못되었을 때도 정책 순응이 어렵다. 이와 같이 정책집행이 잘 안되는 경우에는 정책 불응의 현상으로 표출되는데, 보통 고의적인 집행 지연, 정책의 임의 변경 등의 형태로 나타난다. 이런 경우는 반드시 정확한 원인을 현장에 나가서 파악한 후에 대응책을 마련해야 한다. 부족한 예산의 문제이면 필요한 자금을 확보할 수 있는 구체적인 방안을 찾아야 한다. 만약 인력 부족의 문제이면 인력 보강을, 기관장의 역량 부족이 원인이면 기관장을 교체해야 한다. 아울러 근본적으로 정책 자체에 문제가 있다면, 그 정책의 타당성을 면밀하게 재검토해서 수정하고, 근본적으로 정책을 신뢰할 수 있도록 해야 한다.

모든 정책은 처음 계획한 대로 잘 되지 않는다. 또한 정책의 실행에 따라 그 정책으로 인해서 또 다른 문제가 발생할 수도 있다. 이것이 정책의 풍선효과이다. 정책의 각 단계에서 조직 내외의 고객, 관계자들과 소통하면서 문제점을 수정하고, 앞으로 나가야 한다. 정책을 집행하는 데 있어 중요한 것은 소통과 협력이다.

대구신문 대구논단(2024. 10. 18.)

자치경찰, 특별기획 세미나 열려

2024년 10월 19일(토) 오후 4시, 대구시 고산 3동 커뮤니티센터에서 "자치경찰제, 이대로 좋은가?"라는 주제로 특별기획세미나가 열렸다. 이날 필자는 "2021년 7월 1일, 불완전하지만 야심 차게 출범한 자치경찰제가 당초 계획한 2024년 시범 실시, 2026년 전국 확대 실시가 차일피일 기약 없이 연기되고, 한 발짝도 진전되지 않은 상태로, 무늬만 자치경찰제를 계속 유지하고 있다"라고 기조 발표를 시작하였다.

자치경찰제는 경찰 창설 이후 76년 만에 시행되었다. 원래 의도했던, 국가경찰과 분리되어 적절한 책임과 권한을 가진 자치경찰이 아닌 '자치경찰관'이 없는 자치경찰제, 즉 국가경찰관이 수행하는 독특한(?) 형태의 자치경찰 사무로 출범하였다. 윤석열 정부의 국정과제 중 하나인 자치경찰과 국가경찰의 이원화 제도는 올해 시범 실시 후 2026년 전면 시행할 계획이었지만 제도 개선은커녕 인력이나 예산 지원 등은 이뤄지지 않고 있다. 그럼에도 불구하고 법률적, 제도적 한계 속에서도 제1기 대구시 자치경찰위원회(2021 - 2024)는 대구시민의 안전을 위해서 많은 성과를 냈다.

필자는 "성폭력, 아동학대, 가정폭력, 학교폭력 등 사회적 약자 보호, 교통사고 예방과 안전, 범죄예방과 생활안전 같은 자치경찰 업무는 자치경찰이 국가경찰보다 더 적합하고 잘할 수 있다. 왜냐하면 주민자치행정을 책임지고 있는 지방자치단체는 예산과 인력, 시설 측면에서 인프라가 튼튼하고, 여기에 경찰행정이 합쳐지므로써 상승효과가 배가되는 것이다"라고 강조한다. 이어서 필자는 "자치경찰 활성화는 윤석열 대통령의 국정과제이다. 지금 법률을 개정하지 않아도 시행할 수 있는 것 중에 파출소와 지구대를 자치경찰 소속으로 환원해서 협력치안, 공동체치안, 예방치안 시스템을 만들어야 한다. 최근 시민들이 불안해하는 묻지마 범죄, 자살 및 고독사, 아파트 층간소음 등 생활치안적 요소들에 대해서 보다 적극적인 지역 공동체의 노력이 필요하다. 시민 안전이 최고의 복지다. 지역 주민이 참여하는 제대로 된 자치경찰 제도를 위해 정치권이 적극적으로 나서야 한다"고 주장하였다.

이날 세미나는 한국치안행정학회, 대한지방자치학회, 한국자치경찰학회, 대구경우회 등이 공동주최하고, 국내 자치경찰과 치안행정 전문가들과 교수들이 대거 참석해서 성황을 이루었다.

"자치경찰, 이대로 좋은가?"

2024년 10월 19일 대구 수성구 고산 3동 커뮤니티센터에서
'자치경찰제, 이대로 좋은가?'라는 주제로 특별 기획 세미나를 열었다.

I. 자치경찰제란 무엇인가?

II. 불완전하지만 의미있는 자치경찰의 출발

일상생활 속에서 일어나는 많은 문제들이 경찰과 관련된 일이다. 시민들이 자주 접하는 교통 문제, 범죄예방을 위한 순찰 및 생활안전, 학교폭력, 가정폭력 등이 경찰의 업무이고, 2021년 7월 1일 공식적으로 출범한 자치경찰제는 보다 친근한 이미지의 경찰로 시민 속으로 들어왔다. 실로 경찰역사 76년 만에 자치경찰제가 실시된 큰 변화이다.

사실 자치경찰제는 검·경 수사권 조정으로 인해 확대된 경찰권력을 견제하기 위해 시행되었다고 할 수 있다. 경찰청장을 정점으로 하는 중앙집권적인 국가경찰 구조가 경찰청장(국가경찰), 자치경찰위원회(자치경찰), 국가수사본부장(수사경찰)의 '3원' 체제로 바뀐 것이다. 원래 의도했던 국가경찰과 분리되어 적절한 책임과 권한을 가진 자치경찰이 아닌 '자치경찰관'이 없는 자치경찰제, 국가경찰관이 수행하는 자치경찰사무로 출범하였다. 지방자치 제도를 실시하고 있는데 대구시 공무원은 행정안전부 소속의 국가 공무원이라는 말과 같다. 자치경찰관이 없는 자치경찰 제도이다. 이를 국가경찰과 자치경찰의 일원화 모델이라고 부른다. 사실 일원화 모델은 진정한 의미의 자치경찰이 아니다. 실제로 자치경찰의 주요 업무가 생활안전, 사회적 약자 보호, 교통안전 등으로 주민의 일상생활과 매우 밀접하기 때문에 지방자치단체장의 책임과 권한 하에 처리하는 것이 맞다. 이것이 자치경찰의 장점이다. 그래서 어느 학자는 일원화에서 이원화로의 전환을 '비정상에서 정상'으로의 전환이라고 부르기도 한다.

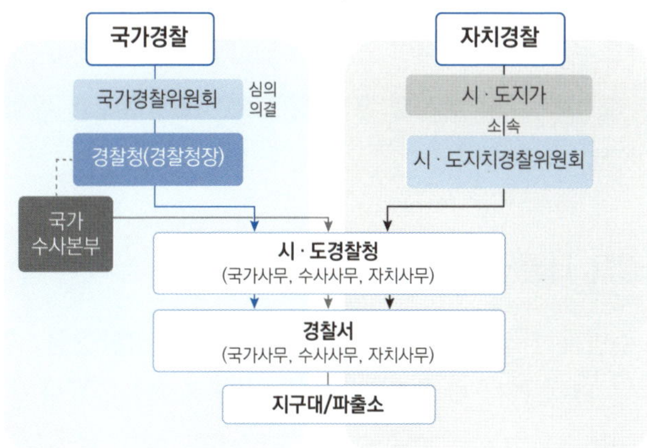

일원화 자치경찰제 모델

자치경찰제가 출범한 지 이제 4년이 훌쩍 지났다. 국가경찰과 자치경찰이 분리된 이원형 모델이 아닌 국가경찰의 신분으로 자치경찰 업무를 수행하는 일원형 모델로 출발한 탓에 일부에서는 '무늬만 자치경찰제', '페이퍼 컴퍼니', '짝퉁 자치경찰제', '대국민 사기극'이라는 비아냥 소리도 들린다.

자치경찰제에 대한 시민들의 생각
- 자치경찰제와 자율방범대를 같은 것으로 생각(000 시의원)
- 자치경찰제와 생활안전협의회를 유사하게 생각(000 공무원)

하지만 자치경찰제가 일단 출발했다는 데 의미를 두고 싶다. 과거 수많은 논의 속에 자치경찰제 도입이 물거품이 된 적이 많았기 때문이다. 아무리 좋은 제도나 정책을 만들더라도 실제로 시행되지 않으면 아무 소용이 없다. 먼저 시행해 본 다음, 나타나는 문제점을 차근차근 보완해 나가는 지혜가 필요하다.

2020년 12월, 경찰법 전부 개정으로 자치경찰제 도입이 확정됨에 따라 대구시와 대구경찰청에서는 자치경찰제 준비단을 만들어 자치경찰제 실시를 준비했다. 드디어 2021년 5월 20일 대구광역시 자치경찰위원회가 출범해서, 시범 운영 후에 2021년 7월 1일부터 공식적인 활동에 들어갔다. 4년이 지났다.

III. 자치경찰, 다른 국가에서는?

지역 주민과 가장 가까운 곳에서 범죄예방과 생활안전, 교통안전, 여성청소년 등 사회적 약자를 보호하는 업무가 자치경찰의 업무 영역이다. 하지만 국가경찰과 자치경찰이 분리되지 않고, 국가경찰관의 신분으로 자치경찰 업무를 수행하니 아직까지는 진정한 자치경찰이라고 할 수 없다. 예를 들어 대구시 범어동 행정복지센터에 근무하는 공무원이 대구시 소속의 지방 공무원이 아니라 행정안전부 소속의 국가 공무원이라고 하는 것과 다를 게 없다. 파출소와 지구대, 순찰차, 경찰 제복 등 외형 또한 자치경찰 실시 이전과 비교해서 그대로다. 바뀐 것이 없다. 그래서 아직까지 시민들에게 친숙하지 않고, 인지도도 약한 자치경찰 제도를 홍보하기 위해서 참 많이 뛰어 다녔다. 수십 차례의 찾아가는 지역 주민 설명회, 방송 출연, 대학 및 공공기관 자치경찰 특강, 신문보도 및 기고 등으로 분주히 다녔다. 아울러 지하철과 버스, 전광판 광고, SNS 홍보 등 다양한 방법으로 시민들에게 다가갔다. 이 과정에서 시민들이 가장 많이 하는 질문 중 하나가 '외국에서도 자치경찰제를 하나요?'이다. 그렇다. 시민들은 자치경찰에 대해서 잘 모른다. 미국이나 영국 등 주요 선진국에서도 자치경찰 제도를 운영하는지가 궁금한 것이다.

어느 한 국가의 경찰 제도를 알기 위해서는 그 국가의 정치·경제·사회·문화에 대해서 알아야 한다. 경찰 제도는 한 국가의 역사적, 정치적, 사회문화적 소산이기 때문이다. 본론으로 들어가서, 미국이나 영국, 프랑스, 일본 등 주요 선진국들은 자치경찰제를 시행하고 있을까? 먼저 답부터 이야기하면, 국가의 특성에 따라 자치경찰제를 아주 잘 운영하고 있다고 할 수 있다.

먼저 미국은 연방국가답게 자치경찰제를 다양하게 운영하고 있다. 미국의 경찰은 자치경찰 일원적 체제이다. 다시 말해서, 국가경찰이라는 개념이 없고 자치경찰만이 존재한다고 할 수 있다. 미국 자치경찰은 기초자치단체를 중심으로 국가의 관여가 최소화된 형태로 자율적으로 운영된다. 따라서 미국의 자치경찰은 '기초단위의 주체적 자치경찰'로 평가할 수 있다.

일본은 내각제를 운영하는 국가이다. 일본의 자치경찰은 국가경찰과 자치경찰로 이원화 되어 있기는 하지만, 자치경찰이 광역 단위로 설치되어 있고, 국가경찰의 자치경찰에 대한 관여를 광범위하게 인정하여 사실상 통합적인 구조를 나타낸다는 점이 특징이다. 따라서 일본에서는 '광역 단위의 통합형 자치경찰'이라고 할 수 있다.

영국의 자치경찰은 지방자치단체 소속이 아닌 별도의 독립된 기관이다. 하지만 지방자치단체로부터 강한 통제를 받으면서도 정당정치와 분리되어 정치적 중립을 제도화하고 있다는 점에서 다른 국가의 자치경찰과는 다르다.

프랑스는 국립경찰과 헌병경찰로 구성된 국가경찰이 원칙적으로 치안을 담당한다. 또한 이와는 별도로, 프랑스 자치단체의 가장 기초단위인 코뮌에서는 선출직 자치단체장 직속으로 자치경찰을 두어 치안 업무를 보조하게 하고 있다. 따라서 프랑스 자치경찰은 '기초단위의 보조적인 자치경찰'이라고 할 수 있다.

자치경찰제는 경찰이 지방자치단체의 권한과 책임하에서 지역 주민을 대상으로 치안 업무를 국가경찰로부터 독립적으로 수행하는 제도이다. 자치경찰제는 각국의 경찰 역사에 따라 조직구조와 인력편제, 예산 등의 운영 형태는 다르지만 시민들의 요구를 보다 적극적으로 수용한다는 점에서는 동일하다. 권위주의 정부의 국가들, 사회주의 국가들이나 북한 등의 국가에서는 자치경찰보다는 중앙집권적인 국가경찰을 고수하고 있다.

이제 자치경찰제를 실시한지 4년이 지났다. 운영 과정에서 나타난 문제점을 보완하고, 업그레이드 시켜야 한다. 한 가지 확실한 것은 자치경찰은 오로지 주민안전을 위한 주민 행복 시스템이어야 한다는 것이다.

Ⅳ. 시민과 함께 하는 자치경찰

2021년 7월 1일 공식적으로 출범한 자치경찰이 다양한 성과를 내고 있다. 대구 자치경찰은 '시민중심, 시민안전, 대구 자치경찰'이라는 비전으로 시민들과 다양한 채널로 소통하고 있다. 특히 시민들에게 직접 찾아가는 자치경찰 소통 설명회는 그 대표적인 사례이다. 이제 시민은 과거 치안의 객체에서 당당히 치안정책 수립의 주체로서 자리매김하고 있다. 시민이 결정하면 자치경찰은 시행한다.

어느 선행 연구에 따르면, 한 지역에서 발생하는 범죄의 70%가 그 지역 또는 인근지역의 주민들에 의해 발생한다고 한다. 따라서 지역에 대해서 가장 잘 아는 지역 주민들과 현장 경찰관이 같이 해당지역을 합동 순찰하고, 지역치안 문제에 대해 정책대안을 제시하는 '공동체치안', '협력치안'을 확립하는 것이 무엇보다 중요하다.

이러한 사례는 주요 선진국들에서도 확인할 수 있다.

일본 후쿠이현 경찰의 경우, 범죄예방과 사건 조기해결을 위해 시민차량의 블랙박스 영상을 적극적으로 활용할 수 있는 방안을 강구하여 2018년 7월 '블랙박스 지킴이 협력대'라는 시민협력 단체를 구성했다. 특정 사건이나 사고 발생 시 이들에게 일시와 장소 등을 알려주며 관련 블랙박스 영상이 있는 지를 확인 후 제출해 줄 것을 요청하는 것이다. 또한, 이 단체에 가입한 차량은 '녹화 중'이라는 문구의 스티커를 붙이고 거리를 운행하여 다른 차량의 난폭운전 예방에도 기여하고 있다.

후쿠로이시 경찰은 관내 농촌 지역에서 농산물 도난 사건이 지속적으로 발생하자 주민과 외지인을 쉽게 구별하는 것이 중요하다고 판단해서 주민들이 제작한 수건과 두건을 지급하고 착용하도록 독려하는 캠페인을 시행해서 효과를 보고 있다.

2018년 영국 실종자 지원단체 "missing people"은 음식 배달업체와 업무협약을 체결해서 동년 12월 한 달 동안 런던 등 영국의 4개 도시에서 시행한 결과, 배달가방에 사진을 붙였던 실종자 17명 중 5명을 발견하는 등 실적을 거둔 바 있다.

미국 일리노이주는 미용사들이 여성고객들과 깊은 대화를 나누면서 가정불화나 폭행 당한 흔적을 쉽게 인지할 수 있다는 점에 착안해서 가정폭력 피해자 식별방법 및 신고요령 등의 교육을 필수적으로 수료해야 미용업 자격증을 취득할 수 있도록 미용업 종사자 가정폭력 예방교육 의무화 제도를 실시하고 있다.

물론 앞서 언급한 일본, 미국과 영국의 사례는 우리나라의 현실과는 다를 수 있다. 하지만 여러 가지 참조할 만한 것은 분명히 있다.

대구시에서도 시민명예경찰이 경찰서 교육 이수 후에 스스로 의기투합하여 만든 '동성로 시민경찰대'를 만들었다. 이들은 매주 수요일 동성로 일대를 합동 순찰하고 있다. 또한, 현재 사명감 있게 왕성한 활동을 하고 있는 대구시 모범운전자회와 자율방범대, 녹색어머니회 같은 단체들도 범죄예방과 교통질서 유지에 많은 기여를 하고 있다. 대구 경찰의 든든한 파트너이자 지원군이다.

일선 구청과 경찰서, 구의회가 합심하여 만든 대구서부경찰서의 '스마트 안심정거장'은 어두운 거리를 학생들이 안전하게 통학할 수 있도록 만든 우수한 협업 프로그램이다, 또한 대구강북경찰서의 여성안심 '샛별로' 프로젝트, 달성군의 여성이 안전한 골목길 조성 '초롱길' 사업은 협력치안, 공동체치안의 우수한 사례라고 할 수 있다. 아울러 대구시 자치경찰위원회에서 직접 주관하는 폴리스 틴, 폴리스 키즈 사업은 미래의 주역인 청소년들에게 지역의 안전 문제 중요성을 교육하고, 아울러 청소년들 스스로 지역의 치안 문제를 진단하고 해결책을 제시하는 문제해결 능력을 키우는 좋은 프로그램으로 인정받고 있다.

지금도 대구시 자치경찰은 시민과 소통하고 사회적 약자를 배려하는 안전한 대구시를 만들기 위해 최선을 다하고 있다. 시민중심, 시민

안전, 대구 자치경찰에 많은 응원과 참여를 부탁드린다. 대구 자치경찰의 주인은 '시민'이다.

V. 자치경찰제에 대해 가장 많이 하는 질문

우리나라에 자치경찰제가 시행된 지 이제 4년이 훌쩍 지났다. 경찰행정학자인 필자에게 기자들이 가장 많이 질문하는 것이 "자치경찰을 실시하면 어떤 장점이 있나?"이다. 이어지는 추가 질문은 "대구시에 자치경찰을 시행한 후에 어떤 점이 달라졌는가?"이다. 사실 이 두 가지 질문은 연속선상에 있는 질문이다.

필자는 대구형 자치경찰을 한 마디로 정의하면 "시민안전을 위해 주민자치행정과 경찰행정을 잘 결합시킨 것"이라고 말할 수 있다.

살인이나 강도, 조직폭력 등 강력범죄를 수사하거나 경호경비, 외사와 간첩 등 보안 업무는 국가경찰 업무 영역이고, 아동이나 노인 등 사회적 약자 보호, 교통사고 예방과 안전, 생활안전이 자치경찰의 주요 업무 영역이다. 필자는 자치경찰제 주민설명회에 가서 암, 백혈병, 중한 병에 대한 수술은 대학병원에 가고, 감기, 몸살, 배탈, 설사는 동네 병원에 가는 것처럼 대학병원은 국가경찰이고, 동네 병원은 자치경찰이라고 비유해서 설명하기도 한다. 물론 정확한 표현은 아니지만 학자들이 참여하는 전문학술토론회가 아닌 찾아가는 주민자치 설명회에서 나름 쉽게 설명해 본 것이다. 그렇다. 음주운전, 과속, 폭주족 단속 등 교통안전 활동, 성폭력이나 아동학대 예방 같은 사회적 약자 보호, 순찰 등 범죄예방 업무가 자치경찰의 영역이다. 이러한 업무는 자치경찰이 국가경찰보다 더 잘할 수 있다. 왜냐하면 주민자치행정을 책임지고 있는 지방자치단체는 예산과 인력, 시설 측면에서 기초적인 인프라가 튼튼하고, 여기에 경찰행정이 결합되므로써 시너지효과가 나기 때문이다.

대구광역시 자치경찰위원회가 출범하면서 가장 중점을 둔 분야가 셉테드(CPTED, Crime Prevention Through Environmental Design, 환경설계를 통한 범죄예방)이다. 셉테드는 물리적인 환경 개선을 통해서 범죄를 예방하는 기법을 말한다. 어두운 골목길은 주민들에게 심야시간에는 위험하고, 시민들의 범죄에 대한 두려움도 크다. 여기에 제복을 입은 늠름한 경찰의 예방 순찰과 함께 CCTV, 비상벨, 가로등의 조명 밝기 등을 결합하면 범죄예방에 훨씬 더 긍정적으로 작용한다. 대구시는 자치경찰을 시행하면서 이와 같은 셉테드에 공을 많이 들였다. 대구시 서구 학교 밀집지역에 스마트 안심 정거장 건립, 북구에 샛별로 프로젝트, 대구도시공사와 함께 매입임대주택의 컨설팅 사업을 통한 범죄예방 프로그램은 좋은 사례라고 할 수 있다. 대구시 자치경찰위원회는 셉테드에 이어서 과학치안을 중요한 정책과제로 채택하여 주민이 실질적으로 체감할 수 있도록 지역의 치안수요를 발굴하고 첨단 과학기술을 활용해서 자치경찰 치안 서비스를 제공하고 있다. 또한 상대적으로 주거환경이 취약한 가구를 대상으로 스마트 초인종, 문 열림 센서, 가정용 CCTV, 창문 잠금장치 등 안심 물품을 지원하여 범죄에 대한 물리적, 심리적 불안감을 완화하는 주거안전 취약가구 세이프 홈 지원사업을 시행하고 있다. 이 모든 것이 자치경찰이 출범하면서 활성화된 시민안전 프로젝트이다.

아울러 자치경찰에서 중요한 개념이 협력과 소통이다. 지방자치단체와 경찰, 교육청, 시민단체, 대학, 병원 등 지역사회를 구성하고 있는 기관들 간의 협력과 소통이 무엇보다 중요하다. 쉬운 사례로 학교폭력을 예로 들면, 이 문제는 단순히 학교만의 노력으로 해결할 수 있는 것이 아니다. 학교는 물론 교육청, 경찰, 지역사회 모두가 능동적으로 참여해야 해결할 수 있는 것이다. 작년에 우리 사회를 경악시켰던 묻지마 범죄(이상동기범죄)도 마찬가지다. 이 문제는 경찰의 순찰이나 수사만으로 해결할 수 있는 것이 아니다. 경찰의 예방 순찰은 물론이거니와, 조현병 환자에 대한 철저한 치료, 은둔형 외톨이에 대한 맞춤형 복지 등 촘촘한 사회안전망 구축이 중요하다. 자치경찰 제도는 이런 점에서 주민 안전을 위해 활성화할 필요가 있다.

VI. 1기 대구 자경위가 못한 숙제, 그리고 향후 과제

경찰 창설 이후 76년 만에 시행된 자치경찰 제도이다. 원래 의도했던 국가경찰과 분리되어 적절한 책임과 권한을 가진 자치경찰이 아닌 '자치경찰관'이 없는 자치경찰제, 국가경찰관이 수행하는 자치경찰 사무로 출범하였다. 여러 가지 한계가 있는 제도 속에서도 지난 3년간 대구형 자치경찰은 시민안전을 위한 많은 성과를 냈다. 대구 자치경찰위원회는 대구형 스마트 셉테드(CPTED, 환경설계를 통한 범죄예방) 사업 등을 중심으로 대구경찰청, 대구교육청, 대구테크노파크와 대구도시공사 등과 함께 다양한 시민안전 프로그램들을 수행해 왔다. 이러한 노력들에 힘입어 대구시 자치경찰위원회가 경찰청과 (재)과학치안진흥센터가 주관하는 '2023 자치경찰 수요기반 지역 문제 해결 R&D 사업'에 최종 선정되었다. 5년간 32억 원의 예산이 지원되는 이 사업은 경찰 분야에서는 최고의 야심 찬 프로젝트라고 할 수 있다. 자치경찰의 주요한 목적인 시민안전을 위해서는 CCTV, 첨단 AI, 드론 등 첨단 과학치안이 중요하다. 이 사업은 야간에 여성이나 청소년들이 귀갓길에 최단거리 안심 루트를 알려주고, 위험한 구간에는 드론이 떠서 안내해 주는 디지털 순찰 서비스를 제공하는 것이 핵심이라고 할 수 있다. 과학치안 R&D 사업을 성공적으로 정착시켜 진정으로 '시민이 안전한 대구', '과학치안 대구'로 자리매김해야 한다.

또한, 자치경찰제의 주요 임무 중의 하나가 사회적 약자 보호이다. 특히 성폭력이나 가정폭력, 아동학대, 스토킹 등으로부터 피해자를 안전하게 보호하는 것이 중요하다. 이런 점에서 해바라기센터는 성폭력·가정폭력·스토킹 피해자 등에 대하여 365일 24시간 상담, 의료, 법률, 수사 지원 등을 원스톱으로 제공함으로써 피해자가 위기 상황에 대처할 수 있도록 지원하고, 2차 피해를 예방하기 위해 만들어진 기관이다. 현재 대구 해바라기센터 방문객 수는 전국 최고 수준이고, 그 수요는 계속 증가할 것으로 예상된다. 아동폭력과 성폭력 등 피해자들에게 한 장소에서 원스톱 지원이 장기적으로 가능한 '통합형' 해바라기센터의 설립이 중요하다. 현재 대구시에는 통합형 해바라기센터가 없다. 그래서 대구시 여성가족과, 대구경찰청 여성청소년과, 그리고 대구 자치경찰위원회가 협업하여 위기 여성과 아동을 돕기 위한 통합형 해바라기센터 설립에 최고의 역량을 투입했다. 국립대학병원을 대상으로 다방면으로 노력했지만 실패했다. 이유는 병원이 의사 인력 부족, 공간 부족과 수익성의 문제 등으로 난색을 표하기 때문이다. 앞으로 해바라기센터와 같은 공익사업을 하는 의료기관에 대해서는 인력과 예산 지원은 물론이고, 각종 병원 평가에서도 지역사회 기여와 같은 평가항목에 대한 가점을 확대해야 한다. 그래야 억울하게 범죄피해를 당한 여성들을 안전하게 보호하기 위한 통합형 해바라기센터를 대학병원에 유치할 수 있다.

아울러 현장에서 근무하는 경찰의 해외연수 프로그램을 만들었으면 한다. 예를 들어, 미국이나 유럽, 일본 등에 현장 경찰관들을 파견하여 현장 연수 프로그램으로 진행했으면 한다. 미국의 NYPD(뉴욕경찰), 영국이나 독일의 선진 경찰 시스템도 직접 보고 왔으면 좋겠다. 국가경찰이나 다른 시·도 자치경찰위원회는 일부 시행하고 있다. 또한, 현재 대구시청 공무원들이 파견되어 있는 국가에 대구시 자치경찰을 주재관으로 근무하게 하는 방법도 생각해 볼 수 있다.

Ⅶ. 향후 자치경찰의 방향

사회적 약자 보호, 교통안전과 생활안전 같은 자치경찰 업무는 국가경찰보다 자치경찰이 더 잘할 수 있다. 왜냐하면 주민자치행정을 책임지고 있는 지방자치단체는 예산과 인력, 시설 측면에서 인프라가 튼튼하고, 여기에 경찰행정이 합쳐지므로써 상승효과가 배가되기 때문이다. 앞으로 국가경찰과 자치경찰을 이원화해서 자치경찰을 활성화해야 한다. 그 첫 번째 단계로 국가경찰 소속인 파출소와 지구대를 자치경찰 소속으로 환원해야 한다. 각자 더 잘할 수 있는 것에 집중할 필요가 있다.

또한, 재원확보 문제이다. 자치경찰제도를 설계할 때부터 재정 문제는 민감하고 중요한 문제였다. 중요한 것은 지역 주민의 안전 확보에는 반드시 비용이 수반된다는 점이다. 환경설계를 통한 범죄예방, 아동 지킴이 사업, 교통사고 예방 및 단속 등 어느 하나 소홀하게 생각해서는 안 된다. 안정적인 자치경찰제 재원 마련을 위한 자치경찰 특별회계 신설이 필요하다. 또한, 교통 과태료와 범칙금 등 세원을 시·도로 이관하여 독립적이고 자율적인 업무수행을 위한 자치경찰 교부세 신설이 필요하다.

아울러, 현재 시·도 자치경찰위원회에는 최소한의 인사권도 없다. 현재 자치경찰위원회는 경정급 이하의 자치경찰에 대해 승진, 전보, 파견, 직위해제 등 임용권 및 징계 요구권을 행사할 수 있도록 되어 있다. 하지만 경찰 내부의 인사 시스템에 접근할 수도 없고, 모든 임용권 행사 시 시·도 경찰청장의 추천을 받아야 하며, 승진 대상자를 결정하거나 징계 여부와 수위를 결정하는 승진심사위원회, 징계위원회 등을 자체적으로 설치할 수도 없게 되어 있다. 다시 말해서, 자치경찰에 대한 실질적인 인사권한이 없는 것이다. 조직을 이끌어가기 위한 최소한의 인사권이 부여되어야 한다.

자치경찰위원회에 승진심사위원회와 징계위원회를 설치해서 어느 정도 제대로 된 인사권을 부여해야 한다. 책임과 권한이 같이 가야 한다. 제대로 된 자치경찰을 운영하기 위해서는 꼭 필요하다.

따라서 자치경찰은 지방자치단체 소속으로 해야 한다. 이 문제는 시간의 문제이지, 향후 이원화 방향으로 갈 것으로 기대한다. 이원화하면 자치경찰의 모집과 선발, 승진과 전보, 재정 문제는 자동으로 해결될 것이다.

우리나라의 자치경찰제는 이제 5살이 되었다. 시행착오를 거쳐 오류나 문제점이 발생하면 이를 개선해 나가야 한다. 지역 주민과 친밀하게 소통하고, 사회적 약자를 배려하는 대구형 자치경찰제로 정착시켜야 한다.

영남일보 2024년 3월 19일 화요일 021면 사람과사람

기고

자치경찰제 시행 3년, 뭐가 바뀌었나

박동균
(대구자치경찰위원회 상임위원)

우리나라에 자치경찰제가 시행된 지 이제 3년이 되어 간다. 필자에게 기자들이 가장 많이 질문하는 것이 "자치경찰을 실시하면 어떤 장점이 있나"이다. 이어지는 질문은 "자치경찰을 시행한 후에 대구가 어떻게 달라졌는가"이다. 이 두 가지 질문은 연속선상에 있는 질문이다. 2021년 5월20일 시범 실시 후, 7월1일 본격 시행된 대구형 자치경찰을 한마디로 정의하면 "시민안전을 위해 주민자치행정과 경찰행정을 잘 결합시킨 것"이라고 할 수 있다.

살인이나 강도, 조직폭력 등 강력범죄를 수사하거나 경호경비, 외사와 간첩 등 보안업무는 국가경찰 업무 영역이고, 아동이나 노인 등 사회적 약자 보호, 교통사고 예방과 안전, 생활안전이 자치경찰의 주요 업무 영역이다. 필자는 자치경찰제 주민설명회에 가서 암, 백혈병, 중한 병에 대한 수술은 대학병원에 가고, 감기, 몸살, 배탈, 설사는 동네병원에 가는 것처럼 대학병원은 국가경찰이고, 동네병원은 자치경찰이라고 비유해 설명하기도 한다. 물론, 정확한 표현은 아니지만 학자들이 참여하는 전문학술토론회가 아닌 찾아가는 주민자치 설명회에서 나름 쉽게 설명해 본 것이다. 그렇다. 음주운전, 과속, 폭주족 단속 등 교통안전 활동, 성폭력이나 아동학대 예방 같은 사회적 약자 보호, 순찰 등 범죄예방 업무가 자치경찰의 영역이다. 이러한 업무는 자치경찰이 국가경찰보다 더 잘할 수 있다. 왜냐하면 주민자치행정을 책임지고 있는 지방자치단체는 예산과 인력, 시설 측면에서 기초적인 인프라가 튼튼하고, 여기에 경찰행정이 결합되니까 시너지 효과가 나는 것이다.

대구시 자치경찰위원회가 출범하면서 가장 중점을 둔 분야가 셉테드(CPTED·Crime Prevention Through Environmental Design, 환경설계를 통한 범죄예방)이다. 셉테드는 물리적인 환경 개선을 통해서 범죄를 예방하는 기법을 말한다. 어두운 골목길은 주민들에게 심야시간에는 위험하고, 시민들의 범죄에 대한 두려움도 크다. 여기에 제복을 입은 늠름한 경찰의 예방순찰과 함께 CCTV, 비상벨, 가로등의 조명 밝기 등을 결합하면 범죄예방에 훨씬 더 긍정적으로 작용한다. 대구시는 자치경찰을 시행하면서 이와 같은 셉테드에 공을 많이 들였다. 대구시 서구 학교 밀집지역에 스마트 안심 정거장 건립, 북구에 샛별로 프로젝트, 대구도시공사와 함께 매입임대주택의 컨설팅 사업을 통한 범죄예방 프로그램은 좋은 사례라고 할 수 있다.

또 대구시 자치경찰위원회는 과학치안을 중요한 정책과제로 채택해 주민이 실질적으로 체감할 수 있도록 지역의 치안수요를 발굴하고 첨단 과학기술을 활용해 자치경찰 치안 서비스를 제공하고 있다. 또 상대적으로 주거환경이 취약한 가구를 대상으로 스마트 초인종, 문 열림 센서, 가정용 CCTV, 창문 잠금장치 등 안심물품을 지원해 범죄에 대한 물리적, 심리적 불안감을 완화하는 주거안전 취약가구 세이프 홈 지원사업을 시행하고 있다. 이 모든 것이 자치경찰이 출범하면서 활성화된 시민안전 프로젝트이다.

아울러 자치경찰에서 중요한 개념이 협력과 소통이다. 쉬운 사례로 학교폭력을 예로 들면, 이 문제는 단순히 학교만의 노력으로 해결할 수 있는 것이 아니다. 학교는 물론 교육청, 경찰, 지역사회 모두가 능동적으로 참여해야 해결할 수 있는 것이다. 자치경찰 제도는 이런 점에서 주민안전을 위해 활성화할 필요가 있다.

영남일보 2024년 5월 7일 화요일 021면 사람과사람

기고

성과 나타난 자치경찰, 앞으로의 과제

박동균
(대구시 자치경찰위 상임위원)

대구시는 2021년 5월20일 자치경찰위원회 출범과 함께 자치경찰제를 시범 실시하고, 그해 7월1일부터 공식적으로 시작했다. 경찰 창설 이후 76년 만에 시행된 자치경찰 제도이다. 원래 의도했던 국가경찰과 분리되어 적절한 책임과 권한을 가진 자치경찰이 아닌 '자치경찰관'이 없는 자치경찰제, 국가경찰관이 수행하는 자치경찰 사무로 출범하였다.

여러 가지 한계가 있는 제도 속에서도 지난 3년간 대구형 자치경찰은 시민안전을 위한 많은 성과를 냈다. 대구 자치경찰위원회는 대구형 스마트 셉테드(CPTED, 환경설계를 통한 범죄예방) 사업 등을 중심으로 대구경찰청, 대구교육청, 대구테크노파크와 대구도시공사 등과 함께 다양한 시민안전 프로그램들을 수행해 왔다.

이러한 노력들에 힘입어 대구시 자치경찰위원회가 경찰청과 <재> 과학치안진흥센터가 주관하는 '2023 자치경찰 수요기반 지역문제 해결 R&D 사업'에 최종 선정되었다. 5년간 32억원의 예산이 지원되는 이 사업은 경찰 분야에서는 최고의 야심 찬 프로젝트라고 할 수 있다. 자치경찰의 주요한 목적인 시민안전을 위해서는 CCTV, 첨단 AI, 드론 등 첨단 과학치안이 중요하다. 이 사업은 야간에 여성이나 청소년들의 귀갓길 최단 거리 안심 루트를 알려주고, 위험한 구간에는 드론이 띄워 안내해 주는 디지털 순찰 서비스를 제공하는 것이 핵심이라고 할 수 있다. 과학치안 R&D 사업을 성공적으로 정착시켜 진정으로 '시민이 안전한 대구' '과학치안 대구'로 자리매김해야 한다.

또 자치경찰제의 주요 임무 중의 하나가 사회적 약자 보호이다. 특히 성폭력이나 가정폭력, 아동학대, 스토킹 등으로부터 피해자를 안전하게 보호하는 것이 중요하다. 이런 점에서 해바라기센터는 성폭력·가정폭력·스토킹 피해자 등에 대하여 365일 24시간 상담, 의료, 법률, 수사 지원 등을 원스톱으로 제공해 피해자가 위기 상황에 대처할 수 있도록 지원하고, 2차 피해를 예방하기 위해 만들어진 기관이다. 현재 대구 해바라기센터 방문객 수는 전국 최고 수준이고, 그 수요는 계속 증가할 것으로 예상된다.

아동폭력과 성폭력 등 피해자들에게 한 장소에서 원스톱 지원이 장기적으로 가능한 '통합형' 해바라기센터의 설립이 중요하다. 현재 대구시에는 통합형 해바라기센터가 없다. 그래서 대구시 여성가족과, 대구경찰청 여성청소년과, 대구 자치경찰위원회가 협업하여 위기 여성과 아동을 돕기 위한 통합형 해바라기센터 설립에 최고의 역량을 투입했다. 국립대학병원을 대상으로 다방면으로 노력했지만 실패했다. 이유는 병원이 의사 인력 부족, 공간 부족과 수익성의 문제 등으로 난색을 표하기 때문이다.

앞으로 해바라기센터와 같은 공익사업을 하는 의료기관에 대해서는 인력과 예산 지원은 물론이고, 각종 병원평가에서도 지역사회 기여와 같은 평가항목에 대한 가점을 확대해야 한다. 그래야 억울하게 범죄피해를 당한 여성들을 안전하게 보호하기 위한 통합형 해바라기센터를 대학병원에 유치할 수 있다. 5월20일 출범하는 2기 자치경찰위원회에서 꼭 유치하길 간곡히 기대한다.

아울러 현장에서 근무하는 경찰의 해외연수 프로그램을 만들었으면 한다. 예를 들어, 미국이나 유럽, 일본 등에 현장 경찰관들을 파견하여 현장 연수 프로그램으로 진행했으면 한다. 미국의 NYPD(뉴욕경찰), 영국이나 독일의 선진 경찰 시스템도 직접 보고 왔으면 좋겠다. 국가경찰이나 다른 시·도 자치경찰위원회는 일부 시행하고 있다. 또 현재 대구시청 공무원들이 파견되어 있는 국가에 대구시 자치경찰을 주재관으로 근무하게 하는 방법도 생각해 볼 수 있다.

끝으로, 사회적 약자 보호, 교통안전과 생활안전 같은 자치경찰 업무는 국가경찰보다 자치경찰이 더 잘할 수 있다. 왜냐하면 주민자치행정을 책임지고 있는 지방자치단체는 예산과 인력, 시설 측면에서 인프라가 튼튼하고, 여기에 경찰행정이 합쳐지니까 상승효과가 배가되는 것이다. 앞으로 국가경찰과 자치경찰을 이원화해서 자치경찰을 활성화해야 한다. 그 첫 번째 단계로 국가경찰 소속인 파출소와 지구대를 자치경찰 소속으로 환원해야 한다. 각자 더 잘할 수 있는 것에 집중할 필요가 있다.

대구일보 2024년 3월 7일 목요일 006면 사회

"순찰&토크…자치경찰 궁금증 풀어요"

대구자치경찰위, 우리동네 순찰 토크 간담회 열어
남산지구대·자율방범대 1시간 가량 합동순찰도
안전환경 설계 '셉테드'·협력방범 등 중요성 다뤄

대구시 자치경찰위원회는 지난 5일 중구 남산4동 일대 합동 순찰 및 토크 간담회를 실시했다. 이번 '우리동네 순찰 토크&토크'는 평소 자치경찰제에 대해 관심이 많은 자율방범대원들의 자치경찰에 대한 궁금증을 해소하고 동시에 범죄예방 방범순찰도 실시하는 두 가지 효과를 위해 기획됐다.

이날 간담회에서는 중부경찰서에서 만든 셉테드(환경설계를 통한 범죄예방) 사업, 순찰과 협력방범의 중요성, 자치경찰의 장점, 자치경찰 공모사업 시민들의 참여방법 등에 대한 질의와 응답이 이어졌다.

특히 최근에는 피해자가 특정되지 않은 이상 동기 범죄 등이 지속 발생함에 따라 범죄예방을 위한 안전 인프라 강화 정책이 중요하게 대두되고 있어, 지역의 지리와 사정에 밝은 자율방범대원들의 순찰을 통한 안전문화 확산과 중요성이 더 커지고 있다.

간담회 참가자들은 중부경찰서 남산지구대 경찰관 및 남산4동 자율방범대 20여 명과 함께 약 1시간 동안 중구 남산4동 일대를 돌며 합동 순찰을 실시했다.

대구시 자치경찰위원회 박동균 상임위원(사무국장)은 "자치경찰제도는 주민자치행정과 경찰행정의 조화로운 결합으로 가장 중요한 목적은 범죄예방과 시민안전"이라며 "이를 위해서 셉테드, 합동순찰 등 다양한 협력치안 활동이 중요하다. 무엇보다 시민들의 적극적인 참여와 관심이 절실하다"고 강조했다.

신헌호 기자 shh24@idaegu.com

지난 5일 대구 중구 남산4동 일대에서 자율방범대와 함께 하는 순찰 토크 행사가 열렸다. 이날 대구시 자치경찰위원회 박동균 상임위원과 자율방범대원 등이 기념사진을 찍고 있다.

모든 접촉은 흔적을 남긴다

범죄를 저지른 사람은 반드시 그에 상응하는 벌을 받아야 한다. 하지만 범죄자는 처벌을 면하기 위해 증거를 인멸하고, 범행을 부인하며, 심지어는 도주하기까지 한다. 경찰은 인내심을 갖고, 과학적인 수사기법을 통해 범죄의 증거를 찾는다. 수사는 범죄의 혐의 유무를 명백하게 하여 범죄자를 발견, 확보하고 증거를 수집, 보전하는 수사기관의 활동을 말한다.

과학수사는 '과학을 통한 실체적 진실 규명'이다. 과학수사는 실제 범죄 현장에서부터 실험실까지 범죄의 실체를 증명할 증거물을 수집하고, 과학적인 증거물 감정과 분석을 하는 활동이다. 범죄가 발생한 현장을 '증거의 보고(寶庫)'라고 부른다. 실제로 범죄 현장에는 중요한 단서들이 많이 있다. 실제로 과학수사 기법에는 지문 감정, DNA 분석, 족적·윤적·혈흔 형태 분석, 화재 감식, 수중 과학수사, 영상분석, 보행분석, 문서감정, 거짓말 탐지기, 법최면·몽타주(Montage), 프로파일링 등 다양하다.

경찰청 과학수사 경진대회에서 전국 1위를 차지한 전북에서 지난해 초 발생한 사망 사건이 있다. 이 사건은 CCTV나 목격자가 없었다. 피해자는 사망했고, 피의자로 의심되는 남성이 있었다. 하지만 명확한 물증이 없었다. 현장에서 발견된 증거물은 피해자 주거지 주변에 주차된 차량 블랙박스 영상 속 그림자뿐이었다. 사건 당일의 기상 데이터와 천문, 항공 데이터가 비슷한 날을 선정해 실제 블랙박스에 찍힌 그림자가 보이는지를 과학적인 분석 방법으로 재현했다. 최종 분석 결과 그 남성이 죄가 없다는 결론이 나왔다. 자칫하면 선량한 시민이 억울한 상황이 생길 뻔한 사건이었다.

과학수사는 검찰도 잘 활용하고 있다. 얼마 전, 한 남성이 전 여자친구를 성폭행하고, 범죄를 부인하는 사건이 있었다. 검찰이 CCTV 속 세탁기 뚜껑에서 증거를 포착해서 범행의 전모를 밝혀냈다. 피해자가 증거로 제출한 약 39분 분량의 영상에서 두 사람이 구체적으로 확인되는 장면은 2분가량에 불과했다. 하지만 수사팀은 영상 속 세탁기 뚜껑에 나머지 약 37분간의 범행 장면이 촬영됐음을 확인했고, 영상에 대한 감정을 요청했다. 선명하게 복구된 영상을 통해 수사팀은 범행 장면을 확인할 수 있었다. 증거를 제시하자 A씨는 범행을 모두 자백했다. 검찰은 피해자를 6차례 강간한 혐의로 A씨를 구속기소 했다.

또한, 얼마 전 서울 시청역 부근에서 발생한 '역주행 참사' 사건을 수사한 서울중앙지검의 과학수사 사례도 있다. 대검 포렌식 결과 사고 차량 전자장치에 저장된 위치정보·속도가 사고기록장치, 블랙박스 영상의 속도 분석과 일치한 것으로 나타났다. 국과수 감정에서는 페달을 밟고 있는 상태에서 사고 등으로 강한 외력이 작용할 때 발생하는 오른쪽 신발 바닥의 패턴 흔적이 '브레이크 페달'이 아니라 '가속 페달'을 밟고 있었을 때의 것과 일치했다. 과학수사 기법을 적극적으로 활용해서 사고의 원인이 차량 결함 급발진이 아닌 피고인의 가속페달 오조작이라고 명확하게 규명한 것이다.

또한, 2023년 11월 6일 새벽 3시쯤 아버지에게 "축사를 빨리 증여해달라"며 행패를 부리다가 아버지를 흉기로 살해하고, 시신을 인근 야산에 매장한 사건이다. 아들인 A씨는 경찰에 체포된 이후 "말다툼 중에 우발적으로 살해했다"면서 계획범죄를 부인했다. 하지만 경찰서 유치장으로 면회 온 누나들에게 "컴퓨터를 치워달라"며 증거를 은닉하도록 부탁했다. 수사팀은 해당 컴퓨터를 확보해서 과학적인 디지털 포렌식을 실시했다. 그 결과, 범인이 범행 3일 전 '친족 살해', '후두부 가격' 등 자세한 범행 방법을 인터넷에 검색하는 등 치밀하게 계획한 것을 밝혀냈다.

최근 범죄가 날로 지능화, 교활화, 고도화, 첨단화되고 있다. 계획범죄를 저지른 범죄자 대부분은 '완전범죄'를 꿈꾼다. 하지만 '모든 접촉은 흔적을 남긴다.' 법과학의 창시자이자 프랑스의 범죄학자 에드몽 로카르의 말이다. 과학수사에서 강조하는 말이다. 이제 완전범죄는 없다. 범죄자는 반드시 잡힌다.

경안일보(2024. 11. 4.)

뒷짐 지고 걷지 마

필자는 경찰행정학과 교수로서 경찰 공무원 제자들이 많다. 지금도 경찰관을 꿈꾸는 학생들에게 경찰과 범죄학 이론, 법률, 인성 등을 가르치고 있다. 학생들은 열심히 공부하고, 운동하며, 정진한다. 경찰시험 최종합격자들은 '젊은 경찰관이여! 조국은 너희를 믿노라'라고 적힌 중앙경찰학교에서 수개월 간 신임 교육을 받는다.

그들은 이제 위험한 치안 현장에서 시민의 안전을 위해 많은 역할과 책임을 다할 것이다. 범죄를 예방하기 위해 순찰을 하고, 범죄자를 체포해서 수사하고, 법을 집행한다. 치안 현장은 긴급성, 돌발성, 위험성이 있는 곳이다. 결코 방심하거나 긴장을 늦추어서는 안 된다.

필자는 중앙경찰학교에 입교하는 제자들에게 몇 가지를 당부한다.

그중 첫째로, 필자는 '제복 입고 절대로 뒷짐을 지고 걷지 마라'고 당부한다.

'뒷짐지다'를 사전에서 찾아보면, "두 손을 등 뒤로 돌려 마주 잡다. 어떤 일이나 사건에 대하여 관심을 갖지 않거나 모른 체하다"라고 적혀 있다. 실제로 언론보도를 보아도 그렇다. 그 대표적인 것이 이태원 참사 때, 용산경찰서장의 사례이다. 중앙일보의 보도 내용을 보면, "이태원 참사 당시 현장 총괄책임자였던 이○○ 전 용산경찰서장이 사고 현장 인근에 도착한 뒤 뒷짐을 진 채 이동하는 모습이 인근 CCTV 화면에 포착됐다. 도로 정체가 극심한 상황에서 관용 차량 이동을 고집하다 50여 분을 허비한 뒤에 벌어진 일이다." 1분 1초가 시급한 위험한 상황에서 경찰서장이 뒷짐을 지고 걸어가는 CCTV의 영상이 시청자들의 분노를 유발했다.

둘째로, 책을 읽는 경찰관이 되어야 한다고 강조한다. 현대 경찰을 거리의 판사, 거리의 심리학자, 멀티 플레이어, 사회 문제해결자라고 부른다. 그만큼 위험한 현장에서 신속, 정확하고 공정하게 판단해야 할 부분이 많다. 특히 국민인권과 직접적으로 연계되어 있는 수사 업무는 수사경찰의 역량과 태도가 무엇보다 중요하다. 책을 읽어라. 책 읽는 경찰이어야 한다. 역사, 철학, 소설 등 무엇이든 좋다.

셋째로, 평상시의 운동을 강조한다. 특히, 걷기를 추천한다. 경찰관은 업무의 특성상 정신적 스트레스를 많이 받는다. 경찰관들은 국민을 안전하게 지키는 업무수행 과정에서 잔인하고 끔찍한 범죄 현장을 목격한다. 살인이나 자살로 잔인하게 훼손된 시신, 교통사고나 화재, 오래된 변사 사건 등 비극적인 상황에 대해 반복적으로 노출됨으로써 정신적인 위험 상황에 빠지기도 한다. 혼자서 고민하지 마라. 혼자서 아파하지 마라. 주위의 도움을 받아라. 그리고 평상시 땀이 나는 운동을 열심히 하라. 걸어라. 스트레스를 술이나 담배로 풀어서는 절대 안 된다. 사실 이 부분은 국가가 지켜주어야 할 부분이다. 하지만 경찰 스스로도 자신의 건강에 신경을 써야 한다.

넷째로, 공직에 입문해서 사적인 모임에 시간을 소비하지 마라. 몸을 가볍게 하라고 강조한다. 공직을 수행하다 보면 여러 가지 청탁성 민원이 있다. 사건청탁, 인사청탁 등 다양하다. 그렇기 때문에 공직자는 학연, 지연, 혈연관계에 있는 사람은 물론이고, 다양한 지인들에 대한 공사 구분이 확실해야 한다. 조선시대 황희, 맹사성과 같은 청백리들은 공과 사를 엄하게 구분해서 사적인 이익을 취하지 않고 평생 검소하게 살았다. 경찰관은 향우회, 동창회, 동호회 등에서 중요한 직함을 맡지 않는 것이 바람직하다. 여러 가지 이유로 얽힌 끈끈한 인간관계로 인해 힘들고 곤란한 상황이 발생할 수 있다.

필자가 당부하고, 강조하는 것은 비단 경찰관에게만 적용되는 것은 아니다. 공직자뿐만 아니라 민간기업에 진출하는 모두에게 적용되는 말이다. 당연하게도 이 내용은 필자에게도 적용되며, 다시금 나 자신을 성찰해 보는 기회이기도 하다.

끝으로 다시 한번 강조하는 말. "경찰관 제자들이여! 제복을 입고 뒷짐 지고 걷지 마. 당당하고 씩씩하게 걸어라."

대구신문 대구논단(2024. 11. 15.)

업무 떠 넘기기

대학교수인 필자는 2021년 5월부터 대구시 자치경찰위원회 상임위원 겸 사무국장으로 3년간 근무하고, 다시 대학으로 복직했다. 그 당시 자치경찰위원회 사무국에는 대구시청 공무원 20명과 대구경찰청에서 파견 나온 경찰 공무원 10명, 대구교육청에서 파견된 장학사 1명을 포함해서 총 31명의 직원들이 있었다. 우리나라 경찰 역사상 최초로 시행되는 자치경찰제도라서 해야 할 일도 많고, 그만큼 어려움도 많았다. 자치경찰을 연구해 온 필자는 직원들을 대상으로 자치경찰과 시민안전, 범죄예방 등 직원들의 직무역량 향상을 위한 교육을 여러 차례 실시했다. 그리고 좋은 칼럼이나 논문이 있으면 알기 쉽게 요약해서, 직원들을 교양했다. 간단한 내용은 단톡방 등 SNS로 전달하기도 하지만 조금 비중이 있거나 내용이 긴 내용은 직원들이 읽기 쉽게 직접 편집하고 복사해서 출근하기 전에 직원들 책상에 올려 두기도 했다. 우리 직원들은 필자의 '업무상 강조사항'으로 인식하고, 세심하게 읽었다. 때로는 직원들끼리 주제에 대해서 토론하기도 했다고 한다. 모여서 하는 교육이 아니니 직원들의 부담도 적었다.

그중에서 필자가 가장 강조한 것 중에 하나가 '부서 간 칸막이 없애기'다. 다른 말로는 '업무 떠넘기기 없는 사무국 만들기'다. 그 당시 대구시 자치경찰위원회 사무국에도 업무에 관해서 관할 다툼이 종종 있었다. "이 업무는 내 업무가 아니다." "이 업무는 우리 팀 업무가 아니다." 바로 이런 유형의 갈등이다. 새로 만들어진 조직이고, 여러 직종들이 모여 있으니 더욱 그랬다. 특히 업무의 난이도가 높고, 고객들의 민원이 많으며, 여러 부서와 협업해야 하는 업무가 그렇다. 하지만 누군가는 해야 하는 중요한 일이다. 사실 이 글을 읽는 조직의 관리자라면 이와 같은 일 때문에 골머리를 앓은 적이 적지 않았을 것이다.

이런 시점에 재미있는 글을 발견하였다. 경향신문에 게재된 성유승 교수의 칼럼이다. 성 교수는 "1126년, 금나라 대군이 송나라 수도 개봉을 향해 진격해왔다. 도와줄 구원병의 소식이 없고, 도성을 지키는 군사는 1,000여 명에 불과했다. 이대로라면 수도의 도성이 함락당할 수 밖에 없었다. 당시 도성 교외의 창고에는 대포가 500문이 보관되어 있었다. 만약 도성으로 이 대포들을 가지고 온다면 전쟁에 큰 도움이 되었을 것이다. 하지만 어느 누구도 대포를 가지러 가지 않았다. 여러 부서들이 서로에게 책임을 떠넘겼기 때문이다. 국방부에 해당하는 '병부'는 사령부 역할을 맡은 '추밀원'이 가져와야 한다고 떠넘기고, 추밀원은 무기를 관리하는 '군기감'이 가져와야 한다고 떠넘겼다. 군기감은 대포가 수레에 실려 있으니 수레를 관리하는 '가부'가 가져와야 한다고 떠넘기고, 가부는 대포가 창고에 있으니 창고를 관리하는 '고부'가 가져와야 한다고 떠넘겼다. 이렇게 서로 떠넘기는 사이에, 대포 500문은 교외까지 진격한 금나라 군대의 수중에 고스란히 들어갔다. 수도 개봉은 그 대포의 공격을 받아 함락되었다. 군사들은 몰살당하고, 황제는 포로가 되어 끌려갔다." 〈선화유사〉에 나오는 이야기다.

참으로 한심한 이야기다. 평상시도 아니고 전쟁 시에 이런 행태는 국가의 멸망을 초래할 수 밖에 없다. 긴급성, 돌발성, 위험성의 특징을 갖는 군대 조직이 이와 같은 부서 이기주의를 갖는다면 백전백패다. 하지만 현실에서는 공공조직이나 민간조직을 막론하고 어느 정도 부서 이기주의는 있기 마련이다. 요컨대, 조직이 좋은 성과를 내려면 부서간 이기주의를 없애고, 유기적으로 통합되어야 한다. 이른바 부서 간 칸막이를 걷어내야 한다. 업무와 관련된 정보를 직원들끼리 공유하고, 소통과 협력하는 시스템을 만들어야 한다. 또한 중요한 것이 권한과 책임을 일치시키는 조직 만들기다. 아울러 어려운 일, 중요한 일, 힘든 일을 하는 부서는 인사고과나 성과평가에서 좋은 점수를 주어야 한다. 이런 일은 최고 관리자가 해야 할 일이다. 현장을 잘 파악하고, 팩트(fact) 위주로 공정하고 객관적으로 해야 한다.

경안일보(2024. 11. 11.)

골을 넣으려면 수비수 말고, 실력 있는 '공격수'를 기용해야

“왜 핵심 인재를 선발하고, 적재적소에 배치해야 하는 지에 대해 논술하시오.” 이 문제는 필자가 대학생 시절에 수강했던 '인사행정론' 교과목 기말고사 시험 문제이다. 이 문제는 행정고시와 각종 공무원, 공기업 채용시험에도 많이 출제된 문제이기도 하다.

어느 조직이나 사람(人)이 중요하다. 국가행정이나 기업의 경영도 마찬가지다.

적재적소(適材適所)의 원칙은 적합한 인재를 알맞은 자리에 배치하여 조직의 효율성과 성과를 극대화하는 경영 원칙이다. 역량이 뛰어난 우수한 인재를 선발하는 것과 함께 적재적소에 인재를 잘 배치해서 충분히 그 역할을 감당할 수 있도록 하는 것이 중요하다.

이 원칙이 실패한 사례는 주로 부적절한 인사 배치, 정치적 보은 인사, 함량 미달 인물의 임명 등에서 발생한다. 무능한 리더는 자신의 판단을 과신하고, 자기 사람 심기는 물론 편견과 선입견으로 조직을 망친다.

세종대왕은 사람을 쓰는 데 매우 신중했다. 과학에 능한 장영실을 기용해 해시계와 물시계, 측우기를 제작하도록 했고, 학문에 밝은 집현

전 학자들을 모아 한글 창제를 이루어냈다.

정조대왕은 노론과 소론 등 붕당 싸움이 극심한 시대 상황 속에서도 유능하고 청렴한 인재를 가려 뽑아 조선의 개혁을 이끌었다.

삼성전자는 적재적소 인사원칙을 인사정책의 핵심으로 삼고, 특히 글로벌 시장에서 사업을 확대하던 시기에 각 지역의 특성과 문화에 맞는 인재를 현지에 배치하는 전략을 취했다. 북미와 유럽, 동남아 시장에 각 시장에 적합한 인재를 전략적으로 배치하여 성공적인 현지화와 매출 증대 달성에 성공했다.

스티브 잡스는 애플의 인력 구조를 전면 재편하고, 오직 실력과 역량에 따라 적합한 인물들을 핵심 프로젝트에 배치했다. 아이브(Jony Ive)를 제품 디자인 총괄로 중용해서 아이팟과 아이폰, 맥북 등 혁신 제품이 연이어 성공하며 애플의 부활을 견인했다.

FC 바르셀로나(2008~2012)의 펩 과르디올라 감독은 선수 개개인의 능력을 정확하게 분석해서 최적의 포지션에 배치했다. 그 결과 유럽 챔피언스리그 우승 등 수많은 성과를 이루었다.

지난 윤석열 정부에서는 대통령실과 정부 부처 요직 곳곳에 검찰 출신 인사들이 다수 자리를 잡았다. 야당과 언론 등에서 비판의 수위가 높았지만 개선되지 않았다. 그 결과, '검찰 공화국'이라는 오명을 낳았고, 결국 제대로 된 국정 성과가 나타나지 않았다.

최근 이재명 대통령은 UN 주재 대사에 외교 경험이 없는 변호사를 임명했다. UN 대사는 고도의 외교, 정책적 전문성이 요구되는 중요한 외교관 자리다. 그동안 베테랑 외교관이 맡는 것이 관례였다.

무릇 축구에서 골을 넣으려면, 실제로 골을 넣을 수 있는 실력 있는 공격수를 기용해야 한다. 악랄한 연쇄살인범을 잡으려면 경험 많고 능력 있는 베테랑 형사를 투입해야 하는 것과 같은 이치다. 적재적소의 인재를 선발하려면 조직의 필요성과 인재의 역량을 정확히 파악하고,

능력과 경험을 기준으로 공정한 평가를 거치는 절차가 필요하다. 당연히 공정한 평가와 투명한 절차가 핵심적 가치이며, 인재의 성장 가능성과 조직 적합성도 함께 평가해야 한다.

경안일보(2025. 9. 29.)

'갑질'과 '정당한 업무 지시'의 차이

최근 직장 내에서 갑질에 대한 논란이 크다. 갑질을 사전에서 찾아보면, "계약 권리상 쌍방을 뜻하는 갑을(甲乙) 관계에서 상대적으로 우위에 있는 '갑'에 특정 행동을 폄하해서 일컫는 '~질'이라는 접미사를 붙여 부정적인 어감이 강조된 신조어"라고 하고, "자신이 가진 지위나 힘을 내세워 아랫사람이나 힘이 없는 사람에게 마구잡이로 일을 시키거나 무례하게 행동하는 짓을 말한다"라고 정의되어 있다. 이러한 갑질의 범위에는 육체적, 정신적, 언어적 폭력 등이 모두 해당된다. 갑질은 조직에서 절대 있어서는 안 된다.

2019년 7월 근로기준법 등을 개정해서 도입한 직장 내 괴롭힘 금지법이 시행된 지 5년이 지났다. 법률이 시행된 이후 '직장 내 갑질'이 심각한 사회 문제라는 인식이 확산되었다는 긍정적인 평가가 있다. 하지만, 이와 더불어서 부작용도 함께 늘고 있다. 예를 들어, 상사의 정당한 업무 지시를 직장 내 괴롭힘으로 신고하거나, 신고하겠다며 업무 지시를 따르지 않는 사례도 적지 않게 나타나고 있다. 상사의 정당한 업무 지시를 거부하면서 이를 오히려 갑질로 신고해 상급자를 곤란하게 하는 이른바 '을질'이다. 을질은 '약자의 위치에 있는 사람이 자신의 약자 위치를 역이용해서 상사에게 횡포를 부리는 행위'다. 실제로 최근에 을질은 직장 내에서 다양한 형태로 발생하고 있다. 예를 들면 갑질 허위 신고, 보복성 신고, 구체적 사실관계가 없는 감정적 주장, 상사에게 모욕적 농담과 무례한 행위 반복, 조사 과정 중에 피해자에게 동조하지 않는다고 2차 가해 주장, 피해자라는 이유로 수개월 이상 유급휴직과 불량한 근태 등이 있다. 이런 상황 속에서, 최근에는 상사가 하급자에게 업무를 지시하지 않고, 자신이 직접 업무를 처리하는 사례도 많다고 한다. 또한 갑질이나 직장 내 괴롭힘 신고를 차단하기 위해 배당된 업무에 불만을 표시하는 직원보다 군말 없이 일을 하는 직원에게 업무가 쏠리는 현상이 심화되고 있다는 지적도 나온다. 그래서 묵묵히 불평 안하고 일만 하는 사람이 오히려 '바보'라는 말까지 나온다. 아울러 갑질 사건에 연루되지 않게 직원들 간에 접촉과 소통을 줄이는 괴롭힘판 '펜스룰'이 나타날 기미도 보인다고 한다. 갑질에 대한 연령별, 성별 감수성이 다르기 때문에 직장 내 괴롭힘 신고에 더 민감한 계층이 구직시장에서 차별을 당할 수 있다는 우려도 나오고 있다.

얼마 전 어느 공무원 노조 홈페이지 게시판에는 "직장 내 괴롭힘은 왜 상급자만 해당 되나요?"라는 글이 올라왔다. 댓글에는 '을질은 감사도 안 한다', '을질 신고 센터도 필요하다', '업무를 회피하고 소홀히 하는 하급자의 괴롭힘으로부터 상급자도 보호받을 장치를 마련해야 한다'는 공감의 글들이 줄을 이었다.

이런 상황에서 어느 지방자치단체에서는 우월적인 지위로 권한을 남용(갑질)하는 것뿐만 아니라 정당한 업무 지시를 거부한(을질) 공무원에 대해 징계에 나서기로 했다고 한다. 지위나 권한이 우월한 상사가 그 권한을 남용하거나 영향력을 행사해 상대방에게 부당한 처우나 요구를 해서는 안 된다는 것이 '직장 내 괴롭힘 금지'의 입법 취지이다. 그러나 이를 악용해서 정당한 업무 지시나 요구마저 거부하거나 상대방의 행위를 직장 내 괴롭힘 또는 갑질이라고 주장해서도 안 된다.

사적인 심부름, 불쾌한 말투로 업무를 지시하는 경우, 공개된 자리에서 모욕적으로 핀잔을 주거나 지적을 하는 경우, 휴가 및 퇴근과 관련해 눈치를 주는 경우가 가장 많이 발생하는 갑질 사례다. 또한, 상급자의 정당한 업무 지시를 받아들이지 않고 거부하거나 상급자의 행위를 일방적으로 갑질이라고 주장하는 행위 등이 대표적인 '을질'로 나타났다.

갑질과 정당한 업무 지시 사이에서 고민하는 구성원들이 많은 조직은 결국 소멸된다. 그래도 가장 중요한 것은 최고 관리자의 조직관리 리더십이다. 소통과 공감, 배려와 존중, 공정한 보상과 평가 등 따뜻한 조직문화가 필수적이다.

경안일보(2024. 12. 2.)

생활 속의 '넛지' 효과 활용하기

'팔꿈치로 쿡쿡 찌르다'라는 뜻의 넛지(Nudge)는 "사람들을 바람직한 방향으로 부드럽게 유도하되, 선택의 자유는 개인에게 있는 상태"를 말한다. 이 단어는 행동경제학자인 리처드 탈러 시카고대 교수와 캐스 선스타인 하버드대 로스쿨 교수가 공저로 출판한 〈넛지〉라는 책에 소개되어 유명해진 용어이다. 넛지효과는 강압하지 않고 부드러운 개입으로 사람들이 더 좋은 선택을 할 수 있도록 유도하는 방법이다. 이와 같이 사람들의 자발적인 행동을 이끄는 넛지효과는 정책만이 아니라 공익적인 사업과 마케팅, 광고 등 다양한 분야에서도 활용되고 있다.

넛지효과를 가장 잘 설명하는 것이 바로 화장실 남성 소변기에 그려진 파리이다. 네덜란드 암스테르담 공항에서의 실제 사례이다. 공항 관리자가 남자 화장실 소변기에 파리 한 마리를 그려 넣었더니, 소변기 밖으로 튀는 소변량의 80%가 줄어 들었다. 소변을 보는 남성들이 '조준 사격'을 하는 재미로 파리를 겨냥했기 때문이다. 필자가 크로아티아를 방문했을 때, 축구를 사랑하는 국가인 크로아티아의 호텔 화장실 소변기에 축구 골대와 축구공이 그려져 있어 인상 깊었다. 방문객들은 축구공을 조준해서 사격할 것이다.

스웨덴에서는 지하철역 계단을 피아노 건반처럼 밟을 때마다 소리가 나도록 만들었다. 이로 인해 지하철 승객들의 계단 이용률이 66%나 증가하는 결과가 나타났다.

미국에도 유명한 넛지 사례가 있다. 미국의 텍사스주는 고속도로 주변에 무단으로 버려지는 쓰레기로 골치가 아팠다. 막대한 예산을 들여 쓰레기 무단투기 금지 캠페인을 벌였는데도 효과가 없었다. 텍사스주 당국은 캠페인이나 교육 보다 기발한 발상의 전환으로 대응했다. 인기 풋볼팀인 댈러스 카우보이스(Dallas Cowboys)의 선수들을 출연시켜서 그들이 쓰레기를 줍고 맨손으로 맥주 캔을 찌그러뜨리며 "텍사스를 더럽히지 마!(Don't mess with Texas!)"라는 재미있는 TV 광고를 제작했다. 광고 캠페인 시작 1년 만에 쓰레기는 30%가 줄었고, 6년 후에는 72%가 감소했다. 대단한 효과가 나타난 것이다.

또 다른 사례이다. 남아공은 위생환경이 열악하다. 매년 수천 명이 장티푸스와 설사, 폐렴과 콜레라 등 전염병으로 사망하고 있어 정부는 대응책이 절실했다. 특히 아이들의 사망률이 높은 상태에서 위생 상태의 개선이 중요했다. 그래서 전염병 감염의 대부분이 "비누로 자주 손을 씻는 것"으로 예방할 수 있다는 신념하에, 어린이들이 자주 손을 씻도록 하는 "Hope Soap(희망비누)"를 특별하게 제작했다. 어린이들에게 배포되는 희망비누 속에는 장난감 선물이 들어 있다. 본격적으로 진행된 후에 실제로 전염병 감염 발생률이 70%나 줄어 들었다. 어린이들에게 선물도 주고, 전염병도 줄이는 좋은 사례이다.

우리나라에서도 넛지효과의 사례는 많다. 밤이 되어 어두워지면 운전자들은 시야가 좁아진다. 어두운 횡단보도에서 길을 건널 때 위험해진다. 특히 키가 작은 어린이들은 더욱 그렇다. '옐로 카펫'은 이러한 위험을 줄이기 위한 아이디어다. 횡단보도 앞 보도를 노란색으로 칠해 색대비를 적극적으로 활용하는 것이다. 이 넛지효과는 운전자가 횡단보도 근처를 잘 인식할 수 있게 해준다.

다른 사례로서 쓰레기가 자주 버려지는 장소에 환경미화원의 실제 사진을 걸었다. 환경미화원 사진은 쓰레기를 함부로 버리는 사람들에게 죄책감을 유발한다. '쓰레기를 버리지 마시오'라는 강압적인 문구 보다는 쓰레기 무단투기를 막는 데 훨씬 효과적이다. 또한, 학교의 어두운 공간을 밝게 하고, 학생들이 자주 다니는 담장에 만화 주인공이나 수채화 등 예쁜 벽화 그리기, 상담실을 밝고 활기차게 리모델링함으로써 학교폭력이 줄어드는 효과를 확인할 수 있다.

넛지는 큰 비용이 드는 것이 아니다. 우리들의 생활 속에서 넛지효과를 잘 활용하면 재미도 있고, 효과도 크다.

대구신문 대구논단(2024. 12. 13.)

국민을 위한 수사권, 어떻게 할 것인가?

검찰과 경찰이 12·3 비상계엄 사태에 대해 경쟁적으로 수사를 벌이면서 수사 주도권을 놓고 갈등이 증폭되었다. 현재는 '공수처'로 사건이 이첩되었다. 하지만 이 과정에서 영장 가로채기, 중복수사 등 논란이 불거졌다. 게다가 경찰에서 신청한 영장을 검찰이 일부 청구하지 않은 데 대한 비판도 나왔다. 처음부터 검경 수사권 조정이 정교하지 않게 만들어졌기 때문이다.

검경 수사권 조정은 검찰이 수사와 기소, 영장청구 권한을 모두 독점하고 있는 기존의 구조에서 경찰에 1차적인 수사권과 수사종결권을 부여한 것을 말한다. 2020년 1월 13일 검경 수사권 조정안과 관련된 형사소송법과 검찰청법 개정안이 국회를 통과했고, 이어 2021년 1월 1일부터 이 개정안이 시행되었다. 하지만 경찰에 대한 검찰의 수사지휘권이 폐지되면서, 검찰과 경찰 사이에 수사 범위가 모호해진 부분이 있고, 검찰과 경찰의 수사 범위가 일부는 중복되고 있다. 사건 관계자들이 두 수사기관에서 중복 조사받는 것은 비효율적이고, 이로 인한 인권침해 논란도 있다.

현재 공수처가 현직 대통령에 대한 수사에 전력을 다하고 있지만,

수사 역량에 대해서는 우려의 목소리가 적지 않다. 공수처(고위공직자범죄수사처)는 고위공직자와 그 가족의 범죄를 척결하고, 국가의 투명성과 공직사회의 신뢰성을 높이기 위해 독립된 위치에서 수사·기소할 수 있는 부패 수사기관이다. 이번 수사에 공수처는 검사 11명과 수사관 36명이 총력을 다하고 있지만, 검찰(78명)이나 경찰(150명) 수사팀에 비하면 턱없이 부족하다.

공수처는 판·검사나 경찰이 아닌 고위공직자를 기소할 권한도 없고, 수사를 다 마친 다음에는 기소권이 있는 검찰로 넘겨야 한다. 박준태 국회의원의 자료에 따르면, 공수처는 2022년 3월 사건사무규칙 개정 이후 총 6,007건의 사건을 접수했는데, 이 중 공소제기 한 사건은 4건에 불과한 것으로 나타났다. 심지어 2023년에는 단 한 건도 기소하지 못했다. 또한, 2022년부터 올해 7월까지 체포·압수·구속·통신사실 등의 영장 발부율이 검찰은 91.1%인데 비해 공수처는 61%에 불과하다. 아울러 중복수사로 수사력과 행정력 낭비 문제도 초래한다고 강조했다. 공수처를 치밀한 준비 없이 여야 간 정쟁 끝에 만들다 보니 법적으로 허점이 많은 조직이 되었다.

공수처는 폐지하고, 경찰과 검찰의 수사 업무 범위를 보다 명확하게 할 필요가 있다. 아울러 효율적인 수사를 위해 수사 관할을 논의하는 협의체도 필요하다.

경찰 또한 혁신해야 한다. 2021년 7월 1일부터 우리나라에도 자치경찰제도가 시행되고 있다. 범죄예방과 생활안전, 교통안전, 사회적 약자 보호 업무를 하는 자치경찰을 보다 강화해서 시민 중심의 예방치안, 공동체치안을 구축하는 것이 필요하다. 이는 지방자치 분권과 경찰권력의 분산이라는 측면에서도 바람직하다. 자치경찰제 확대에 미온적인 경찰청의 '혁신' 마인드가 필요하다.

아울러 새로 시행된 개정 국정원법에 따라 대공수사권이 국정원에서 경찰로 완전히 넘어갔다. 하지만 간첩을 잡는 데 있어서 대공수사권은 국가정보원도 반드시 할 수 있어야 한다. 예전과 같이 경찰과 국정원이 협업해서 간첩을 잡아야 한다. 최근 북한은 내국인 포섭을 통한 지하당 구축을 통해 대남 공작 활동에 집중하고 있다. 이 과정에서 최첨단 통신 방법의 암호화, 고정 간첩에 대한 공작금 전달과 지령이 해외에서 은밀하게 진행되고 있다. 수사 중에서도 대공수사는 많은 시간과 노력이 필요한 고도의 전문수사 분야이다. 오랫동안 축적된 국정원 대공수사 전문 인력의 노하우와 고도화된 대북·해외 정보수집 시스템, 암호분석 등 과학수사 역량이 간첩 검거에 필수적이다.

수사는 범죄의 혐의 유무를 명백하게 하여 공소의 제기와 유지 여부를 결정하기 위하여서 범인을 발견, 확보하고 증거를 수집, 보전하는 수사기관의 활동이다. 범죄자를 확실하게 처벌하는 것은 물론이고, 수사 과정에서 억울한 사람이 없도록 공정하고 정의로운 수사 시스템이 필요하다.

경안일보(2024. 12. 26.)

2025 경주 APEC, 테러에 철저하게 대비해야[*]

2025년 경상북도 경주시에서 APEC(아시아 태평양 경제협력체 정상회의)이 개최될 예정이다. APEC은 전 세계 인구의 40%, 교역량의 50%를 차지할 만큼 그중요성이 크다. 개최 기간 동안에는 21개국 정상을 비롯해서 6,000여 명의 관료와 기업인, 언론인 등이 방한하게 된다. 철저하게 준비해서 역대 최고의 명품 행사가 되도록 최선을 다해야 한다. 특히, '안전' 부문에 신경을 써야 한다. APEC과 같은 국제행사 기간 중에 테러나 안전사고가 발생하면 행사 그 자체의 실패는 물론이고, 많은 생명과 재산이 파괴되며, 궁극적으로는 개최국의 신뢰도 저하가 수반되기 때문에 안전대책이야말로 가장 중요한 요소이다. 실제로 APEC과 같은 국제회의 행사는 테러리스트들의 입장에서는 그 선전효과 측면에서 아주 좋은 기회이다. 많은 사람과 중요한 인사들이 한 장소에 집중적으로 모이는 회의장이나 숙소, 부대시설은 대부분 언론매체 등을 통해 단시간에 전 세계에 알려진다. 따라서 테러단체의 주요 표적이 될 가능성이 크다.

* 2025 경주 APEC은 성공적으로 마쳤다. 이 글은 국제행사 안전대책의 중요성을 강조하는 차원에서 게재하였다.

대한민국도 테러의 안전지대가 아니다. 우리나라는 세계 유일의 분단국가로서 북한과의 특수한 관계 속에 있다는 점, 국제사회 속에서 미국의 우방국으로서 여러 전쟁에 군대를 파견하는 등 국제 테러리즘, 외로운 늑대에 의한 묻지마 테러 등 다양한 테러의 발생 가능성이 있다.

그러면, 우리는 무엇을, 어떻게 준비해야 할까? 가장 중요한 것은 중앙정부의 예산 지원과 관심이다. 2025 경주 APEC 테러안전 대책에 있어서는 안전 활동에 필수적인 예산편성과 집행, 안전기관 간에 사전에 충분한 협의 및 검토를 통한 인력 수요의 산출, 취약 시설에 대한 철저한 점검과 개선, 테러 정보 시스템의 확립이 무엇보다 중요하다.

또한, 국정원과 지자체, 경찰, 군, 소방, 전문가 등을 포함한 시큐리티 거버넌스를 구축해서 현재 테러리스트들이 주로 활용하는 테러 유형에 대한 철저한 대비책을 수립해야 한다. 사이버 테러와 드론 테러, 생화학 테러 등 테러리스트들이 최근 사용하는 다양한 전략과 전술을 명확하게 분석하고, 다양한 채널을 통해 수집된 정보를 활용해 철저하게 대비해야 한다.

또한, 테러의 사전대비 방안으로서 환경설계를 통한 범죄예방(CPTED)의 적용이다. CPTED는 테러리스트들로부터 취약한 공간을 사전에 제거함으로써 테러를 예방할 수 있고, 테러리스트의 활동 폭을 줄일 수 있어 매우 효용성이 있다.

아울러, 경주시와 경상북도의 관내 모든 위기관리 역량을 종합적으로 관장하고, 유사시 이를 효율적으로 사용할 수 있는 로컬 거버넌스 시스템이 필수적이다. 관내에서는 위기관리와 관련된 다양한 조직과 기능들이 있다. 이러한 조직과 기능들은 긴밀한 관계와 소통 속에 유지되는 것이 필요하다.

행사 기간 중에는 회의장 및 숙박시설, 문화행사 등 행사장의 안전확보가 우선되어야 한다. APEC 기간 중에 개최되는 행사 입장객들에 대한 소지품 검색은 필수적으로 진행되어야 한다. 입장하는 데 불편하고 시간이 소요된다고 해서 보안 검색을 소홀히 해서는 안 된다. 테러를 예방하고 안전한 행사를 위해 협조하는 성숙한 시민의식이 필요하다. 그리고, 잘 훈련된 안전 전문가인 경비인력과 행사요원의 확보가 중요하다. 전문 민간보안 회사와의 계약을 통해 행사의 비용 절감과 경비 효율성을 최대화시켜야 한다. 행사장 경호나 안전 문제는 전문가의 경험이나 노하우 없이는 성공적인 행사 개최를 장담할 수 없다.

우리나라는 여러 국제회의 및 스포츠 행사 등 다양한 대형 국제 행사를 개최한 경험이 있다. 여기서 학습된 테러안전 대책이 중요한 교훈이 될 것이다. 중요한 것은 '안전의식'이다. 역사적으로 볼 때, 철저하게 안전을 중시하면서 준비한 행사는 사고나 테러가 발생하지 않았다. 하지만 방심하고, 안전 문제를 소홀히 하면 사고가 발생했다.

대구일보 특별기고(2024. 12. 30.)

APEC 앞두고 폭발물 테러 위협, 일벌백계해야

APEC을 앞두고 허위 폭발물 협박 사건이 연이어 발생하면서 국민들이 불안해하고 있다. 지난 8월 5일과 6일에는 서울과 경기 하남, 용인의 신세계백화점에 폭발물을 설치했다는 온라인 게시글로 손님과 직원 4,000여 명이 대피하는 소동이 벌어졌다. 신세계백화점은 이번 일로 3시간 동안 6억 원의 피해를 본 것으로 추정했다.

지난 8월 8일 밤에는 국가인권위원회 상담센터에 '서울 소재 백화점 네 곳과 광주광역시 백화점 한 곳에 폭발물을 설치했다'는 내용의 팩스가 전송됐다. 경찰특공대와 폭발물 처리반이 투입돼 2시간가량 수색했지만, 폭발물은 발견되지 않았다.

지난 8월 13일에는 '용인 에버랜드를 폭파하겠다'는 협박 문건이 팩스로 전달돼 경찰 기동대와 특공대, 소방 공무원 등 200여 명의 공권력이 현장에 긴급 투입됐다. 방문객의 입장을 통제하고 장시간 수색을 벌였으나 폭발물은 발견되지 않았다. 이러한 사건들은 우리나라가 위험한 국가라는 잘못된 인식을 국제사회에 각인시켜 국가신용도에도 악영향을 미친다.

이처럼 불특정 다수를 위협하는 허위 폭발물 신고에 가담하는 사례는 꾸준히 늘고 있다. 경찰청에 접수된 허위 신고 건수는 2018년 4,583건에서 2024년 5,435건으로 6년 동안 약 20% 증가했다.

공중협박죄는 2023년 서울 신림역 흉기 난동 사건 이후 온라인에서 연쇄적으로 퍼진 '살인 예고 글'을 처벌하기 위해 올해 3월에 신설됐다. 불특정 다수의 생명과 신체에 위해를 가하겠다고 공연히 협박할 경우에 5년 이하 징역 또는 2,000만 원 이하 벌금에 처해진다.

공중협박죄 시행 이후에도 허위 폭발물 협박이 끊이지 않으면서 경찰력 등 공권력의 낭비와 시민 불편이 심각한 수준이다. 이런 유사 사건이 자주 발생하면 공권력이 분산되고, 긴장감이 떨어져서 정작 실제로 위험한 긴급상황 때 적절한 대응을 하지 못한다. 또한 관련된 공공기관과 민간기업 등에서 영업 손실과 시민 불편을 이유로 '꼭 대피를 해야 하느냐'는 식의 저항이 나올 수도 있다. 즉 '양치기 소년'의 비극처럼 실제로 테러에 준하는 위협이 발생해도 치안협력 시스템이 어려워질 수 있다.

또 한 가지 주목할 점은 최근 폭발물 테러 허위 위협 범죄자들이 대부분 10대와 20대 등 젊은 층에 집중되어 있다는 점이다. SNS에 익숙한 청년층이 사이버 공간에서 별다른 죄의식 없이 사회적 불만을 분노와 스릴로 표출함으로써 심리적 쾌감을 얻으려는 것이다. 아울러 모방범죄심리도 작용한다. 최근 폭발물 협박이나 테러 예고 사건은 앞선 사건들을 모방하는 사례도 적지 않다. 지난 8월 5일 중학교 1학년 남학생이 벌인 서울 중구 신세계백화점 폭파 협박에 또 다른 20대가 "나도 신세계백화점을 폭파하겠다"는 글을 올린 것이 대표적인 사례이다.

이와 같은 범죄들은 공중협박죄의 입법 취지에 맞게 엄벌해야 한다. 경찰청 자료에 따르면, 공중협박죄 제도 시행 이후 지난달까지 총 72건의 사건이 접수돼 48명이 검거됐다. 이 가운데 37명(약 77.1%)이 검찰로 넘겨졌는데, 이 중 4명만(8.3%)이 구속됐다. 이와 같은 솜방망이

처벌로는 유사한 범죄를 막을 수 없다. 강조하건대, 엄중한 형사 처벌과 함께 민사 책임도 물어야 한다. 형사법원을 통해 유죄를 받으면 민법 750조에 따라 불법행위에 의한 손해배상책임을 지게 된다. 만약에 가해자가 미성년자인 경우에는 민법 755조에 따라 그 부모 등 감독자가 손해배상책임을 지게 된다.

미국에서는 허위 신고로 경찰특공대(SWAT) 등 대규모 인력을 출동시켜 혼란을 유발하는 것을 '테러급 범죄'로 규정하고 강력하게 대응한다. 또한 형량 강화와 손해배상 등 처벌 수위를 높여 범죄의 억제효과를 거두고 있다.

우리 사회도 이제 허위 폭발물 협박죄에 대해서 무관용원칙으로 일벌백계해야 한다. 형사뿐만 아니라 민사소송 청구를 통해서 이런 범죄를 저지르면 패가망신할 수 있다는 경각심이 들도록 해야 한다. 아울러 피해자가 민사소송 절차를 거치지 않고도 바로 형사법원에서 신속하게 배상받을 수 있는 형사배상명령 제도를 제도화할 필요가 있다.

대구일보 특별기고(2025. 8. 18.)

관계성 범죄와 경찰의 대응

우리 사회에서 발생하는 범죄 중에는 평상시에 서로 잘 아는 사람, 심지어는 친했던 친구, 사랑했던 연인에 의해서 저질러지는 범죄도 적지 않다. 예를 들면 스토킹이나 교제폭력(데이트 폭력), 가정폭력, 학대 등이 그렇다. 이런 범죄를 경찰청과 형사사법 학계에서는 '관계성 범죄'라고 부른다. 보통 관계성 범죄는 서로 잘 아는 관계라는 특징 때문에 대부분의 가해자들은 피해자에 대해 많은 정보를 갖고 있다. 피해자의 집과 직장, 가족관계는 물론이고, 자주 가는 식당이나 습관까지 알고 있다. 이처럼 가해자가 피해자에 대한 정보를 많이 알수록 피해자는 가해자의 각종 위해행위로부터 자신을 보호하기 더욱 힘들어진다.

더 심각한 문제는 이러한 교제폭력 당사자들은 자신이 처한 현재의 상황이 관계성 범죄에 해당하는지조차 잘 모른다는 사실이다. 일방적인 또는 상호 간에 갈등이나 불만을 해소하는 과정에서 경험하는 불미스러운 일 정도로만 치부하는 경향도 적지 않다. 따라서 정작 범죄행위가 발생하거나 큰 위험에 처했을 때는 이미 그 피해가 상당히 누적되어 있는 경우가 많다. 이런 경우 피해자가 겪는 육체적, 정신적 피해는 엄청나다.

이런 심각성에 비추어 최근 경찰에서는 이와 같은 관계성 범죄에 대한 심도 있는 대책을 시행 중이다. 먼저 경찰청에서는 '교제폭력 주요 상황별 경찰 조치 방안'으로 연인 간에 말다툼 중 일방이 휴대전화를 잠시라도 뺏은 경우에도 형법상 재물은닉죄 법률 적용을 검토하는 등 경찰관이 경험할 수 있는 구체적인 상황을 상정해서 바로 현장에 적응할 수 있도록 매뉴얼을 만들었다.

또한, 일선 경찰서의 우수한 사례로서 서울관악경찰서를 살펴보면, 작년 10월 기준으로 서울경찰청 주요 112 신고 순위는 스토킹이 1위, 교제폭력이 2위로 나타났다. 특히 관악구는 서울 25개 자치구 가운데 여성 1인 가구 비율이 29.4%로 가장 높고, 스토킹과 교제폭력 등 관계성 범죄 신고가 많은 지역이다.

관악경찰서는 관계성 범죄에 대한 112 신고에 있어 가해자와 피해자 간의 신속한 분리와 임시숙소 연계, 민간경호 등 피해자 보호에 집중하고 있다. 특히, 112 신고 이후 '처벌불원' 등을 이유로 현장에서 종결한 사건에 대해서도 전수 피해자 모니터링을 통해 다시 한번 신중하게 사건을 처리하는 방식을 시행한다. 또한, 관계성 범죄는 평소 친밀한 관계에 의한 범죄 통계가 제대로 정리되지 않기 때문에, 관계성 범죄 112 신고 종결 시에는 신고처리 내용에 '연인', '부부' 등 가해자와 피해자의 관계를 정확하게 입력하도록 했다. 아울러 형사과 등 여성청소년과 이외의 수사부서에서 관계성 범죄를 수사할 때는 여성청소년과에 통보해서 피해자가 모니터링 대상에서 누락되는 것을 방지하기로 했다. 관악경찰서의 종합대책은 우수한 정책사례로 다른 경찰서에서도 적극적으로 시행하길 추천한다.

필자가 대구시 자치경찰위원회 상임위원(사무국장)으로 근무할 때도, 이와 같은 관계성 범죄 대책에 대한 다양하고 실질적인 정책들을 시행했다. 대구시 자치경찰위원회와 대구시 여성가족과, 행복진흥사회

서비스원, 한국치안행정학회가 공동으로 '스토킹 예방과 피해자 보호 방안'에 관한 정책 세미나를 개최했다. 또한 여성 1인 가구를 위한 세이프 홈 지원사업을 시행해서 많은 호응을 얻었다. 이 사업은 여성 1인 가구 및 한부모 가구 등 주거안전 취약가구에게 무료로 안심 홈 세트를 지원하는 사업인데, 안심 홈 세트는 휴대용 사이렌, 스마트 초인종, 홈 CCTV, 창문 고정장치로 주거침입 범죄를 예방할 수 있다. 앞으로 여성 긴급전화 1366 센터(365일 24시간 상담)를 통한 스토킹 피해자 상담 및 보호방안, 스토킹 전담 경찰관과 관련 예산의 확대 등 보다 실질적인 대책들이 필요하다.

요컨대, 관계성 범죄는 예방·수사·피해자 보호에 이르기까지 촘촘한 사회안전망 구축이 중요하다.

대구신문 대구논단(2025. 1. 24.)

잔혹한 스토킹 범죄, '피해자 보호'가 우선이다

2025년 5월, 경기도 동탄에서는 30대 남성이 전 연인을 살해한 사건이 발생했다. 피해자는 전 연인이 저지른 폭행 등의 피해를 호소하며 경찰에 구속 수사를 요청했지만, 이루어지지 않았다. 특히 지난 1년 동안의 피해 사례 녹취록과 600쪽 분량의 고소 보충 이유서까지 제출했던 것으로 알려졌다.

7월 26일 경기 의정부시에서는 50대 여성 사회복지사가 스토킹 피해 끝에 살해되는 사건도 있었다. 피해자는 경찰 보호를 받던 중이었고, 60대 가해 남성은 범행 직후 도주했다가 산에서 숨진 채 발견됐다.

이틀 뒤 7월 28일 울산 북구에서도 유사한 사건이 발생했다. 한 병원 주차장에서 30대 남성이 결별한 20대 여성에게 흉기를 휘둘러 중상을 입혔다. 해당 남성은 과거 폭행과 스토킹으로 두 차례 112에 신고됐고, 경찰의 접근금지 명령을 어기고 피해자를 찾아가 범행을 저질렀다.

지난해 112에 접수된 스토킹 관련 신고 건수는 31,947건이다. 올해 5월까지만 해도 14,088건이 접수됐다. '한국 여성의 전화'에 따르면, 작년에 최소 181명의 여성이 현재 또는 과거 남성 파트너에게 살해당했다고 한다. 도대체 몇 명이 더 죽어야 이 끔찍한 사건들이 끝이 날까?

스토킹(stalking)은 '은밀히 다가서다, 몰래 추적하다'라는 뜻에서 파생되었다. '스토킹 범죄의 처벌 등에 관한 법률'에 따르면, 스토킹 행위는 상대방 또는 그의 동거인, 가족에게 접근·따라다니기·진로 방해, 주거지 등에서 기다리기, 우편·전화·SNS 등으로 불안감·공포심을 일으키는 행위를 말한다. 정보통신망을 이용한 온라인 스토킹, 개인정보·위치정보 제3자 제공, 온라인상 사칭 등도 포함된다.

스토킹은 피해자에게 정신적, 육체적인 고통은 물론이고, 삶이 송두리째 파괴되는 끔찍하고 잔혹한 범죄다. 스토킹 범죄는 헤어진 연인이나 배우자 등 평소 친밀했던 관계에 있던 가해자들이 많다. 따라서 피해자의 세밀한 정보까지 알고 있어 안전한 대피나 효과적인 대응이 어려운 경우가 많다. 또한, 피해자들은 경찰에 신고하는 것이 오히려 가해자의 보복을 유발하거나 설령 신고해도 처벌이 미흡하다고 여겨 망설이는 경우가 많다. 그래서 실제로 발생은 했지만 공식적인 통계에는 잡히지 않는 암수범죄(hidden crime)도 많다.

강조하건대, 스토킹 범죄는 무엇보다 피해자 보호가 가장 우선되어야 한다. 스토킹 범죄는 가해자가 대부분 연인관계 등 친밀한 사이였기 때문에 '지속성'이 있다. 법원의 구속영장 심사 시에는 증거 인멸이나 도주 우려 같은 가해자 측면이 아닌 피해자의 '피해 심각성'을 우선적으로 고려해야 한다. 우리나라 법원이 스토킹 범죄에 대해서 구속영장 심사 시에 상당히 보수적인 편인데, 피해자의 처벌 의사와 상관없이 구속수사를 원칙으로 해서 먼저 피해자를 안전하게 보호하고, 가해자의 범죄 재발을 막아야 한다. 스토킹 범죄를 저질렀을 때 구속될 확률이 높으면 범죄예방에도 효과적일 것이다. 또한, 가해자가 접근금지 위반 시 실효성 있는 처벌 규정이 미비하다. 가해자가 접근금지 명령을 어기면 즉각적인 사법 처리와 함께 유치장 격리 등 적극적인 분리 조치를 할 수 있도록 법적 기반을 마련해야 한다. 아울러 112 신고 이후 '처벌불

원' 등을 이유로 현장에서 종결한 사건에 대해서도 전수 피해자 모니터링을 통해 다시 한번 세밀하게 사건을 살펴야 한다. 하지만 전국 경찰서 여성청소년과에 배치되는 피해자 보호 전담 경찰관 수가 턱없이 부족하다. 반드시 경찰의 스토킹 피해자 보호와 지원을 위한 현장 경찰 인력을 합리적으로 보충해야 한다.

스토킹 범죄는 무엇보다 피해자 보호가 최우선이다. 스토킹 피해자는 심리상담, 법률지원, 긴급주거지원, 의료지원 등 다양한 맞춤형 지원을 받을 수 있다. 피해 신고는 112 또는 1366(여성긴급전화)으로 24시간 가능하며, 상담소·해바라기센터 등에서도 상담 및 지원을 받을 수 있다.

2023년 9월 1일 오후 2시 대구 엑스코 서관 321호에서 스토킹 예방과 피해자 보호방안에 관한 여성1인가구 안전환경 조성사업 공동학술세미나가 열렸다.

대구신문 대구논단(2025. 10. 3.)

로봇경찰

AI가 치안과 결합하여 시민안전을 위한 '과학치안'의 시대가 열렸다. 대표적인 사례로 미국 뉴욕에서는 '경찰 로봇'이 활동을 시작했다. 뉴욕 타임즈는 뉴욕경찰이 타임스 스퀘어역에서 미국 로봇 제작업체 나이트스코프사가 제작한 K5에 대한 시험 운용을 시작했다고 보도했다. 160cm의 키에 바퀴가 달린 이 로봇경찰은 4개의 카메라가 거리의 행인 모습과 상황을 360도 살필 수 있다. 뉴욕시는 사생활 침해를 우려해서 안면인식 기능은 사용하지 않는다. 사람의 조종이 따로 없이 스스로 판단해 작동할 수 있지만, 경찰관 1명과 팀을 이루어 순찰한다. K5는 이미 공항과 병원, 쇼핑센터 등에서 성능이 검증된 것으로 알려졌다.

로봇경찰의 개척자인 싱가포르는 코로나19가 한창 유행할 때 4족 보행 로봇 개(犬)를 공원에 배치했다. 이 로봇 개는 산책 나온 시민들에게 '사회적 거리를 유지해 달라'고 안내 멘트를 전달했다. 경찰이나 공무원이 할 일을 로봇이 대신하는 것이다. 좀 더 나아가 싱가포르 도심에는 담배꽁초나 쓰레기 무단 투기를 감시하는 로봇까지 등장했다. 앞으로 싱가포르 전역에 점진적으로 더 많은 순찰 로봇을 배치할 계획이다. 이러한 노력은 싱가포르 경찰뿐만 아니라, 중앙정부와 지방자치단체, 대학의 연구진과 기업체 등 관련 기관들의 심도 있는 연구 및 과학 예산 등이 체계적으로 뒷받침되었기 때문에 가능한 일이다.

최근 중국에서도 곳곳에 두꺼운 타이어 모양의 경찰 로봇이 거리를 순찰하고 있다. 중국 공안 당국에 따르면, 이 자율주행 로봇은 안면인식 기능으로 지명수배자를 식별하며 최대 시속 35km로 추격해 그물총을 발사할 수도 있다. 2m 길이의 무인 자율주행차가 '순찰'이란 표시를 하고 도로 위를 다닌다. 중국 자율주행 기술 회사인 '신석기(新石器)'가 개발한 이 경찰 로봇은 거리의 행인들을 관찰하고, 무기나 보호 장구를 배달한다. 작년 7월에는 랴오닝성 다롄의 공항에서 눈(目)이 10개 달린 망원경 모양의 경찰 로봇도 배치되었다.

우리나라에서 로봇 순찰은 서울시 관악구가 선도 역할을 하고 있다. 관악구는 2022년 6월 자율주행 순찰 로봇을 운영하기 시작했다. 관내에 범죄예방을 위해 구석구석을 순찰하고, 위험한 상황을 감지하면 이를 관악구청 통합관제센터에 통보한다. 심야 시간에는 주택가와 어린이공원 주변, 주간에는 별빛내린천변을 주로 순찰한다.

경기 용인시에서도 자율주행 순찰 로봇을 투입하는 등 AI 기술을 활용한 시민안전 시범사업에 뛰어 들었다. 적외선 센서와 열화상 카메라 등을 갖춘 순찰 로봇은 스쿨존과 공원, 산책로 등을 다니면서 긴급 상황이나 이상 징후를 발견하면 관제센터로 관련 정보를 보낸다.

앞으로 자율형 자동차, 스마트 정거장, 드론 택시 등 첨단 과학기술을 활용한 새로운 교통 시스템은 물론이고, 첨단 기술을 악용한 신종 범죄 대응을 위해 범죄예측, 수사 기법, 장비 개발 등 과학치안의 고도화가 필요하다. 과학치안은 일선 치안 현장의 부족한 경찰 인력과 인프라를 보충할 수 있다. 아울러 경찰과 지방자치단체, 대학, 기업 등 지역을 구성하고 있는 다양한 기관들이 소통하고 협력해서 미래지향적인 로컬 거버넌스를 구축해야 한다.

이제 머지않아 우리는 도심 골목을 순찰하는 친근한 로봇 경찰견, 신천 위를 날아다니는 드론을 활용한 경찰 버드(새), 민원인과 상담하는 AI 로봇경찰을 쉽게 만날 수 있을 것이다.

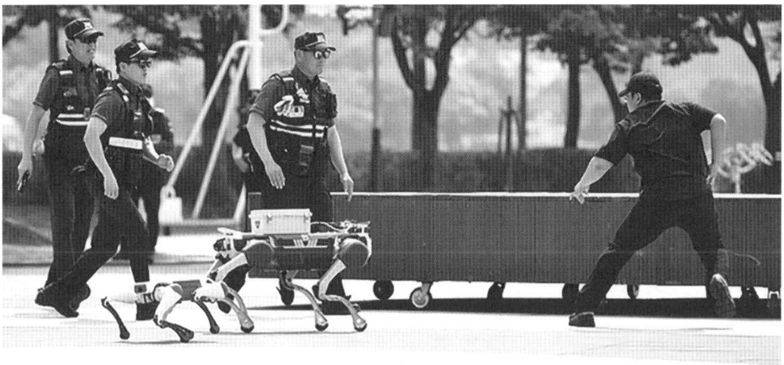

2025년 5월 28일 대구경찰청 순찰 로봇 '폴리봇'과 기동순찰대가
흉기를 소지한 범죄자를 발견하고 검거하는 훈련을 하고 있다.

대구신문 대구논단(2025. 2. 7.)

왜 공정하고 신속한 형사사법 절차가 힘든가?

필자는 경찰행정학과 교수로서 경찰청 및 경찰서 등 여러 기관의 자문위원으로 활동하고 있다. 학자로서 특히나 신경을 쓰는 부분이 바로 '수사'이다. 형사소송법상 수사는 "범죄의 혐의 유무를 명백히 하여 공소의 제기와 유지 여부를 결정하기 위하여 범인을 발견, 확보하고 증거를 수집, 보전하는 수사기관의 활동을 의미한다"고 정의된다. 즉 범죄를 저지른 피의자를 그 죄에 상응하는 처벌을 하도록 하는 형사사법 절차의 한 과정이다. 여기서 수사의 핵심은 '공정성'과 '신속성'이다.

경찰청은 경찰 수사의 적정성과 적법성 여부를 심의하여 수사의 공정을 기하기 위해 시·도경찰청에 경찰 수사 심의위원회를 두고 있다. 여기서는 주로 사건 관계자들이 수사에 불만이 있을 때 신청을 하면 심도있게 심의를 한다. 필자가 모 경찰청 수사심의위원장을 맡았을 때, 주로 심의하는 사건의 경우, 민원인들은 주로 수사하는 경찰관이 공정하게 수사를 하지 않고 다른 상대방에게 유리하게 수사한다는 생각을 갖고 있었다. 물론 상당수의 사건들은 기각 또는 각하 의견이었지만, 한 가지 분명한 것은 수사경찰의 태도와 역량이 중요하다는 것이다. 형사사법 절차에서 사건 관계자들은 수사방식과 내용에 대해 아주 민감하다. 수사경찰의 정제되지 않은 말 한마디나 말투, 태도가 자칫 공정하지 못하다는 오해를 살 수 있다. 필자는 수사경찰관들에게 신중한 태도와 언행을 강조했다.

공정하고 정의로운 형사사법 절차는 수사뿐만 아니라 이후 진행되는 재판과정이 무엇보다 중요하다. 즉, 경찰의 수사 이후 진행되는 검사의 공소제기와 재판과정이다.

우리 헌법 제27조에는 법률이 정한 절차에 따른 '공정한' 재판을 받을 권리가 규정되어 있다. 또한, 모든 국민은 '신속한' 재판을 받을 권리를 가진다. 형사피고인은 상당한 이유가 없는 한 지체없이 공개재판을 받을 권리를 가진다. 신속한 재판의 원리는 피고인의 이익을 보호하고, 실체적 진실발견, 소송경제, 공공의 이익을 위하여 재판을 지연 없이 행하여야 하는 원칙이다.

얼마 전 신속한 재판을 무색하게 만든 대표적인 사례가 있다. 바로 윤미향 전 국회의원의 판결이다. 한국정신대문제대책협의회 후원금을 횡령한 혐의로 재판에 넘겨진 윤미향 전 의원에게 대법원에서 유죄가 확정됐다. 검찰이 기소한 지 4년 만이다. 이 재판은 1심부터 최종심 판결까지 항상 '재판 지연' 문제로 논란이 되어 왔다. 현역 국회의원은 임기 중 금고 이상의 형이 확정되면 의원직을 상실한다. 하지만, 윤 전 의원은 당선된 후 임기 초인 2020년 9월 재판에 넘겨졌지만 임기가 종료될 때까지 재판이 마무리되지 않았다. 대법원 선고도 고등법원 항소심 판결이 나온 이후 약 1년 2개월 만에 내려졌다. 이처럼 확정판결이 늦어지면서 윤 전 의원은 정상적으로 국회의원 4년 임기를 모두 마쳤다. 이런 일이 발생하면 사법부는 국민들의 신뢰를 잃는다.

"모든 국민은 법 앞에 평등하다"는 대한민국 헌법 제11조의 규정이다. 수억 원의 변호사 수임료를 내고 전직 지검장, 법원장 출신의 전관 변호사와 계약한 사람과 가난한 서민과의 법정 다툼이 공정하려면, 무엇보다 수사와 재판 과정에서 공정한 룰과 원칙이 적용되어야 한다. 편법과 꼼수, 외압과 권력이 허용되어서는 안 된다.

일반 서민들은 형사사법 절차가 길어지면 병이 나고, 생업에도 지장이 크다. '판사는 말려 죽인다'라는 말이 있다. 재판이 길어질수록 사건 관계자들은 심각한 고통을 겪는다는 말이다. 선출직 공직자들도 신속하게 재판을 거쳐 죄가 있으면 정해진 임기를 다 채우는 일이 없도록 신속하게 재판을 진행해야 한다. '지연된 정의는 정의가 아니다'라는 법언을 잘 지켜야 한다. 또한, 사법부에서 일하는 법관들도 재판을 잘하면 상을 주고, 잘못하면 질책하는 방향으로 '사법 행정권'이 행사되어야 한다. 아울러 법관의 증원도 반드시 이루어져야 한다.

경안일보(2025. 2. 10.)

공정하게 보이도록 노력하라

〈상황 1〉 올 1월 1일, 집 근처 해맞이 행사에 참석했다. 인근 초등학교 운동장에서 무료로 떡국을 배포했다. 많은 사람들이 줄을 서서 차례를 기다렸다. 하지만 앞에서 순서대로 기다리지 않고 새치기하는 사람이 많았다. 통제하는 공무원이 제대로 제지하지 않았고, 새치기 일행 일부는 그 공무원과 잘 아는 사람인 것 같았다. 줄을 서는 사람들의 항의가 있었으나 새치기는 계속되었다.

〈상황 2〉 병목 현상이 심한 도로에서 일부 차량들이 차례대로 진입하지 않고, 갑자기 끼어드는 얌체 운전자들이 많았다. 사고 위험성도 높다. 착실하게 교통 규정을 잘 지키는 운전자는 분통이 터진다. 이런 상황을 잘 아는 교통경찰관들이 제대로 통제하지 않는다. 그 일대는 바로 교통혼잡으로 이어진다.

〈상황 3〉 초등학교에서 한 학생을 같은 반 여러 명의 학생들이 집단으로 괴롭히는 사건이 발생했다. 피해 학생의 부모가 진상규명과 처벌을 요구했지만, 계속 묵살되었다. 나중에 알고 보니, 진상규명을 담당하는 교사가 집단 괴롭힘 가해자의 엄마였다.

위의 세 가지 상황들은 실제로 우리 사회에서 적지 않게 벌어지는 일들이다. 비록 작고 사소한 일인지 모르겠지만 해당 당사자들은 화가 나고, 분통이 터진다. 이런 일들이 왜 발생하는 걸까? 한마디로 말해서 공정하지 않기 때문이다. 새치기를 제지하지 않는 공무원, 갑자기 끼어드는 얌체 운전자를 통제하지 않는 교통경찰, 학교폭력 가해자 엄마인 교사 등이 공정하지 않고, 제대로 일을 하지 않기 때문이다. '공정'은 모든 사회생활의 필수요소이다. 우리 사회에서 가장 공정해야 할 법원의 '재판'은 두말할 필요가 없다.

재판은 실체적으로 공정해야 할 뿐 아니라 전체의 과정도 공정해야 한다. 법원 판결의 신뢰성은 법률과 법관의 양심에 따른 결과와 함께 국민의 신뢰도 중요하다. 사법 정의의 핵심은 공정함이다. 공정성에 대한 국민들의 신뢰가 무너지면 사법부의 역할을 수행할 수 없다. 법관의 제척, 기피, 회피 제도는 바로 이러한 공정한 재판을 하기 위해서다. "어느 누구도 자기 사건의 재판관이 될 수 없다." 법관이 해당 사건과 특별한 이해관계에 있거나 법관이 당사자와 특수한 사적 관계에 있다면 아무리 판결내용이 공정하고 정의롭더라도 공정하게 보이지 않는다.

제척은 법률에 정해진 사유가 있을 때 법관이 당연히 그 사건에서 배제되는 제도이다. 기피란 제척사유가 없음에도 재판의 공정을 기하기 어려운 사정이 있는 때에 당사자의 신청에 의한 결정에 의하여 법관을 그 사건에서 배제시키는 제도이다. 회피란 법관 스스로가 제척 또는 기피 사유가 있다고 인정하여 직무집행을 피하는 제도이다. 이런 제도는 재판의 공정성을 확보하기 위해 근대적인 재판 제도가 도입되기 이전에도 존재했다. 이와 같은 제척, 기피, 회피 제도는 민사소송 뿐만 아니라 형사소송, 행정소송, 헌법소송 등 모든 재판에 통용되는 공정성 담보 장치다. 이는 공무원의 신규 채용이나 승진, 징계 등 인사 관련 절차에도 많이 활용되기도 한다.

최근 재판의 공정성을 보장하기 위한 제척, 기피, 회피 제도가 유명무실하다고 한다. 신청 건수 중 인용되는 건수가 극히 드물다는 것이다. 영국의 레가툼 번영지수 보고서에 따르면, 한국의 사법 체계와 법원에 대한 신뢰도는 전체 167개국 가운데 155위로 최하위 수준이다.

"법관은 공정하고 청렴하게 직무를 수행하며, 법관에게 요구되는 높은 수준의 직업윤리를 갖추어야 한다." 법관윤리강령 전문의 일부다. 사법부는 모든 재판이 국민들에게 공정하게 보이도록 모든 절차에 최선을 다해야 한다. 사법부는 민주주의를 수호하고, 국민의 기본권을 지키는 최후의 보루이다.

경안일보(2025. 2. 17.)

다시 읽는 '헌법'

12·3 계엄 사태 이후 헌정사상 처음으로 현직 대통령이 구속되어 수사를 받는 등 사회적 혼란이 지속되는 가운데, '헌법' 관련 서적을 찾는 사람들이 많다고 한다. 이와 같은 현상은 헌법재판소의 탄핵심판, 권한쟁의심판, 헌법재판관 임명, 탄핵 정족수 문제 등 연일 헌법과 관련된 언론 기사들이 신문과 방송, 인터넷에 터져 나오기 때문이다.

실제로 어느 한 조사에 따르면, '헌법' 관련 서적이 지난 12월부터 올해 1월까지 두 달 연속 판매가 많이 늘었다고 한다. 전월과 비교해서 작년 12월에는 '헌법' 관련서적의 판매가 219%, 올 1월에는 79%나 상승했다. 헌법 관련 도서를 찾는 사람들은 법학도나 전문가를 위한 헌법 연구 서적보다는 일반인을 위해 쉽게 쓴 헌법 사용 설명서에 더 관심이 높았다. 또한, 헌법 전문과 총 130개 조로 이뤄진 헌법 조항을 읽고, 베껴 쓰는 사람들도 크게 늘어났다. 이와 같이 헌법을 읽고 쓰는 것은 개인의 행복을 추구하던 시민들이 우리나라의 자유 민주주의와 권리에 대한 관심이 더욱 커졌다는 것으로 해석할 수 있겠다.

필자는 대학 시절 '헌법' 교과목을 아주 좋아했다. 대학 2학년 때인 1987년 직선제 개헌이 이루어졌고, 행정학과 법학을 본격적으로 공부하면서 자연스럽게 헌법에 눈을 뜬 것이다. 그 당시 필자는 권영성 교수의 '헌법학원론'과 김철수 교수의 '헌법학'을 10번 이상은 읽은 것 같다. 대학 3학년 때는 우리나라 헌법학의 지존인 한상범 교수의 헌법학 교과목을 수강 신청해서 1학기 동안 무척이나 열심히 들었다. 그 때의 헌법에 대한 열정과 공부가 학자로서 많은 교육과 연구의 소중한 기초가 되었다.

우리나라 헌법은 대한민국의 정치 조직과 국민의 권리 및 의무를 규정한 최고법이다. 대한민국의 주권이 미치는 모든 장소에 적용된다. 전문(前文)과 본문 130개 조, 부칙 6개 조로 구성된다. 대한민국 임시정부에서 제정한 대한민국 임시 헌법을 바탕으로 1948년 대한민국 정부 수립과 함께 제헌 헌법이 제정되었으며, 이후로 아홉 차례 개정되었다. 우리나라 헌법을 유심히 살펴보면 먼저 총강에서 주권, 국민, 영토를 규정한 다음에, 국민을 국회나 대통령보다 앞세우고 있다. 또한, 국민의 권리와 의무 중에서는 권리가 먼저 나오고, 국민의 대표인 국회(입법부)를 설명한 후에 행정부의 수반인 대통령을 설명하고 있음을 알 수 있다.

헌법은 단순한 법률 조항이 아니다. 헌법은 한 나라의 정신과 역사, 혼을 담고 있는 살아 있는 규범이다. 그렇다. 헌법은 단순한 법규범이 아니고 그 나라의 문화적, 사회적, 역사적 산물이다. 또한, 헌법의 전문을 보면, 우리 사회가 헌법을 통해 무엇을 지향하는지를 잘 알 수 있다. 이 글을 읽는 독자분들에게 지금 대한민국 헌법 전문을 꼭 소리 내어 읽어 보시길 추천한다. 대한민국 헌법의 전문은 다음과 같다.

"유구한 역사와 전통에 빛나는 우리 대한민국은 3·1운동으로 건립된 대한민국임시정부의 법통과 불의에 항거한 4·19 민주이념을 계승하고, 조국의 민주개혁과 평화적 통일의 사명에 입각하여 정의·인도와 동포애로써 민족의 단결을 공고히 하고, 모든 사회적 폐습과 불의를 타파하며, 자율과 조화를 바탕으로 자유민주적 기본질서를 더욱 확고히 하여 정치·경제·사회·문화의 모든 영역에 있어서 각인의 기회를 균등히 하고, 능력을 최고도로 발휘하게 하며, 자유와 권리에 따르는 책임과 의무를 완수하게 하여, 안으로는 국민 생활의 균등한 향상을 기하고 밖으로는 항구적인 세계평화와 인류공영에 이바지함으로써 우리들과 우리들의 자손의 안전과 자유와 행복을 영원히 확보할 것을 다짐하면서 (생략)" 가슴이 뜨거워진다. 우리에게는 무한한 저력이 있다. 이러한 국가 위기 상황을 슬기롭게 극복하고, 헌법 전문에 나온 것과 같이 대한민국이 행복하게 더 큰 미래로 나가길 간절히 소망한다.

대구신문 대구논단(2025. 2. 21.)

다중밀집 인파 사고

인도 뉴델리 기차역에서 압사 사고가 발생해 현재까지 18명이 사망하고, 10명이 넘게 다쳤다. 사고는 현지 시간으로 2월 15일 밤, 기차를 타기 위해 수천 명의 승객들이 한꺼번에 몰리면서 발생했다. 희생자 중에는 어린이가 4명, 여성이 10명인 것으로 파악되었다. 불과 7주 전에도 수천만 명의 힌두교도들이 몰린 종교 축제 '쿰브 멜라'에서 발생한 압사사고로 30명이 숨진 바 있다. 이 사고는 1월 29일 오전 2시쯤 인도 북부 우타르프라데시 프라야그라지에서 열린 쿰브 멜라 축제 현장에서 발생했다. 이 축제는 인도에서 열리는 세계 최대 규모의 힌두교 축제로, 힌두교 신자와 순례자 등 수백 만명이 참가한다. 이 축제 행사 중에 강에 입수하는 행사가 가장 중요한 의식으로 여겨지는데, 입수를 통해 죄를 씻고 윤회의 굴레에서 벗어난다고 믿기 때문이다. 이번 압사 사고는 강에 입수하는 의식 과정에서 먼저 가려던 힌두교 순례자들이 바리케이드들을 넘어뜨리면서 바리케이드 건너편에 있던 사람들이 갑자기 밀려든 인파에 짓밟히며 시작되었다. 이 사고로 최소 30명이 사망하고, 90명이 다친 것으로 파악됐다. 작년 7월에도 우타르프라데시주 힌두교 행사에서 압사 사고가 발생해서 116명이 사망했다.

이와 같은 다중밀집 인파 사고는 여러 국가에서 다양한 형태로 발생하였다.

2001년 7월 21일, 일본 효고현 아카시시 아사기리역 남쪽 출구 방면 육교에서 불꽃 축제 압사 사고가 발생했다. 일본 아카시시에서는 사고 발생 하루 전인 7월 20일부터 '제32회 아카시시민 여름 축제 불꽃놀이 대회'가 개최되고 있었다. 7월 21일 오후 8시 30분경, 아사기리역 남쪽 출구로 이어지는 다리에서 역에서 나오려는 인파와 불꽃 축제를 관람하고 귀가하던 인파가 겹치면서 발생했다. 이 사고로 11명이 사망하고, 수백 명이 다쳤다. 또 다른 사례로, 독일에서는 2010년 7월 열린 세계 최대 테크노 음악 축제 '러브 퍼레이드'에서 공연장으로 향하는 터널에 사람들이 한꺼번에 몰리면서 21명이 숨지고, 652명이 다쳤다. 또한 2022년 10월 1일, 인도네시아 프로축구 경기 참사가 발생했는데, 홈 팀이 패하며 관중들이 경기장에서 난동을 부리자, 경찰이 진압을 위해 최루탄을 쏘면서 한꺼번에 많은 사람이 출구로 몰리며 132명이 사망했다.

다중밀집 인파 사고는 국내에서도 여러 차례 발생했는데, 대표적인 사고는 2005년 10월 3일 오후 5시 40분쯤 상주시민 운동장에서 MBC 가요 콘서트를 관람하기 위해 모인 3만여 명의 관중이 한꺼번에 들어가려다 앞쪽의 사람들이 밀려 넘어지는 바람에 11명이 숨지고, 78명이 중경상을 입는 사고이다.

또한, 2022년 10월 29일 22시 15분경, 서울시 용산구 이태원동에서 발생한 이태원 압사 참사는 해밀톤호텔 앞 좁은 골목길에 많은 인파가 몰리면서 다수의 사상자가 발생했다. 이날 사고로 159명이 사망했다.

이처럼 국내외에서 발생한 다중밀집 인파 사고는 주로 경기장이나 공연장, 지역축제, 종교 행사 등에서 많이 발생했고, 좁은 지역에 많은 인파가 몰리면서 참사가 발생했다는 공통점이 있어 시사하는 바가 크다.

이태원 참사 이후 행정안전부는 많은 인파가 모일 것으로 예상되는 지역축제나 대형공연, 집회 등에 대한 안전관리를 강화하고 있다. 또한 지방자치단체는 다중운집 행사의 준비 단계부터 안전관리계획을 세밀하게 수립하고, 경찰과 소방, 재난관련 부서 및 민간 전문가들과 함께 행사 안전을 점검하여 위험요소를 미리 제거할 계획이다.

아울러, 인파밀집 징후를 감시하기 위해 인파관리 지원 시스템, 실시간 도시 데이터, 피플카운팅 시스템 등을 적극적으로 활용하고, 인파가 밀집될 것으로 예상되는 지역에는 현장상황 관리관을 파견해 현장상황을 관리한다. 강조하건대, 다중밀집 인파 사고는 방심과 무사안일, 안전불감증으로부터 발생한다.

경안일보(2025. 2. 24.)

위험한 '봄철' 산불

2025년 1월에 발생한 미국 LA 산불은 서울시 면적의 4분의 1에 해당하는 산림을 불태웠고, 산림과 인접한 1만 6,300여 개 시설물이 소실됐다. 피해 금액만 최소 365조 원에서 최대 400조 원으로 추산되며, 역대 최악의 산불 피해로 기록됐다.

LA 산불은 남의 나라 이야기가 아니다. 우리나라도 산불의 피해가 적지 않다. 행정안전부의 자료에 따르면, 2015년부터 작년까지 10년간 한 해 평균 산불이 546건 발생했고, 이로 인해 평균 4,002ha의 산림이 불에 타 소실됐다.

1996년 고성 산불, 2000년 동해안 산불, 2005년 양양 산불 등 봄이 되면 가뭄과 강풍으로 산불이 반복되었고, 2022년 3월에는 울진과 삼척에서 발생한 산불로 여의도 면적의 56배에 달하는 1만 6,302ha의 산림 피해와 함께 주택 332채가 불에 타 587명의 이재민이 발생하기도 했다. 경북에서는 2022년 이후 최근 3년간 총 218건의 산불이 발생해 축구장 2만 5,200여 개에 달하는 산림 1만 7,994ha가 소실됐다. 이처럼 국내에서도 산불은 갈수록 대형화되고 전국으로 확산되고 있다.

우리나라는 산림구조나 지형, 기후의 특성상 산불 발생의 위험성이 높다. 특히 산림이 울창하고 불에 잘 타는 낙엽이 많다. 또한, 산지가 경사가 급하고 기복이 많아서 연소 진행 속도가 매우 빠르다. 특히 봄철 건조기는 건조하고 강한 바람이 동시다발적으로 확산하는 시기로, 산과 들에 겨울 동안 메마른 풀, 낙엽 등이 남아 있어 산불 발생 및 확산 가능성이 크다.

한 해 평균 발생한 산불(546건)을 원인별로 살펴보면, 등산객 등의 실화가 171건(37%)으로 가장 많았고, 쓰레기 소각 68건(15%), 논·밭두렁 소각 60건(13%)의 순으로 많았다. 10년간 산에 불을 낸 혐의로 검거된 사람은 총 2,189명이다. 게다가 우리나라는 외국에서 찾아보기 힘든 성묘문화가 있다. 이와 같은 원인을 종합해 보면, 산불은 충분히 막을 수 있는 사회적 재난이다.

산불로 인한 피해는 단순하게 산림 훼손에 그치지 않는다. 토양 훼손 등 생태계 파괴에 따른 후유증도 매우 심각하다. 장마철에 발생할 수 있는 산사태나 홍수의 위험성도 커진다. 또한, 소중한 국보급 문화유산의 소실, 지역 주민들의 삶의 터전까지 송두리째 빼앗아 간다. 잠깐의 방심으로 발생한 산불로 인해서 본래의 제 모습을 되찾으려면 매우 오랜 시간이 걸린다.

이러한 산불은 산에서 발생하는 화재의 속성상 화재진압을 위한 접근이 더디고 어려우며, 불을 끄기 위한 수원 확보도 어렵다. 특히 야간에 발생하는 산불은 진압이 더욱 어렵다.

최근 10년 동안 산불의 43%가 3월과 4월 등 봄철에 집중됐던 만큼, 대형산불의 위험성에 철저하게 대비해야 한다. 특히 올해 봄은 건조한 날씨와 높은 기온으로 산불 발생 위험이 클 것으로 예측되는데, 특히 3월 산불 발생 위험 예측 결과 최근 10년 중 올해가 가장 높게 분석됐으며, 이는 과거 39년 분석 자료 중 세 번째에 해당하는 것으로 나타났다.

먼저 입산 인구에 대한 적실성 있는 통제를 강화하고, 현수막과 주민설명회는 물론이고, SNS 등 다양한 홍보방법을 통한 대국민 산불예방 홍보 활동도 필요하다. 산불은 단순한 재난이 아니라, 사람들의 생명과 재산을 위협하는 중대한 범죄라는 인식이 중요하다. 분명한 것은 과실이나 부주의로 산불을 내면 3년 이하 징역 또는 3천만 원 이하 벌금형을 받을 수 있고, 만약 고의로 산불을 내면 최고 15년의 징역에 처해 진다는 사실이다.

우리나라는 약 70%가 산지로 이루어져 있다. 넓은 지역의 산불감시를 위해 AI 드론 등 적극적으로 활용하고, 관련 첨단장비와 예산의 확대가 필수적이다. 국민들의 산불에 대한 방심과 안일, 안전불감증은 절대로 있어서는 안 된다. 아울러 불가피하게 발생한 산불에 대해서는 초기에 산불을 진화할 수 있는 조기 발견 시스템의 확립과 진화인력의 확보, 효율적인 진화기술이 중요하다.

경안일보(2025. 3. 4.)

손실보상 제도, 제대로 활용해야

2025년 1월 11일 오전 2시 52분 광주시 북구의 한 빌라 2층에서 불이 났다. 화재 당시 검은 연기가 내부에 꽉 차자 소방관들이 모든 세대의 현관문을 두드리며 대피를 호소했다. 소방관들은 입주민 5명을 밖으로 대피시켰지만, 문을 두드려도 반응이 없는 세대 6곳에 구조를 기다리는 사람들이 있을 가능성이 있다고 판단해 현관문을 강제로 열었다. 다행히 추가로 발견된 주민은 없었다. 이 화재로 1명이 숨졌다. 화재는 30분여 만에 완전히 진화됐다.

이 화재 사고 후 빌라 주민들은 강제 개방으로 파손된 현관문과 잠금장치를 배상해달라고 소방서에 요구했다. 가구당 약 130만 원씩, 총 800여만 원에 달하는 잠금장치(도어록)와 현관문의 수리 비용이다. 통상적으로는 화재가 발생한 세대 집주인이 화재보험을 통해 배상하는데, 당사자가 사망했고, 다른 세대주들 역시 화재보험에 가입되어 있지 않았다. 출입문을 파손한 소방서에 주민들이 배상을 요구했다는 소식이 전해지면서 많은 시민들이 소방서에 직접 전화를 걸어 기부금을 내고 싶다는 의사를 밝혔다. 하지만 소방서는 시민들의 기부금이 아닌 소방 자체 예산으로 해결하겠다는 방침이다.

이와 같이 화재 진압과 인명 구조 과정에서 소방관들이 불가피하게 해당 주민들에게 재산 피해를 유발하는 경우가 있다. 이에 대해 소방청은 적법한 소방 활동으로 인해 발생한 재산 피해는 '손실보상'으로 처리하고, 소방 공무원의 과실로 인해 발생한 피해는 '손해배상'으로 처리하고 있다.

여기서 말하는 손실보상은 '소방기본법' 제49조의2에 따라 소방관이 정당한 소방 활동을 수행하는 과정에서 불가피하게 발생한 재산 피해에 대해 지급되는 제도를 말한다. 화재 진압이나 구조를 위해 문을 강제로 개방하거나 방범창을 제거하는 과정에서 발생한 손실이 대표적인 사례이다.

소방청의 자료에 따르면, 최근 3년간 손실보상 요청 건수는 396건이며, 그중에서 266건이 지급됐다. 총보상액은 2억 3,019만 원에 달한다. 2024년에는 98건이 지급됐고, 총 지급액은 약 1억 원으로 집계됐다. 2023년에는 104건(약 8,648만 원), 2022년에는 64건(약 4,312만 원)이 지급됐다. 해마다 지급 건수와 보상액이 증가하는 추세다.

손실보상 중에서는 출입문 개방에 따른 출입문 및 도어록 보상이 대부분을 차지하며, 손실보상 청구 건당 평균 약 70만 원 내외의 비용이 지급된 것으로 나타났다. 즉 소방관이 문을 한번 열 때마다 70만 원의 비용이 발생하는 것이다.

소방청 관계자는 "소방관 개인이 보상 비용을 부담하는 일은 없다. 국가 차원에서 예산을 책정해 운영하고 있다"면서, "정부와 지방자치단체는 소방 공무원이 원활한 소방 활동을 할 수 있도록 법적, 제도적 근거를 마련하고, 예산 측면에서도 적극 지원하고 있다"고 밝혔다.

필자는 현재 ○○ 경찰청 손실보상심의위원장을 맡고 있다. 경찰청도 소방청과 같이 이와 같은 사례가 적지 않다. 손실보상 제도가 활성화되기 이전에는 경찰관들이 민사소송 등을 우려해 적극적으로 법 집행을 하지 못한다는 지적이 있었다. 경찰청은 손실보상 제도를 적극적으로 활용해 경찰관들의 신속하고 단호한 법 집행이 가능해졌다고 평가하고 있다. 경찰청의 손실보상 보상 유형은 인명 구조나 범인 검거 등의 과정에서 발생한 출입문 파손이 가장 많고, 차량 파손과 유리창 파손 등이 그 뒤를 차지한다. 이 점에 있어서 경찰도 소방과 유사한 측면이 많다.

종합적으로 볼 때, 위험한 화재 현장에서 목숨을 걸고 뛰어드는 소방관들이 절대로 보상이라는 걱정 없이 오직 업무에만 집중할 수 있도록 근무 여건을 만들어야 한다. 그것이 국가가 해야 할 책무이다. 손실보상 예산을 충분히 확보하고, 관련 제도를 적극적으로 정비해야 한다. 소방관들이 민원이나 피해보상을 우려해서 구조나 화재 진압 활동에 적극성을 잃게 된다면 결국 손해를 보는 건 국민이다. 국민의 생명과 재산은 소방관들이 지키고, 소방관들의 생명과 재산은 국가가 지켜주어야 한다.

경안일보(2025. 3. 10.)

매일신문에서 인터뷰를 요청하다

매일신문 한소연 기자가 인터뷰를 하자고 연락이 왔다. 한소연 기자는 필자가 대구시 자치경찰위원회 사무국장으로 일할 때, 여러 번 본 실력파 기자이다. 한소연 기자는 매일신문에 인터뷰를 전문으로 하는 '한소연 기자의 한 페이지'를 담당하고 있었다. 2시간에 걸친 인터뷰는 시종 진지했고, 다양한 질문들이 있었다.

每日新聞 2025-03-13 (목) 024면

대구 자치경찰제의 주춧돌…"스마트 치안·지역 협력 강화"

한소연 기자의 한 페이지 박동균 대구한의대 경찰행정학과 교수

연구 잠깐 뒤로하고 '실무 기회' 잡아 市 자치경찰위 상임위원·사무국장 1기로 3년간 역임, 제도 첫걸음 다져

환경 개선 셉테드·사회 안전망 골몰 서구서 AI 활용 '과학 치안' 시범 예정 석학 6인 공저 '한국 자치경찰' 간행

"파출소·행정복지센터·통장·보건소 예산·공권력 갖춘 거버넌스 구성을 사고·범죄 예방 다리 역할에 나서야"

역사 속 대(大)화재의 교훈

1666년 9월 2일 새벽 2시, 영국 런던의 빵 공장에서 화재가 발생했다. 불은 런던의 3/4 이상을 태웠다. 이 화재로 나흘간 87채의 교회, 1만 3천 채의 집이 불에 탔고, 7만여 명이 집을 잃었다. 하지만 런던 시내가 불에 타면서 아이러니한 상황도 연출됐다. 쥐들이 모두 불에 타면서 흑사병도 런던에서 사라지게 된 것이다. 또한 불에 탄 런던은 대화재 이후 완전히 새로운 계획도시가 만들어졌다. 사실 런던대화재는 초기 대응을 잘했으면 비교적 쉽게 진화됐을 것이다. 하지만 소방 당국은 화재에 대해 무능했고, 소방 관련 제도와 정책이 부실했다. 다행히도 런던대화재 이후에 영국은 석재 건축법을 제정하고, 유럽 최초의 소방 조직과 소방차 그리고 화재보험을 만들었다. 판잣집이 난립하던 도시공간을 현대식 주택으로 탈바꿈하는 과정에서 화재보험은 높은 인기를 끌었다.

그리고 200여 년이 지난 1871년 10월 8일부터 10일까지 미국 시카고에서 대형 화재가 발생했다. 이 화재로 300여 명이 사망하고, 시카고의 $9km^2$에 달하는 지역이 불에 탔으며, 10만 명 이상이 집을 잃고 이재민이 되었다. 시카고 교외의 한 헛간에서 작은 실수로 등을 넘어뜨

림으로써 발생한 이 화재는 때마침 불어온 강한 바람 때문에 더욱 번졌다. 그당시 시카고 도시의 대부분을 태우고, 1/3에 해당하는 주민들이 집을 잃었다. 이 화재는 19세기 미국 역사상 가장 큰 규모의 화재였다. 이 화재 이후에 시카고시는 목조 건물의 건축을 허용하지 않았고, 대신 강철과 철골 구조를 사용한 내화(fire-proof) 건물만을 허용하는 새로운 건축법을 도입했다.

현재까지 전 세계 역사상 가장 큰 피해를 입은 화재는 올해 1월에 발생한 미국 LA 산불이다. 서울시 면적의 4분의 1에 해당하는 산림을 불태웠고, 산림과 인접한 1만 6,300여 개 시설물이 소실됐다. 피해 금액만 최대 400조 원으로 추산된다. 실로 엄청난 재난이다.

우리나라 역사에도 큰 화재 사고가 있었다. 세종대왕 8년(1426년) 한양에서는 조선 역사상 가장 큰 화재 사건이 있었다. 1426년 2월 15일 인순부의 종 장룡의 집에서 방화로 추정되는 화재가 발생했다. 때마침 불어온 서북풍을 타고 맹렬하게 번지면서 하루 동안 2,200채의 집이 불에 탔고, 32명이 사망했다. 이날 화재를 계기로 소방 방재 시스템을 만들기 시작했다. 가장 먼저 도로를 확대하는 작업을 했고, 방화장(防火墻)을 쌓게 했다. 또한 개인 주택에는 5간, 10간마다 우물을 파도록 했고, 종묘와 대궐 안, 종루 누문에 소화기를 비치하도록 했다. 아울러 병조 예하에 우리나라 최초의 소방기관인 금화도감을 설치해서 화재를 예방하게 했다.

현대에 이르러 발생한 가장 참혹한 화재는 대연각호텔 대화재다. 1971년 12월 25일 성탄절 아침에 서울시 중구 명동에 위치한 22층의 대연각호텔에서 일어난 화재로 191명이 사망하고, 63명이 부상당했다. 재산 피해는 당시 소방서 추산 당시 약 8억 3,820만 원, 현재 가치로는 192억 5천만 원이었다. 사고 조사 결과 대연각호텔 1층 커피숍에 있는 LP가스가 폭발한 것이 화재의 원인으로 밝혀졌다. 세계 최대 화재 사고 중 하나로 꼽히며, 호텔 화재 중에서는 최대 사고이다.

최근에 발생한 화재로는 2022년 3월 울진과 삼척에서 발생한 산불이다. 여의도 면적의 56배에 달하는 1만 6,302ha의 산림 피해와 함께 주택 332채가 불에 타 587명의 이재민이 발생하기도 했다.

우리나라는 해마다 산불로 인해 막대한 산림과 재산이 잿더미가 되고 있지만 실화자 검거율은 절반에도 미치지 못하고, 설사 검거하더라도 솜방망이 처벌에 그친다. 엄벌이 필요하다.

강조하건대, 화재는 언제든, 어디서든 방심하면 발생할 수 있는 사회적 재난이다. 화재는 사전에 충분히 예방할 수 있다. 항상 경각심을 갖고 우리 사회 곳곳에 내재해 있는 화재 발생 가능성이 있는 원인들을 제거하고, 철저하게 대비해야 한다.

경안일보(2025. 3. 24.)

대통령 경호처

공수처가 윤석열 대통령의 체포 영장을 집행할 당시에 대통령 경호처가 이를 저지한 것과 관련해서 '대통령 경호처 폐지론'이 거론되고 있다.

역사적으로 볼 때, 우리나라 건국 초기에 이승만 전 대통령의 경호는 1949년 2월 창설된 '경무대경찰서'가 맡았다. 4·19 혁명으로 제2공화국이 수립된 1960년 6월 말부터는 서울시경 소속 '청와대 경찰관 파견대'가 대신했다. 현재와 같은 대통령 경호체제는 1963년 12월 '대통령경호실법'이 제정되면서 시작됐다. 박정희 국가재건최고회의 의장이 제5대 대통령으로 취임한 뒤 정부기구인 대통령경호실이 발족한 것이다. 이명박 정부에서는 대통령실 산하 차관급 '경호처'로 격하했다가 박근혜 정부에서 다시 장관급 '경호실'로 격상한 뒤, 문재인 정부에서는 다시 경호처가 됐다.

대통령 경호처는 대통령 경호를 전문적으로 담당하는 국가기관이다. 법적으로는 대통령 직속기관이고, 대통령이 임명하는 정무직 경호처장은 차관급이다. 경호처가 국회에 제출한 자료에 따르면, 2024년 10월 기준으로 대통령 경호처 인력은 경호처장을 포함해 총 750명이다. 특정직과 특별직 인원이 495명이고, 이들의 경호 업무를 보조하는 일반직 인원이 254명이다. 작년 경호처에 책정된 예산은 약 1,400억 원이었다.

전두환 전 대통령 시절까지는 대부분 현역 군인이 경호관으로 임용되었지만, 1988년 노태우 정권 때 처음으로 경호 공무원을 공개 채용하면서 직업 경호관 제도가 정착됐다. 문재인 정부 때는 경호처를 경찰청 소속으로 개편한다는 대선 공약이 있었지만 정권 출범 뒤에는 이행되지 않았다.

대통령 등의 경호에 관한 법률 제4조에서 대통령 경호처의 경호 대상은 대통령과 그 가족, 대통령 당선인과 그 가족, 전직 대통령과 그 배우자, 대통령권한대행과 그 배우자, 대한민국을 방문하는 외국의 국가원수 또는 행정수반과 그 배우자, 그 밖에 경호처장이 경호가 필요하다고 인정하는 국내외 요인(要人)으로 규정되어 있다. 지금도 대통령 경호처는 이명박, 박근혜, 문재인 등 세 명의 전직 대통령과 故 노무현 대통령의 부인인 권양숙 여사를 근접에서 경호하고 있다.

대통령 등을 경호하는 기관의 외국 사례를 보면, 국가마다 그 나라의 정치 제도와 여러 환경에 따라 다르게 운영되고 있다. 먼저 미국의 대통령과 가족 경호를 담당하는 미국 비밀경호국(USSS · United States Secret Service)은 국토안보부 산하에 있다. 독일의 국가수반 경호 업무는 연방범죄수사청(BKA)이 담당하고, 일본은 동경 경시청(지방경찰본부) 경호과 소속 시큐리티 폴리스가 맡고 있다. 영국은 수도경찰청 특별임무국, 프랑스는 경찰청 요인경호실에서 대통령·총리 등의 경호를 담당하고 있다.

현재 더불어 민주당에서는 대통령 경호처의 업무를 경찰로 이관하는 법안을 발의한 상태다. 개정안의 핵심은 현 대통령 경호처를 폐지하고, 경찰청 내에 대통령 경호국을 두고, 경호국장은 치안정감으로 보하도록 하는 것이다. 결론부터 말하자면 별로 좋은 대안이 아니다. 현재 경찰청은 늘어난 치안 수요와 검경 수사권 조정으로 불어난 수사 업무, 국정원으로부터 이관받은 대공수사권 업무까지 과부화된 상태이다. 여기에 경호처의 업무까지 맡는다면 경찰의 비대화 현상과 업무 폭증 현상이 발생할 것이다.

대통령 경호는 대통령 개인의 생명과 신체를 보호하는 단순한 차원을 넘어서 정치·경제적인 안정성의 유지는 물론이고, 국가안보 차원의 중요성을 내포하고 있다.

우리나라는 박정희 전 대통령과 고 육영수 여사, 아웅산 테러 사건 등의 아픈 경험이 있다. 대통령 경호처는 분단국가에서 대한민국의 국가원수이자 행정부의 수반을 경호하는 중요한 조직이다. 앞으로 대통령 경호처의 수장인 경호처장은 정치인이나 군인, 경찰 출신 보다는 경력 있는 경호 전문가를 임명해야 한다. 또한 대통령 경호처의 조직 개편 문제는 국가 안보와 대통령 경호의 안정감과 효율성 등 다양한 측면을 종합적으로 고려해야 한다. 앞으로 여당도 야당도 대통령으로 선출될 수 있다. 누가 대통령이 되든 대통령 경호처는 지금 이대로 유지하는 것이 바람직하다.

대구신문 대구논단(2025. 4. 4.)

역주행 교통사고

2024년 7월 1일 오후 9시 26분경, 서울시청역 부근에서 68세 남성이 운전한 승용차가 일방통행인 4차선 도로를 200m 가량 역주행하던 도중 인도로 돌진해 12명의 보행자와 2대의 차량을 치는 참혹한 교통사고가 발생했다. 이 사고로 인해서 9명이 사망하고, 7명이 중경상을 입었다.

또한 지난 3월 30일 낮 12시에 청주교대 앞 삼거리에서 자신의 승용차로 중앙선을 넘어 반대편에서 신호대기 중이던 경차를 들이받아 4중 충돌사고를 낸 교통사고가 있었다. 이 사고로 인해 경차에 타고 있던 3명이 사망하고, 운전자 등 6명이 부상을 입었다. 사고 직전 이 차량은 비상등을 켠 채 빠른 속도로 300m 거리를 역주행했던 것으로 알려졌다.

역주행은 정해진 차량 통행 방향의 반대 방향의 차로로 주행하는 행위를 말한다. 정상적인 방향이 아닌 반대(역) 방향인 만큼 역주행이다. 황당하기 짝이 없다. 자동차 이외에도 오토바이와 자전거, 전동킥보드 등 법적으로 차마(車馬)로 지정된 교통수단은 모두 적용된다. 이런 역주행이 위험한 이유는 대형사고로 이어질 가능성이 높고, 사고 시 사망률도 매우 높다.

역주행 사고가 사망률이 높은 이유는 정면충돌했을 때 발생하는 충격이 매우 크고, 대처가 어렵다는 점이다. 자동차 시속이 각각 50km 정도 주행하고 있을 때, 정면충돌하게 될 경우는 충돌 속도가 시속 100km에 달하게 되기 때문에 운전자가 사고를 피하기 어렵다.

지난 2019년부터 5년간 우리나라에서 발생한 역주행 교통사고는 1,457건이다. 하루 평균 4번꼴로 역주행 사고가 발생하는 셈이다. 이 기간 동안 역주행 교통사고 사망자는 66명으로 사망률은 4.5%에 달한다. 같은 기간 일반 교통사고 사망률보다 3배가 높다. 통계적으로 보면, 역주행 사고는 심야 시간에 고속도로 진출입로나 휴게소 출입구를 잘못 찾아 발생한 것이 많다. 그래서 고령 운전자나 초보 운전자는 특히 조심해야 한다.

만약에 운전자가 고속도로에서 실수로 반대 방향 차로로 진입했다면, 다른 출구가 나올 때까지 역주행해서는 안 된다. 역주행을 알게 된 경우는 즉시 최대한 안전하게 갓길로 대피한 뒤 경찰에 연락하여 도움을 받아야 한다. 하지만 대부분의 역주행 사고는 역주행 사실을 전혀 인식하지 못하거나, 설사 인지했더라도 급한 마음에 출구를 찾겠다고 무작정 운전을 계속하면서 발생한다.

지난해 7월 발생한 서울시청역 역주행 사고를 계기로 서울시가 역주행 사고예방 등 관련 교통안전 대책을 발표했다. 서울시는 서울경찰청과 구청, 도로교통공단 등과 함께 도로환경 개선이 필요한 400여 개 지점과 구간에 우선 308억 원을 투입해 대대적인 정비를 추진한다. 먼저 도로의 특성상 교통사고 발생 가능성이 높거나, 사고 시 인명피해 우려가 큰 98개 보행 취약 구간을 중심으로 차량용 방호 울타리를 설치한다. 또한, 운전자가 주행 방향을 혼동하기 쉬운 일방통행 이면도로에는 인식이 쉬운 회전금지 LED 표지판을 설치한다. 특히, 일방통행

도로의 경우는 주택가 1~2차로가 대부분으로 사고 발생 시 피해가 클 수 있기 때문이다. 서울시의 교통안전 대책은 대구시와 경상북도도 주목해야 할 부분이다.

교통당국은 역주행 교통사고 예방을 위해 운전자에게 '진입금지'를 충분히 알릴 수 있는 안전표지를 개선하고, 명확한 진행 방면 안내 체계를 위한 교통안전시설 보강 및 정비, 그리고 야간 시인성 확보를 위한 조명시설 설치 등 역주행 위험지점에 대한 교통환경을 개선해야 한다.

운전을 하다가 빠른 속도로 내 차 방향으로 역주행해서 오는 차량을 발견한다는 것은 정말로 끔찍한 일이다. 대구시 자치경찰위원회와 경상북도 자치경찰위원회에서도 꼼꼼하게 살펴보길 바란다. 교통안전 예산은 어떤 이유로도 삭감되서는 안 된다. 시민의 안전이 최고의 복지다.

필자는 대구교통방송에서 '시민안전과 교통'에 대한 방송을 자주 하고 있다.

경안일보(2025. 4. 8.)

죽어야만 끝나는가? 악성 댓글

최근 들어 많은 연예인 스타들이 악성 댓글로 고통을 받다 세상을 떠났다. 얼마 전 부친상을 당한 래퍼 노엘 소속사가 "무분별한 악성 댓글을 삼가달라"고 부탁했다. 고 김새론 씨의 사망 원인 가운데 하나로 지목된 것도 온라인 악성 댓글이다. 가수 겸 여배우 설리도 악성 댓글로 인한 우울증이 심해지면서 자살한 것으로 추정된다. 악플로 인한 연예인들의 자살 소식은 어제오늘의 이야기가 아니다. 2007년 가수 유니가 활동 초기부터 계속적으로 이어진 악성 댓글로 인해 자살을 선택했고, 당대 최고의 스타 고(故) 최진실도 2008년 이혼 후 자녀에 대한 악플과 사채설 루머 등으로 고통을 받으며, 우울증에 시달리다가 극단적 선택을 했다. 최근에는 대전 초등생 피살 사건을 비롯해서 이태원 참사, 제주항공 참사 등에서도 유족을 향한 근거 없는 악성 댓글과 비방이 이어지며, 2차 가해를 불러 일으키기도 했다.

악성 댓글은 "타인을 악의적으로 비하할 목적으로 다는 댓글"을 말한다. 악플이라는 용어로 부르기도 하며, 이는 악성 리플의 줄임말이다. 악성 댓글은 상당히 감정적이고, 욕설을 비롯해 격하고 선동적인 표현을 사용하는 경우가 많다.

악성 댓글은 타인에게 상처를 주는 것을 넘어 심지어는 목숨까지 빼앗을 수 있는 치명적인 흉기다. 최근에는 연예인이나 공인뿐만 아니라 일반인들도 악플에 시달리는 일이 비일비재하다. 또한 우리 주위에는 악성 댓글로 괴로워하는 감수성이 강한 사춘기 청소년들도 적지 않다. 이런 악성 댓글의 내용에는 인신공격은 물론이고 외모 비하, 성희롱 등이 많고, 이에 꼬리에 꼬리를 무는 릴레이성 악의적 글을 달며, 악성루머를 퍼뜨리기도 한다.

사이버 공간에는 익명성을 악용해 악성 댓글로 상대방을 공격하여 심리적인 타격을 입히고, 심각한 사회 문제로 확장된다. 실로 심각한 범죄라고 할 수 있다. 또한, AI 등 과학기술의 발전으로 악성 댓글로 대상자를 공격했던 방식이 딥페이크 등으로 그 방식이 진화하고 있고, 악성 게시글 유포 속도도 이전보다 훨씬 빨라지고 있다. 잇따른 악성 댓글의 피해 속에서 국민적 우려가 커지고 있는 상황에서 악성 댓글을 근절하기 위한 근본적인 대책 논의가 필요하다.

악성 댓글은 정보통신망법상 명예훼손죄와 형법상 모욕죄 등으로 처벌할 수 있다. 하지만 실제로 악성 댓글을 다는 악플러가 형사법상 처벌받는 사례는 많지 않다. 익명성 때문에 악성 댓글 작성자에 대한 추적도 쉽지 않다. 실제로 법적으로 대응한다 하더라도 처벌하는 데는 많은 시간이 걸리고, 또한 대부분이 벌금형에 그친다. 더욱이 해외에 서버를 둔 플랫폼을 통한 악성 댓글은 법적 대응도 쉽지 않다. 이런 과정에서 악성 댓글을 달아도 불이익이나 처벌을 받지 않는다는 잘못된 인식이 커지게 된다. 실제로 '상습적 악플러'들은 처벌받지 않을 것이라는 생각에 더 악랄하고 공격적인 발언을 실행하기도 한다.

악성 댓글로 인한 피해를 막으려면 먼저 악성 댓글을 달면 반드시 잡히고, 또한 처벌된다는 인식이 중요하다. 그리고 반복적이고 악랄한 악플러에 대해서는 법원도 실형을 선고함은 물론이고, 법정 구속 시켜야 한다. '악성 댓글을 달면 반드시 형사처벌을 받는다'는 인식이 생기면 가해자들도 압박감을 느끼고, 스스로 단념하게 된다.

강조하건대, 악성 댓글은 표현의 자유가 아니고, 정보의 공유도 아니다. 악성 댓글은 단순한 의견 개진이 아니라 명백한 범죄행위다. 이런 점에서 볼 때, 학교 교육이 중요하다. 초, 중, 고등학교 학생들에게 인터넷에서 타인에게 상처를 줄 수 있는 행동의 위험성을 수시로 교육하는 것이 필요하다.

사이버 공간은 가해자에게는 편리하고 자유롭지만, 피해자에게는 가혹하고 고통스럽다. 비록 익명이라고 하더라도 사이버 공간에서도 자신의 말과 글에 책임을 져야 한다. 악성 댓글 하나가 누군가의 삶을 송두리째 망가뜨릴 수 있다는 사실을 직시해야 한다. 응원과 지지, 공감과 배려, 나눔과 포용의 댓글 등 따뜻한 공동체 문화가 절실하다.

경안일보(2025. 4. 14.)

아침 숙취운전도 엄연한 '음주운전'

아침 출근길에 자동차가 흔들거리면서 주행하는 것을 종종 볼 수 있다. 운전자가 전날 마신 술이 덜 깬 뒤 운전하는 자동차이다. 이른바 도로를 질주하는 '숙취운전' 차량이다. 숙취운전(宿醉運轉)은 말 그대로 "숙취가 존재하는 상태, 즉 술이 덜 깬 채로 운전하는 행위"다. 당연히 법적으로 음주운전에 해당한다. 음주운전은 야간에 음주상태로 운전하는 것만이 아니고, 술이 덜 깬 상태에서 운전을 하는 행위를 포함한다. 보통 술자리 이후 하룻밤 자고 나면 술이 깼다고 생각하기 때문에 별 생각 없이 운전을 했다가 음주운전에 단속되거나 교통사고를 내는 경우도 있다. 죄책감은 덜할지 몰라도 명백한 음주운전이다.

숙취운전이 대중에게 잘 알려진 계기는 2019년 유명 프로야구 선수였던 박○○의 사건이다. 박○○은 당시 자녀의 등교를 위해 운전을 하다가 접촉 사고를 냈다. 박○○은 전날 지인들과 술을 마친 뒤 숙취를 해소하지 않은 채 운전을 하다가 면허정지 수준의 수치 0.065%가 나왔다. 당대 최고의 프로선수였던 박○○은 이 사건 이후 너무나 많은 것을 잃었다. 참으로 안타까운 일이다.

서울경찰청에 따르면, 올해 3월 초부터 서울 31개 경찰서가 4차례 어린이보호구역에서의 음주운전·법규위반 단속을 펼쳤다. 놀랍게도 아침 등교 시간에 숙취 상태의 음주운전자 19명이 적발됐다. 이들 중 18명은 면허정지, 1명은 면허취소 수준이었다.

지난해 9월, 대전 대덕구 신일동 도로에서 출근하는 직장인들을 태운 70대 통근버스 운전자가 숙취 상태에서 운전하다 교통사고를 내 운전자와 버스 탑승객 등 10명 등이 다쳤다. 사고 당시 A씨의 혈중알코올농도는 면허정지 수치로 알려졌다. 이와 같이 우리 사회에서 숙취운전 사례는 적지 않게 보고되고 있다.

어떤 정책 보고에 의하면, 아침에 발생한 다중 추돌 사고와 사망사고 등 대형 교통사고의 경우 비, 눈, 안개 등으로 인한 열악한 시야 또는 커브길, 경사로 등 구조적으로 불안전한 도로 환경보다는 음주나 졸음 등 운전자의 과실로 인해 발생한 경우가 더 많다고 한다.

현행 '도로교통법'에 따르면, 혈중알코올농도가 0.03% 이상 0.08% 미만의 상태에서 운전을 한 경우 1년 이하의 징역이나 500만 원 이하의 벌금으로, 0.08% 이상 0.2% 미만의 상태에서 운전을 한 경우 1년 이상 2년 이하의 징역이나 500만 원 이상 1,000만 원 이하의 벌금으로, 0.2% 이상의 상태에서 운전을 한 경우에는 2년 이상 5년 이하의 징역이나 1,000만 원 이상 2,000만 원 이하의 벌금으로 처벌된다. 여기서 주목할 점은 음주운전으로 처벌되는 기준은 음주 후 경과한 시간에 따라 전혀 달라지지 않는다는 것이다.

또 다른 조사에 의하면, 음주운전 교통사고의 약 10%는 아침 시간대 발생하는 것으로 나타났다. 아침 시간대에 일어나는 음주운전 교통사고는 주로 운전자가 전날 마신 술이 덜 깼거나 밤새 술을 마셨거나 또는 아침에 음주한 경우로 추측된다.

강조하건대 숙취운전은 음주운전이다. 숙취운전도 교통사고의 위험성이 큰 만큼 심각한 인명피해를 일으킬 수 있는 범죄행위라는 인식이 중요하다. 숙취운전도 음주단속의 처벌 대상이 된다는 점을 인식하고, 경각심을 가질 필요가 있다. 전날 음주한 경우에는 운전대를 잡지 않고 대중교통 이용을 습관화해야 한다. 다음날 꼭 운전을 해야 할 경우에는 절대 과음을 해서는 안 된다. 예전에 경찰청에서 음주 '119 운동'을 한 적이 있다. "1가지 술로 1차만 마시고, 저녁 9시 이전에 술자리를 마친다"는 절주 캠페인이다. 술 마신 다음 날 운전하려면 기분 좋게 조금만 마시고, 푹 자고 운전하는 습관이 중요하다. 경찰청에서도 숙취운전 근절을 위해 주기적이고 지속적으로 음주단속 및 예방 홍보 활동을 강화해야 한다.

경안일보(2025. 4. 28.)

묻지마 흉악범죄, 자치경찰제로 풀어야

지난 4월 22일 오후 6시 20분경, 서울 강북구 미아동의 한 마트에서 30대 남성이 환자복을 입은 채 흉기를 휘둘러 1명이 숨지고, 1명이 다쳤다. 범죄자는 마트에 있던 흉기 포장지를 뜯어 휘둘렀고, 피해자들과는 전혀 모르는 사이였다. 또한 4월 25일 오전 경기도 수원역 인근에서도 일면식도 없는 여성을 무차별 폭행한 30대 남성이 경찰에 붙잡혔다. 이 남성은 폭행을 말리던 행인에게도 주먹을 휘둘렀는데, 출근길에 벌어진 이른바 '묻지마 폭행'에 시민들은 공포에 떨어야만 했다. 2023년 신림동과 서현역 칼부림 사건에 이은 이번 미아동 흉기 난동까지 반복되는 묻지마 흉악범죄로 시민들이 불안에 떨고 있다. 경찰은 이런 묻지마 범죄의 대응책으로 기동순찰대를 창설하는 등 적극적인 범죄예방에 나섰다.

묻지마 범죄, 무동기범죄, 이상동기범죄, 무차별범죄는 모두 같은 의미다. 보통 묻지마 범죄는 범죄자와 피해자와의 관계에 아무런 상관관계가 존재하지 않거나, 범죄 자체에 특별한 동기가 없이 불특정한 시민들을 대상으로 행해지는 범죄를 말한다. 대신에 자신의 처지에 대한 비관이나 사회에 대한 불만을 폭력적으로 표출하기 위한 범죄가 대부분이다. 그래서 부유층이나 사회적 기득권층에서 저질러지는 묻지마 범죄는 거의 없다고 할 수 있다. 대부분의 묻지마 범죄자들은 사회 부적응이나 은둔형 외톨이 또는 치료받지 않은 정신병력에 기인하여 나타난다.

최근까지도 많은 대책이 나오고 있지만 묻지마 흉악범죄를 사전에 '예방'하기 위한 근본적인 대책 수립이 필요하다. 필자는 이 문제를 '자치경찰제'로 풀 수 있다고 줄곧 주장해 왔다.

자치경찰제는 주민자치행정과 경찰행정이 잘 결합되어 있는 주민안전 보호 시스템이다. 지역의 실정을 가장 잘 아는 지방자치단체가 주민 안전의 적절한 권한과 책임을 갖고, 경찰권을 잘 운영해서 촘촘한 사회안전망을 만들어야 한다.

물론 묻지마 흉악범죄는 경찰의 힘만으로는 해결이 불가능하다. 지역을 구성하고 있는 소방, 보건소, 병원, 지방자치단체 등 다양한 기관의 협력 시스템이 필수적이다. 혼자하면 어렵고 힘들지만, 같이 하면 쉽고 잘할 수 있는 법이다.

묻지마 범죄의 대책으로서 경찰은 제복을 입고, 지역 곳곳에 순찰을 강화해야 한다. 순찰은 범죄의 예방과 신속한 대응은 물론이고, 시민들의 범죄에 대한 두려움을 줄여줄 수 있다. 여기서 부족한 경찰력을 보충하기 위한 드론 순찰이나 로봇 순찰 등 과학치안을 활용하는 방법도 좋은 대안이다. 과학치안은 야간에 도심 외곽지, 공원이나 공단 등 인적이 드물고, 지역이 넓은 지역을 순찰할 때 더욱 유용하다.

또한, 지역 내 공원이나 산책로, 어린이들의 통학로 등에 CCTV를 설치하고, 환경설계를 통한 범죄예방(CPTED, Crime Prevention Through Environmental Design)을 확대해야 한다. 그리고 민간 부문에서도 스스로의 안전정책에 대한 자구 노력도 중요하다. 백화점이나 마트, 극장, 놀이공원 등 다중운집장소에서는 적절한 규모의 보안, 경비

인력을 고용해서 고객들을 안전하게 보호해야 한다. 아울러, 조현병 등 정신질환자들에 대한 국가의 관심과 보호가 중요하다. 정신질환자 중에서 치료를 하지 않거나 환자가 임의로 중단한 경우, 국가는 이 환자들에 대한 지원을 아끼지 않아야 한다.

최근 어느 연구에 따르면, 지난 5년간 발생한 '무차별 범죄'는 378건이고, 가해자의 80%는 전과가 있으며, 이 중에서 대다수(90%)는 '대인 범죄' 전력이 있는 것으로 나타났다. 따라서, 형사사법기관과 정신보건 전문가 등이 협력하여 형을 마치고 출소한 사람들의 관리, 재범 고위험군 발굴과 위험 징후 모니터링 등의 정책이 필수적이다.

강조하건대, 지역 내에서 어렵게 살고 있는 소외된 주민들에 대한 정확한 실태 파악 후 이들에 대한 따뜻한 맞춤형 복지정책이 필수적이다. 묻지마 흉악범죄나 고독사, 층간소음 등에 대해서 자치경찰의 적극적인 공동체 노력을 기대한다.

영남일보

2023년 08월 30일 수요일 009면 사회

대구시 자치경찰위원회, 대구경찰청, 대구 9개 구·군 등은 29일 '긴급 실무협의회 회의'를 통해 이상 동기 범죄 예방대책 등을 모색했다. <대구시 자치경찰위원회 제공>

"묻지마 범죄 막자" 대구경찰 등 관계기관 대책 모색

실무자 긴급회의 예방책 논의
범죄취약지 CCTV 신규 설치
24시간 모니터링·순찰 강화

'묻지마 흉기 난동' 등 이상 동기 범죄에 대응하기 위해 대구시와 각 구·군, 경찰 등 관계기관들이 머리를 맞댔다.

대구시 자치경찰위원회는 29일 각 구·군과 대구경찰청, 대구교육청 등 실무자가 참석한 가운데 긴급 실무협의회 회의를 갖고 최근 사회문제가 되고 있는 흉기 난동 범죄와 범죄 예고글 등에 관한 예방대책을 논의했다.

이날 회의에서 각 기관은 갈수록 다양해지는 범죄와 시민안전 문제에 대응하기 위해 기관 간 협력의 필요성을 강조하는 한편, 불특정 다수를 대상으로 한 '묻지마 범죄' 예방 방안과 CCTV 사각지대에서의 안전 확보 등을 모색했다.

대구시와 각 구·군은 산책길 진·출입로 등 범죄 취약 지역을 중심으로 한 범죄예방 진단을 실시해 CCTV 666대를 신규 설치하는 한편, 노후화된 CCTV 938대는 교체하기로 했다. 또 각 구·군 CCTV 관제실을 통해 다중밀집 지역 집중 관제, 24시간 모니터링도 강화하기로 했다.

경찰은 흉기난동 범죄에 대해 총력 대응을 천명하고 매일 대책 회의를 열어 세부 과제 및 예방적 순찰을 강화하는 한편, 가정·교제 폭력, 스토킹, 학대 등 고위험 재범 우려자에 대해 모니터링도 확대할 계획이다.

박동균 대구시 자치경찰위원회 사무국장은 "최근 급증하는 강력 범죄를 예방하기 위해선 다중이용시설과 범죄 다발 지역을 중심으로 정기적·반복적·가시적 순찰 활동이 중요하다"며 "CCTV 추가 설치 등 범죄 예방 환경을 만들어 안전한 치안망이 구축될 수 있도록 관계기관과 협력해 나가겠다"고 밝혔다.

한편, 대구경찰청은 이날 지역 자율방범대와 간담회를 열고 정부·경찰의 치안 정책 방향을 공유했다. 지난 4월 시행된 자율방범대 법에 따라 현재 대구에는 161개 자율방범대 3천862명의 대원들이 범죄 취약지 집중 순찰과 청소년 선도 활동 등에 나서고 있다.

김수영 대구경찰청장은 "경찰 특별 치안활동 기간 자율방범대원의 동참이 큰 역할을 하고 있다. 앞으로도 자율방범대의 가시적 순찰을 통해 지역 치안이 한층 더 안전해질 수 있도록 협력을 부탁한다"고 당부했다.

양승진기자 promotion7@yeongnam.com

대구신문 대구논단(2025. 5. 2.)

산불 이후 또 다른 위험, '산사태'를 대비해야

대구에서도 큰 산불이 일어났다. 지난 4월 28일 대구시 북구 함지산에서 산불이 발생했다. 이 산불은 23시간 만에 주불이 진화됐다가 당일 오후 7시 31분께 백련사 방면 7부 능선에서 재발화했다. 재발화한 산불은 36시간이 지나고서야 완전 진화됐다. 대구 함지산 산불은 대도시 도심 야산에서 발생했다는 점에서 여타 산불과는 다른 양상을 보여줬다. 농촌지역과는 달리 도심 산불은 순식간에 다중이 밀집 시설로 불이 쉽게 번질 수밖에 없는 취약성이 있다.

얼마 전 경북과 경남, 울산 등 영남권에서 발생한 대형산불 피해 면적이 10만 4,000ha로 잠정 집계됐다. 산불은 꺼졌지만, 두 달 뒤 장마철이 오면 걱정은 산불로만 끝나지 않는다. 실제로, 올해 1월 대형산불이 난 미국 LA에서는 그다음 달 내린 폭우로 인해서 곳곳에서 산사태가 발생했다.

영남권 산불 피해 주민들은 이번 여름 산사태의 위험성에 대해 크게 걱정하고 있다. 최근 내린 약한 비에도 비탈을 따라 격한 물길이 패였다. 특히 산골짜기에 위치한 마을들을 중심으로 산사태의 우려가 더욱 큰 상황이다. 2023년 여름 두 차례 쏟아진 폭우로 청송과 인접한 영주, 문경, 예천, 봉화, 영양에서 대규모 산사태가 발생해 마을 주민 등 21명이 사망하고, 2명이 실종된 아픈 기억이 있다.

일반적으로 장마철에 집중호우가 내리면 토양이 쉽게 무너질 수 있어 대형 산불 지역일수록 산사태에 취약하다. 산불이 발생한 지대는 토양의 물리적 성질이 약해져 빗물이 흙으로 스며들지 못하고, 지표면으로 흐르면서 흙을 쓸고 내려간다. 또한 산불로 피해를 입은 나무의 뿌리가 썩어가며 땅을 붙잡는 힘이 줄어들어 많은 비가 내리면 산불 지역에는 산사태가 자주 또 강하게 발생하게 된다. 산불 피해지역은 산사태 발생 위험이 일반 산림보다 200배 더 높다는 연구 결과가 있다. 토사 유출도 산불 훼손지역은 나무가 우거진 숲보다 토사유출 가능성이 85배가량 높다는 연구조사도 있다.

산림은 나뭇잎에 의한 우산효과와 나무뿌리가 암반층까지 파고들어 뿌리가 얽혀 그물망을 형성하고, 흙을 고정시키는 다양한 긍정적 효과가 있다. 그래서 산림은 산사태와 토사 유출을 막는 중요한 역할을 하는 것이다.

산림청 산사태 정보시스템에 따르면, 이번에 산불이 발생한 경북 의성, 안동, 청송, 영양, 영덕에서 산사태 위험도가 1, 2등급으로 높은 곳이 전체 분석 면적의 20%를 넘었다.

강조하건대 산불 피해 주민이 또다시 산사태까지 당하는 연쇄적인 피해는 절대로 없어야 한다. 산사태를 막기 위해 사방댐 등 사방 구조물의 설치, 산사태 발생 예측 모니터링 시스템의 구축, 건강한 숲 가꾸기 등 실질적인 대책이 중요하다. 특히, 사방댐은 토사가 쓸려 내려오는 것을 일차적으로 막아주는 효과가 있다.

현재 정부는 본격적인 장마철을 앞두고 산사태에 긴장하고 있다. 산불 피해지역을 중심으로 산사태 발생 우려가 높은 급경사지, 도로 비탈면, 산림 취약지역 등을 전수 점검하는 등 종합적으로 대비하고 있다.

생활권과 가까운 산불 피해지역을 중심으로 물길 돌리기, 마대 쌓기, 방수포 설치 등 비탈면의 안정과 토사 유출 방지를 위한 응급 복구를 철저하게 해야 한다.

우리나라는 국토 면적 중 산림 비율은 62.7%다. OECD 국가 중에 핀란드(73.7%), 스웨덴(68.7%), 일본(68.4%)에 이어 네 번째로 산림이 많다. 그만큼 국가는 산림에 신경을 써야 한다. 안전은 반드시 비용을 수반한다. 시민안전이 복지이다. 관련 예산과 장비, 인력의 확충이 반드시 필요하다. 앞으로 기후변화로 인한 산불과 산사태 등의 빈도와 피해 규모가 확대될 것으로 예측된다. 이번 산불을 철저하게 분석해서 산사태 등 산림재난에 효율적으로 대비해야 한다.

대구신문 대구논단(2025. 5. 16.)

의심하고 전화 끊고, 확인하는 습관

최근 경찰청 자료에 따르면, 올해 1분기(1~3월) 보이스 피싱 범죄가 5천 878건 발생해 지난해 1분기와 비교할 때 17% 늘어난 것으로 나타났다. 전체 피해액(3천 116억 원)과 건당 피해액(5천 301만 원)도 전년도에 비해 각각 2.2배, 2.8배로 증가했다.

보이스 피싱은 '음성(전화)을 이용해 개인정보를 낚아 올린다'는 뜻이다. 보이스 피싱은 스마트폰과 같은 전기전자통신수단을 이용해서 피해자를 속여 재산상의 손해를 입히는 전기통신금융사기 범죄이다. 우리나라에서는 2006년 5월 18일, '국세청 직원을 사칭한 환급금 사기 사건'으로 800만 원의 피해를 입은 것이 국내 최초의 보이스 피싱 사건이다.

보이스 피싱은 피해자의 스마트폰에 악성 애플리케이션(앱)을 설치하면서부터 시작된다. 놀랍게도 경찰청이 최근 악성 앱에 감염된 서버를 확인한 결과, 이들은 정교하게 구성된 가짜 홈페이지를 이용해서 피해자의 이름과 전화번호는 물론이고, 사진과 통화내용 녹음, 원격제어 및 피해자의 실시간 위치정보까지 확인한 것으로 나타났다. 특히 보이스 피싱 범죄 조직은 금융감독원과 검찰, 경찰 등이 실제로 사용 중인 전화번호 80여 개도 이용해서 피해자가 해당 번호로 전화를 걸면 범죄 조직이 쓰는 번호로 바로 연결되거나 범죄 조직이 발신한 전화가 피해자 휴대전화에 기관 번호로 표시되게끔 조작할 수 있게 해 놓았다. 다시 말해서 피해자가 범죄자들이 보낸 악성 앱을 클릭하는 순간 피해자의 휴대폰은 범죄자의 휴대폰이 된다고 해도 과언이 아니다. 이른바 '쌍둥이 폰'이 만들어지는 것이다.

최근에 발생하는 보이스 피싱 범죄는 예전에 개그 프로에 나오는 것처럼 어리숙하게 시작되지 않는다. 범죄 수법이나 기술이 날로 진화되고 있고, 자칫 방심하면 어느 누구나가 범죄의 피해자가 될 수 있다. 보이스 피싱 조직은 피해자의 연령과 경제적인 상황에 맞게 아주 솔깃한 시나리오를 기반으로 최신 첨단 AI 기술을 이용해서 피해자의 모든 상황을 조종한다. "아직 보이스 피싱을 당해보지 않았다면 자신이 속지 않은 것이 아니라 아직 그 차례가 오지 않은 것뿐이다"라고 말할 정도로 보이스 피싱의 위험성을 경고한다. 실제로 보이스 피싱은 의사, 약사, 대학교수, 고위 공무원, 법조인은 물론이고, 의외로 20~30대의 스마트한 젊은 층의 피해자도 적지 않다.

여기서 우리가 반드시 알아야 할 사실이 있다. 우리나라 검찰이나 경찰, 금감원 등 정부기관은 절대로 자금의 이체 또는 개인의 금융거래 정보를 요구하지 않는다. 정부기관을 사칭해서 금융거래 정보를 요구하거나 송금 등을 요구하는 경우는 100% 보이스 피싱이다. 또한, 전화나 문자를 통한 대출 광고는 대출빙자형 보이스 피싱일 가능성이 높다. 정상적인 금융회사는 전산비용과 보증료, 저금리 전환 예치금, 선이자 등 어떠한 명목으로도 대출과 관련해서 선입금을 요구하지 않는다.

혹여 자녀가 다쳤다거나 납치되었다는 전화를 받았을 때는 주저하지 말고, 신속하게 112로 신고해서 경찰과 함께 상의해야 한다.

최근에 보이스 피싱 범죄 조직에서 부고장이나 청첩장, 주차위반 과

태료 통지서, 택배 수령 등의 형태로 문자를 무차별적으로 보낸다. 출처가 불분명한 파일을 다운받거나 의심스러운 인터넷 주소가 포함된 문자를 클릭하면 악성 코드에 감염되니 이러한 파일이나 문자는 보는 즉시 삭제해야 한다. 인터넷 포털사이트에 접속 시, 보안관련 인증 절차를 진행한다는 내용의 금감원 팝업창과 보안승급을 위해서 계좌번호, 비밀번호, 보안카드 번호 등 금융관련 정보 입력을 요구하면 절대로 응해서는 안 된다. 또한 아르바이트나 용돈이 필요한 대학생과 취업준비생들이 보이스 피싱의 현금 수거책으로 가담하였다가 형사처벌을 받는 사례도 적지 않으니 세심한 주의가 필요하다.

항상 의심하고, 전화 끊고, 확인하는 습관이 필요하다. 모든 범죄가 그렇듯이 보이스 피싱도 예방만이 최선의 대책이다.

대구일보

2022년 07월 21일 목요일 006면 사회

31명의 '청년추진단' 보이스피싱 예방 홍보 팔 걷어

대구시 자치경찰위, 전자금융사기 예방프로그램 운영

자체 제작 콘텐츠 연령대별 맞춤 홍보 시민 호응도

대구시 자치경찰위원회가 금융감독원 대구경북지원, 경북대학교, 계명대학교, 대구지역문제해결플랫폼과 함께 '청년참여형 전자금융사기 예방 프로그램' 운영을 통해 전자금융사기 예방에 힘을 모으고 있다.

자치경찰위는 지난 4월7일 '청년참여형 전자금융사기 예방 프로그램' 사업 업무협약을 통해 지역대학의 청년 31명을 전자금융사기근절 '청년추진단'으로 선정했다.

이후 지난 4월부터 두 달간 금융감독원과 대구경찰청에서 금융사기 실태 및 예방 관련 실무교육을 진행했다.

교육은 △대학생이 알아야 할 금융 지식 △금융사기 유형 및 예방법 △각종 금융사기 피해 시 대처요령 △홍보 콘텐츠 기획과 제작법 △보이스피싱 피해사례 △은행 등 현장실습으로 진행됐다.

청년추진단은 교육내용을 기반으로 온오프라인으로 시민들에게 보이스피싱 예방홍보를 진행하고 있다.

특히 청년추진단은 축제 현장, 노인복지관 등에서 연령대별 눈높이에 맞춰 생생한 전화금융사기 예방 홍보를 진행해 시민들로부터 호응을 받고 있다.

자체 제작한 콘텐츠를 바탕으로 실제 지역에서 발생한 피해와 보이스피싱 사례를 안내하는 등 최근 트렌드에 부합하는 활동을 펼치고 있는 것이다.

청년추진단으로 활동 중인 김미선(21·계명대)씨는 "주변의 친구중에 메신저피싱을 당할 뻔한 일이 있었다. 이를 계기로 보이스피싱 범죄가 나뿐만 아니라 가족, 친구같은 평범한 사람도 당할 수 있는 일임을 알게 됐다"며 "청년추진단 활동으로 시민들이 한 건이라도 피해를 예방할 수 있으면 의미가 깊은 사회참여 활동이 될 것 같다는 생각에 참가하게 됐다"고 말했다.

청년추진단은 갈수록 고도화되고 다양화되어가는 전자금융사기에 대한 시민들의 피해를 예방을 위해 청년을 중심으로 지역사회가 협력한 모범사례로 피서지 현장 홍보, 온라인 캠페인 등 다양한 예방 활동을 진행할 예정이다.

대구시 자치경찰위원회 박동균 상임위원(사무국장)은 "대구경찰청 수사과에서 보이스피싱 총괄 업무를 맡고 국내 최고의 역량과 성과를 내고 있으며 대구자치경찰위원회도 범죄예방 수준에서 지원하고 있다"며 "보이스피싱 근절 청년추진단의 온오프라인을 병행한 보이스피싱 예방 활동은 시민들을 악질범죄로부터 지키기 위한 노력의 일환"이라고 말했다. 신헌호 기자

대구시 자치경찰위원회가 운영하는 전자금융사기근절 청년추진단에서 활동하는 청년이 시민을 상대로 예방 홍보 활동을 진행하고 있다.

필자가 대구시 자치경찰위원회 사무국장으로 근무할 당시,
지역의 대학생들을 대상으로 보이스 피싱 예방 등 교육을 체계적으로 실시하고
이들이 다양한 통로를 통해 예방 홍보를 실시했다.

경안일보(2025. 5. 19.)

보이스 피싱,
아직 당신 차례가 오지 않은 것이다.

경찰청에 따르면, 우리나라 보이스 피싱 피해액은 2021년 7,744억 원에서 작년 8,545억 원으로 증가했고, 올해는 그 피해 규모가 더욱 증가하고 있다. 올해 1~3월 보이스 피싱 피해 금액은 3,115억 원으로 전년 동기 대비해서 2.2배 증가했다. 피해건수는 5,878건, 건당 평균 피해 금액은 5,301만 원으로 2.8배나 늘었다. 이런 추세라면 올해 피해액은 1조 원을 넘을 것으로 추정된다.

더욱 심각한 것은 범죄 수법이나 기술이 날로 진화되고 있고, 자칫 방심하면 어느 누구나가 범죄의 피해자가 될 수 있다는 것이다. 실제로 필자의 지인 중에는 대학교수, 고위 공무원, 의사, 군 간부 등 각종 피싱의 피해자들이 적지 않다. 이들은 우리 사회에서도 법률과 경제 부문에 식견이 높은 엘리트들인데도, 보이스 피싱 범죄의 피해를 입은 것이다. 이들 중 일부는 피해 액수도 크고, 심각한 우울증에 빠져 있다.

최근 발생한 피싱 범죄의 피해를 연령대별로 보면, 20대 때는 취업 사기가 많고, 30-40대는 전세 사기와 대출사기가 많다. 또한 50-60대는 투자 사기가 많다. 하지만 시기별, 유형별로도 나름의 특징이 있는데, 예를 들면 추석이나 설날 같은 명절 때는 선물 택배 도착과 같은 가짜 악성 앱을 심어 문자 메시지를 통해 피해자를 현혹한다. 또한, 불법 주차를 했을 경우에, 주차되어 있는 차량의 연락처에 불법주차 범칙금 통지서라는 문자 메시지를 보내서 사기를 치는 경우도 있다. 최근에는 보이스 피싱 조직들이 정부의 민생지원정책을 이른바 '먹잇감' 삼아 접근하는 사례도 다수 보고되고 있다. 이런 사례는 코로나19 팬데믹 당시 전 국민에게 지급됐던 재난지원금 당시에도 지원 액수를 조회하라고 하거나 수령 기한이 만료되었으니 복구를 신청하라는 식으로 피해자들의 피싱 사이트 접속을 유도했다.

최근의 보이스 피싱 범죄 조직은 피해자의 이름과 연령, 직업과 경제적인 상황을 어느 정도는 알고 범죄 작업에 들어간다. 이들 범죄자들은 피해자의 상황에 맞게 아주 솔깃한 시나리오를 기반으로 최신 첨단 AI 기술을 이용해서 피해자의 상황을 조종한다. 그래서 범죄학자들 사이에는 "아직 보이스 피싱을 당해보지 않았다면 자신이 속지 않은 것이 아니라 아직 그 차례가 오지 않은 것뿐이다"라고 말할 정도로 보이스 피싱의 위험성을 경고한다.

이런 상황에서, 정부는 최근 보이스 피싱, 스미싱, 파밍 등 '피싱' 범죄와의 전쟁을 선포했다. 대통령실 산하 국정상황실이 컨트롤 타워를 맡고, 금융위원회와 경찰이 역량을 집중해 피싱 범죄 뿌리뽑기에 나선 것이다. 경찰청에서도 국가수사본부장을 단장으로 하는 민생경제범죄 척결 태스크 포스를 가동했다. 또한, 경찰은 보이스 피싱 통합신고대응센터를 365일 24시간으로 확대 운영하고, 수사인력을 보강하는 등 종합대책을 마련하기로 했다. 또한, 금융위원회는 금융과 통신, 수사 정보를 공유해 피싱 피해를 사전에 차단하는 '보이스 피싱 인공지능(AI) 플랫폼'을 구축하기로 했다. 이와 같은 보이스 피싱 AI 플랫폼은 현재 개별 금융사들이 운영 중인 이상거래 탐지 시스템(FDS)의 제도적인 한계를 극복하기 위해 설계되었는데, 전체 금융권과 전자금융업자, 통신회사, 수사기관 등이 이에 참여한다. 현재 금융사들은 FDS를 활용해 보이스 피싱 범죄 의심 계좌를 탐지해 지급정지 등 조치를 하고 있다. 하지만 제한된 사례를 바탕으로 자체 패턴분석 기술 등에 의존해 탐지를 하고, 금융사들 간에 실시간으로 정보교류가 이뤄지지 않아 범죄의 사전 탐지와 차단효과가 제한되었다. 이 플랫폼이 구축되면 은행과 상호 금융기관 등에 걸쳐 대포통장 등을 설치해 범행에 악용하던 범죄자 계좌 전부를 신속하게 지급정지 조치할 수 있어 잠재적인 피싱범죄의 피해자 양산을 막고, 범죄 자금 도피처를 빠르게 차단하는 효과가 나타날 것이다.

보이스 피싱은 갈수록 수법이 교묘해지면서 피해 규모가 점점 커지고 있지만 처벌 수위가 낮은 편이다. 보이스 피싱은 경제적 살인 행위라고 할 수 있다. 법률상으로는 전기통신금융사기이지만 법원에서 강력하고 엄격한 판결로 경각심을 고취하는 것이 필요하다. 그래야 피해자의 피해금 회수도 가능해진다.

더 테크 엣지 특별기고(2025. 8. 2.)

'따뜻한' 정책으로 노인들을 안전하게 보호해야

이제 우리나라도 공식적으로 초고령사회에 진입했다. 65세 이상 인구가 전체의 20.6%를 넘어섰다. 이러한 초고령화 시대를 면밀하게 분석하고, 슬기롭게 대응해야 한다. 특히, 노인들의 안전은 국가의 중요한 정책과제이다.

필자는 2021년 5월부터 3년간 대구시 자치경찰위원회 상임위원 겸 사무국장으로 일했다. 자치경찰은 노인과 아동, 청소년 등 사회적 약자 보호, 교통지도와 단속 및 교통질서 유지, 범죄예방과 생활안전 업무 등 시민들의 안전 업무를 수행한다. 특히, 교통 업무는 자치경찰의 핵심이고, 교통안전은 무엇보다 중요하다. 필자는 특히 노인교통안전을 중요하게 생각했다. 그래서 노인들을 대상으로 찾아가는 교통안전 교육과 교통안전 홍보 활동을 활발하게 펼쳤다. 특히, 대구시 자치경찰위원회가 도입한 '어르신 눈높이 맞춤 체험형 교육'을 진행했는데, 이 교육에서는 실제 교통사고 예방 홍보영상, 노래로 배우는 교통안전, 3D 체험 영상 등을 활용해 무단횡단의 위험성을 생생하게 전달했다. 특히, 노인들이 직접 안전 보행을 해 보면서, 실제 상황을 체험해 보는 3D 체험 영상 프로그램으로 자연스럽게 교통안전 수칙을 익힐 수 있도록 했다. 노인들의 많은 호응과 성과가 있었다. 이 프로그램은 아직도 성황리에 진행 중이다.

아울러 필자가 중요하게 제시하는 것이 바로 '노인안전구역'이다. 도로교통법에서는 교통약자로 어린이와 노인, 장애인을 규정하고 있다. 이들 교통약자를 보호하기 위해서 운영하는 것이 바로 보호구역이다.

노인은 신체적으로, 정신적으로 교통사고에 취약하다. 근력이 떨어져 빠르게 이동하기 어렵고, 인지력도 낮다. 차량이 가깝게 다가올 때도 신속한 판단을 하기도 어렵다. 또한, 사고 발생 시 중상의 위험성과 치명률이 매우 높다. 이 때문에 도로교통법에서는 '어린이·노인 및 장애인 보호구역의 지정 및 관리에 관한 규칙'에 따라 노인보호구역을 지정, 관리하고 있는 것이다. 노인보호구역은 노인주거 복지시설, 노인의료 복지시설, 노인여가 복지시설 앞에 주로 지정된다. 쉽게 말해서 우리가 흔히 알고 있는 노인복지관이나 요양원, 경로당 앞이다.

보통 노인보호구역에는 교통안전표지 중 노인보호 지시표지가 설치되고, 시속 30km로 자동차 속도가 제한된다. 신호 및 과속 단속용 카메라가 함께 설치되기도 한다. 아울러 주차금지 노면표시, 과속방지턱과 반사경, 방호울타리 등 다양한 시설이 설치된다. 이를 통해서 노인이 보행 중에 차량을 만나더라도 안전하게 지나갈 수 있도록 해주는 것이다.

하지만 우리나라는 아직도 '노인보호구역'이 활성화되어 있지 않고, 시민들에게도 잘 알려져 있지 않다. 매년 증가하는 노인 교통사고 예방을 위해서 실질적인 노인보호구역의 활성화가 필요하다. 또한, 향후 노인보호구역 내에 차량 감속을 유도하기 위한 '고원식 횡단보도'를 설치하는 등 노인들의 보행 편의성을 높여야 한다. 아울러 운전자들이 노인보호구역임을 쉽게 인식할 수 있도록 노면표시를 보강하고, 교차로 구조를 개선해 보행 안전로를 신설하는 등 교통사고 예방을 위한 시설을 강화해야 한다.

우리나라 도심에는 8차선 도로의 횡단보도가 많다. 이런 횡단보도는 길이도 길고, 대기 시간도 오래 걸린다. 걷기가 불편한 노인들은 힘들어서 다음 신호를 기다리지 못하고 무단횡단을 하는 경우가 적지 않다. 교통약자인 노인들이 신호 대기 시간을 편하게 앉아서 기다릴 수 있도록 신호등 옆에 작은 의자를 설치한 것이 '장수 의자'이다. 이 장수 의자는 경기도 남양주시와 포천시 등 전국 지방자치단체 70여 곳에 설치되어 많은 호응을 얻고 있다. 국가와 지방자치단체는 따뜻하고 꼼꼼한 정책으로 우리 사회의 노인을 안전하게 보호해야 한다. 실제로 예산과 노력이 크게 투입되지 않아도 다양한 분야에서 노인들을 안전하게 할 수 있는 다양한 정책들이 있다. 노인의 안전이 최고의 복지다.

장수 의자

대구신문 대구논단(2025. 5. 30.)

버스가 오지 않는 정류장

버스가 오지 않는 정류장이 있다. 가짜 정류장이다. 무늬만 정류장인 이 '가짜 버스정류장'은 독일 벤라트 시니어 센터 요양원에서 가장 먼저 시작되었다. 이 가짜 버스정류장은 치매 환자의 배회를 막아주는 데 효과가 있다. 치매 환자가 길거리를 배회하다가 집에 가려고 버스정류장을 찾는 습관에서 착안했다. 독일의 뒤셀도르프 벤라트 지구에 있는 '벤라트 시니어 센터' 요양원에서는 시설 내에 버스가 오지 않는 가짜 버스정류장 간판을 세워두었고, 치매 환자가 정류장 근처를 서성이면 잠시 후 직원이 다가와 정류장으로 안내한다. 버스가 아직 오지 않았으니 커피 한잔하며 기다리라고 말이다. 치매 노인은 집으로 갈 수 있다고 안심하고 앉아 있다가 왜 버스를 타려고 했는지조차 잊게 된다. 이때 직원은 버스가 늦는 것 같으니 요양원 안으로 들어가자고 달래고, 이에 환자는 요양원으로 돌아가게 된다. 벤라트 요양원의 가짜 정류장 효과가 알려지면서 유럽에서는 병원과 요양원 등 여러 시설에서도 이런 정류장을 만들기 시작했다.

영국의 런던 로열 프리 병원도 버스정류장을 설치하고, 벽면은 수십 년 전의 신문으로 장식해두었다. 버밍엄 로버트 하비 요양원은 1950

년대를 떠올리게 하는 우체국, 정육점 등을 두어 거리를 장식했고, 브래드포드의 앵커밀 요양원은 엘비스 프레슬리의 음악을 틀거나 로마의 휴일과 같은 오래된 영화를 틀어주기도 한다.

세계에서 가장 빨리 초고령화 사회(65세 이상 인구 비중 20% 이상)로 접어든 일본에서는 노인들을 위한 사회적 배려가 곳곳에서 발견된다. 치매 인구가 600만 명을 넘어선 일본에서도 독일과 같은 '가짜 버스정류장'을 만들었다. 일본의 한 시골 마을 미에현 메이와초에는 아무리 기다려도 버스가 오지 않는 버스정류장이 있다. 시간표에는 12시에 '점심 식사', 15시에 '간식'이라고 적혀 있고, '우선은 앉아서 쉬시다가 천천히 가세요'라는 문구도 적혀 있다. 이 정류장에는 입간판도 있고, 앉아서 쉬는 의자도 있지만 정작 버스가 오지 않는 가짜 정류장이다. 치매 환자들은 종종 자택에서 생활하면서도 '가족이 있는 집으로 돌아가고 싶다'거나 '고향에 가고 싶다'는 충동을 느낀다. 이로 인해 아무 버스나 탑승해 길을 잃는 경우가 많다. 이 가짜 버스정류장은 치매 노인들을 유인해 불안정한 마음을 가다듬게 하고, 주민의 신고로 무사히 집에 돌아갈 수 있도록 돕는다. 일본에서는 이 같은 버스가 오지 않는 버스정류장이 치매 노인을 돌보는 복지시설 곳곳에 설치돼 있다.

일본은 초고령사회 진입 전인 2004년부터 국민적인 합의를 거쳐 치매를 공식 용어에서 퇴출시켰다. '치매(癡呆), 어리석고 미련하다'라는 한자어가 갖는 부정적인 이미지 때문에 치매 환자들이 차별적인 대우를 받는 원인이 되고 있기 때문이다. 이후 국민 공모를 통해 '인지증(認知症)'이라는 용어를 공식적인 용어로 대체했고, 정부와 국민들의 협력 속에서 자연스럽게 정착됐다. 이제 인지증은 감추고 싶은 악성 질병이 아닌 고령화사회에서 흔히 볼 수 있는 노인성 질환으로 인식되고 있다.

또 한 가지 일본 사회에서 눈여겨볼 것이 있다. 일본에서는 치매 노인이 일으키는 각종 사고에 대비해서 보험료를 대신 납부하는 지방자치단체들이 늘고 있다. 치매 환자가 증가하고 있는 가운데 환자 본인이나 가족이 과도한 부담을 지지 않게 하기 위해서이다. 이 제도의 핵심은 치매 환자가 일상생활에서 타인에게 부상을 입히거나 물건을 파손시켜서 배상 책임이 발생할 경우, 지방자치단체가 가입한 보험으로 처리하는 것이다.

우리나라도 이미 초고령 사회에 진입했다. 만 65세 고령자가 전체 인구의 20%를 넘어섰다. 2045년에는 고령인구 비율이 37%까지 높아져 일본을 제치고 '세계에서 가장 노인이 많은 나라'가 된다. 저출산과 고령화, 인구소멸의 위기까지 겪고 있는 우리가 독일이나 영국, 그리고 초고령화를 먼저 경험하고 있는 가까운 일본의 정책 성공사례를 잘 연구해서 벤치마킹하는 것이 필요하다.

대구신문 대구논단(2025. 11. 28.)

'노쇼' 사기, 절대로 속지 마세요

최근 참으로 죄질이 나쁜 사기범죄가 기승을 부리고 있다. 주로 자영업자들을 대상으로 단체 주문을 미끼로 물품 대납을 유도한 후에 잠적하는 이른바 '노쇼 사기'가 전국적으로 발생하고 있다. 한국소비자원에 따르면, 노쇼 관련 피해구제 접수 건수는 최근 4년간 537건에 달했다. 연도별로 2021년 45건, 2022년 130건, 2023년 150건, 2024년 212건이었다. 3년 사이에 5배 가량 늘어난 셈이다. 또한, 한국외식업중앙회 2024년 11월 조사에서는 최근 1년 내 노쇼를 경험한 적이 있다는 외식업체 사장들의 답변이 78%에 달했다.

불과 얼마 전까지만 해도 군부대나 관공서에 근무하는 공무원이라고 속이던 사기가 상황에 따라 진화하고 있다. 최근에는 정치인이나 연예인 등 유명인을 사칭하는 '노쇼' 사기가 확산하는 추세다.

얼마 전 경남 양산에서 횟집 사장이 자신이 유명 연예인 소속사 매니저 실장이라는 사람에게 예약 전화를 받았다. 6시간쯤 후 30여 명이 방문한다는 주문 전화에 생선 횟감을 손질하고, 정성스럽게 음식을 준비했다. 얼마 후 다시 걸려 온 전화에서 그 실장은 연예인이 선호하는 와인을 대신 구매해 주면 식사 후에 음식값과 함께 지불하겠다고도 약속했다. 하지만 끝내 손님은 나타나지 않았다. 와인 값으로 돈을 송금하지는 않았지만 정성스럽게 준비했던 생선회와 백만 원가량의 음식값 피해를 입었다.

또한, 얼마 전 4월 21일에는 울산의 한 철물점에 울산소방본부를 사칭한 사기 일당이 사다리 구입을 요청하며, 제품 금액과 업체의 사업자등록정보를 요청했다. 이후 이 일당은 위조된 '물품지급 결제 확약서'와 함께 특정 업체 명함을 전달하면서, "물품이 추가로 필요하니까 응급 구호키트 100점을 해당 업체에서 구매해달라"는 방식으로 계좌 입금을 유도했다.

광주시 서구의 초밥집 사장은 최근 자신을 '한미연합군사령부 대위 김00'라고 소개한 남성으로부터 초밥 90인분 포장 주문을 받고 이를 준비했으나, 나타나지 않아 약 170만 원 상당의 금전적 피해를 봤다. 주문받을 당시 A씨는 노쇼 사기를 의심하긴 했지만, 그 남성이 공무원증까지 위조해 보내와 믿을 수밖에 없었다. 약속 당일 남성은 "군부대에 중요한 상황이 발생해서 방문하지 못할 것 같다"는 핑계를 대며 자신이 소개해 주는 유통업체를 이용해 음식을 보내달라고 요청했다. 유통업체를 이용하려면 수십만 원 상당 배송료를 내야 하는데, 음식을 받으면 음식값과 함께 지불하겠다는 말도 덧붙였다.

위와 같은 사례들을 종합적으로 정리하면, '노쇼' 사기는 2단계 속임 구조를 갖고 있다. 먼저 1단계에서는 피해자가 운영하는 업체 물품에 대해 주문하고, 2단계에서는 피해자 물품과 함께 결제한다면서 피해자 업체에서 취급하지 않는 다른 업체 물품을 대신 구매해 달라고 요청하는 방식이다. 이들은 업주가 대량 주문이나 단체 예약을 믿고 준비를 시작하면 그때부터 상황에 맞는 그럴듯한 사정을 대면서 대신 물건값을 결제해 주면 나중에, 한꺼번에 돈을 주겠다는 방식이다. 이들은 특정한 계좌번호로 돈을 송금하도록 유도하는데 실제로 피해자가 돈을 보내면 곧바로 연락을 끊고 도주한다. 노쇼범죄는 최근 경제 불황으로 가뜩이나 경제적으로 형편이 어려운 자영업자들을 대상으로 한 파렴치한 사기 범죄이다.

관련 법률에 따르면, 노쇼 행위의 고의성이 입증되면 위계에 의한 업무방해죄로 처벌할 수 있다. 이 경우 5년 이하의 징역 또는 1,500만 원 이하의 벌금형에 처해진다.

강조하건대, 관공서는 전화로 고액의 물품 구매 요청을 하지 않으며, 다른 업체에 대납을 요구하는 경우도 절대 없다. 휴대전화로 대량 주문이 들어오면 해당 공공기관 사무실의 공식 전화번호로 직접 확인해서 확인해야 한다. 아울러 대량 주문 예약을 받기 전에는 주문 금액 일부를 선불금으로 받아야 한다. 대리 구매 요청 등은 사기일 가능성이 매우 높다. 절대로 속아서는 안 된다.

경안일보(2025. 6. 2.)

경찰 혁신의 첫걸음은 국가경찰위원회다

이재명 대통령은 "완전히 새로운 나라를 만들라는 그 간절한 염원에 응답하겠다"고 공언했다. 이재명 대통령은 경찰 분야의 혁신 방안으로 행정안전부 내 경찰국 폐지와 국가경찰위원회 실질화 등의 내용을 대통령선거 공약집에 제시했다. 공약집에는 경찰위원회 실질화에 관한 구체적인 방안은 제시되지 않았다. 어느 정도 수준의 권한 확대일지는 향후 정부의 국정혁신과제 발표를 봐야 알 수 있겠지만 분명한 것은 행정안전부 경찰국 폐지가 빠르게 진행될 것으로 보인다. 윤석열 정부는 취임 후 대통령실 산하 민정수석을 폐지하면서 2022년 8월 행정안전부 내 경찰국을 출범시켰다. 경찰국은 총경 이상 경찰 공무원 임용제청 권한 등 행안부 장관의 책임과 권한을 지원하기 위해 만들어졌다. 이는 경찰에 대한 행정안전부의 지휘권을 강화해 경찰의 독립성이 훼손될 수 있다는 우려로 설립 당시 많은 논란을 일으켰다. 경찰은 거세게 저항했고, 당시 김창룡 경찰청장이 강력 반발하면서 사퇴했다. 또한 경찰국 설립에 반대해서 열린 2022년 7월 전국 경찰서장(총경) 회의에는 전국 총경 중 3분의 1에 달하는 190여 명이 참석했다. 당시 총경 회의를 주도한 류삼영 총경은 정직 3개월의 징계를 받고 사직했고, 이듬

해 총경회의 참석자들에 대한 '보복성 인사' 논란도 있었다.

이후 경찰국장을 새로 선임할 때마다 정부가 경찰을 통제하기 위해 세운 인물이라는 논란이 일었다. 실제로 경찰국장을 역임한 치안감들 모두 치안정감으로 승진해서 보은인사 의혹이 제기되었다.

과거 우리나라 경찰은 정권의 필요에 따라 정치에 휘둘리는 유약한 모습을 보였다. 그래서 경찰은 국민의 신뢰를 얻기 위한 정치적 중립성이 무엇보다 필요했다. 1945년 국립경찰 출범 시부터 중앙집권적인 국가경찰로 운영해 오면서 큰 정치적 변혁이 있을 때마다 경찰위원회의 도입이 논의되어 왔다. 마침내 1991년 경찰법 제정으로 경찰청이 당시 내무부의 외청으로 독립하면서 주요 치안정책의 심도있는 처리를 위해 합의제 심의·의결기구로 경찰위원회 제도를 도입했다. 같은 해 7월 23일 경찰위원회규정이 제정되었다. 경찰위원회는 경찰청장의 임명제청 동의와 경찰의 주요 정책, 관련 법령 및 규칙을 심의·의결한다. 위원장(비상임) 1인, 상임위원 1인(정무직 차관급), 비상임위원 5인 등 총 7인으로 구성된다. 위원은 행정안전부 장관의 제청으로 국무총리를 거쳐 대통령이 임명하며, 임기 3년에 연임은 불가하다. 그동안 위원들은 법조인이 대다수를 이루었고, 언론인과 시민단체, 대학교수들이 주로 임명되었다.

2021년의 자치경찰제 시행과 함께 2020년 12월 전부 개정된 '국가경찰과 자치경찰의 조직 및 운영에 관한 법률'에서 경찰위원회의 명칭이 국가경찰위원회로 변경되었다. 국가경찰위원회는 법률상 심의·의결기관으로 규정되어 있지만, 형식적이고 상징적인 기능과 역할에 그치고 있다는 비판을 받고 있다. 사실 국가경찰위원회는 그동안 유명무실한 존재였다. 지난해 12·3 비상계엄이 발동된 직후 경찰청장을 비롯한 지휘부가 경찰력을 계엄에 동원하는 상황을 국가경찰위원회는 제대로 보고도 받지 못했다. 이와 같은 부정적인 결과는 법률과 제도상의 한계도 있지만 국가경찰위원들의 경찰에 대한 전문성이나 이해도 부족과 같은 역량의 문제도 있는 것이 사실이다.

강조하건대 국가경찰위원회는 경찰청의 자문기관이 아니다. 국민의 경찰을 위해서 정당한 권한을 갖고 독립적으로 업무를 수행하는 '합의제 행정기관'에 가깝다.

앞으로 경찰은 수사권의 확대, 자치경찰 제도의 활성화 등 조직과 인력 등에서 권한 확대가 예상된다. 이에 따라 더욱 국민의 인권 보호를 위한 민주적인 통제가 필요하다. 향후 국가경찰위원회 구성의 투명성과 공정성을 확보해서 대표성을 담보하고, 정치적 중립성과 전문성을 제도적으로 보장해야 한다. 또한 경찰에 대한 민주적 통제와 국민 신뢰를 실질적으로 확보할 수 있어야 한다. 이재명 대통령 취임 후 경찰 혁신의 첫 단추인 국가경찰위원회의 활약을 기대한다. 이것은 결국 국민을 위해 필요한 일이다.

대구일보 특별기고(2025. 6. 9.)

교권 침해는 결국 학생들에게 불이익 돌아가

학생이 학교에서 교사를 폭행하는 충격적인 사건이 최근 연이어 발생하고 있다.

지난 5월 30일 오전 9시 50분경 수원시의 한 중학교 운동장에서 체육 수업이 진행되던 중 한 학생이 50대 남성 체육 교사에게 여러 차례 야구방망이를 휘둘렀다. 체육 교사는 갈비뼈 등 골절상을 입어 병원에서 치료 중이다. 이 학생은 피해 교사의 수업지도 방식에 불만을 품고 범행한 것으로 알려졌다.

2025년 5월 27일에는 제주의 한 고등학교에서 남학생이 수업 시간에 여교사를 주먹으로 때리는 사건도 있었다. 해당 남학생은 학교 징계로 봉사 활동을 가는 길에 인솔교사가 시간을 지키지 않은 것을 지적하자 교사를 폭행한 것으로 알려졌다.

또한, 5월 9일 오후 1시 15분쯤 경기도 의왕시의 한 초등학교 3학년 교실에서 A군이 담임교사 B씨의 무릎과 손 등을 주먹과 발로 때리는 사건이 발생했다. 사건은 B씨가 수학 단원평가 결과지를 나눠주고 오답 풀이 수업을 진행하던 중 자신의 오답을 확인한 A군이 "아니에요, 나는 다 맞았어요"라고 소리치면서 이와 같은 폭행이 발생한 것으로 조사됐다.

올해 4월 10일 오전 10시경 서울시 양천구 S 고등학교에서 3학년 남학생 A군이 수업 도중 휴대전화로 게임을 하던 중 여교사 B씨가 이를 지적하고 A군의 휴대전화를 압수하자 교단으로 나와 휴대전화를 잡은 손으로 B씨의 얼굴을 폭행한 사건이 발생했다.

최근 교육부의 자료에 따르면, 교사를 대상으로 한 폭행과 상해는 작년 518건에 이른다. 하루 평균 1.4건꼴로 4년 동안 5배 가까이 늘었다. 하지만 이 통계는 각 학교에 설치한 교권보호위원회에 접수된 사건만 집계한 공식 통계이기 때문에, 실제로 발생한 교권 침해 사례는 훨씬 많을 것으로 추정된다.

재작년 서울 서이초 교사가 극단적인 선택을 한 이후 국회에서 교권 보호 4법이 통과됐다. 하지만 실제로 교육 현장에서는 제대로 작동되지 않고 있다.

학생에 의한 교사 폭행 등 교육 활동 침해행위가 증가하면서 교사의 소신있는 학생 생활지도가 위축되고 있는 실정이다. 교사에 대한 폭행 등 교권 침해는 학생 지도 회피, 소극적 지도로 이어지고, 학생들에 대한 정서적 거리감을 두고 학생과 긍정적인 관계를 맺지 못하게 하는 등 결국에는 전체 학생들에게 피해가 간다.

현재 교직은 청소년과 대학생들에게 인기 있는 직업이 아니다. 최근 사범대학을 졸업한 학생들이 그들의 원래 목표인 교직보다 일반 공무원이나 공기업을 선호하는 경향이 적지 않다. 그만큼 일선 교사들의 사기가 많이 떨어져 있음을 말해 준다.

교사는 학생들에게 지식뿐만 아니라 인성과 예절, 삶의 철학을 가르치는 선생이고, 스승이다. 교육자로서의 최소한의 사명감이나 자부심을 가질 수 있도록 근무환경을 만들어야 한다. 정말 중요한 국가의 정책과제이다.

이제 교육 현장에서 일선 교사들의 학생들에 대한 생활지도 권한을 확실하게 보장해야 한다. 아동학대로 고소당할까 봐 학생들의 눈치를 보거나 몸집이 크고 힘이 센 남학생들에게 신체적으로 위협받는 교실에서는 제대로 된 교육이 될 리 없다.

이재명 대통령이 취임했다. 여러 분야에서 개혁이 진행될 것이다. 이번 기회에 보다 근본적인 대책이 필요하다. 현재 교사를 폭행한 학생에 대한 처벌이 너무 가볍다. 교사 폭행 등 심각한 교권 침해에 대해서는 엄격하게 처벌해야 한다. 단순한 교내봉사나 출석정지 등으로 끝나는 솜방망이 대응으로는 더 이상 안 된다. 전학, 위탁교육, 퇴학까지 가능하도록 하고, 엄한 제재가 필요하다.

아울러 무분별한 아동학대 신고에서 교사를 보호할 수 있도록 정당한 교육 활동이나 생활지도에는 민·형사상 면책권을 부여해야 한다. 교사에 대한 폭행은 절대로 용서할 수 없는 심각한 범죄행위이고, 회복 불가능한 교권 침해행위다. 교권 회복과 실질적인 교육 여건 조성에 국가적인 관심과 지원이 필요하다.

경안일보(2025. 6. 9.)

회복적 경찰 활동

경찰은 범죄를 예방하고, 범죄자를 진압·체포하고, 수사하는 것으로만 알고 있는 사람들이 많다. 하지만 경찰은 지역사회에서 갈등과 분쟁 또는 범죄가 발생했을 때, 범죄자와 피해자가 함께 하는 회복적 대화모임을 통해서 피해 회복과 재발 방지 등 근본적인 해결방안을 지원함으로써 지역사회를 안전하게 지켜나가는 경찰 활동을 수행한다. 이러한 활동을 '회복적 경찰 활동'이라고 한다. 실제로 형사처벌에만 집중하면 피해자가 사법절차에서 소외되거나 가해자로부터 진정한 사과를 받을 기회를 상실하고, 가해자가 오히려 피해자로 인식되는 현상이 나타난다는 비판에서 나온 개념이다.

영국이나 미국, 캐나다 등 선진국에서는 회복적 경찰 활동을 오래전부터 운영하였다. 지역사회의 안전을 위해 경찰의 범죄자 검거 중심의 경찰 활동은 한계가 있음을 인식하고, 이해 당사자 간 대화를 통해 관계 개선을 도모하는 회복적 실천방식을 구현한 것이다.

회복적 경찰 활동은 보통 가해자와 피해자, 이해 관계자가 참여하는 '회복적 대화모임'의 형태로 이루어진다. 경찰청에서는 2019년 '회복적 경찰 활동'을 시범적으로 운영하고, 이를 토대로 2021년부터 전국적으로 시행하고 있다.

보통 경찰에 신고되는 학교폭력 사건 중에는 가해자와 피해자 간에 화해를 통해 형사재판 절차를 밟지 않고, 해결될 수 있는 경미한 사건들이 많다. 이런 경우에도 학교폭력 발생 초기에는 분노가 폭발해서 피해자가 가해자의 처벌을 원하는 경우가 많다.

하지만 사안이 경미하고 피해가 중하지 않은 경우에 '회복적 대화모임'을 통해 서로의 갈등과 오해를 해소함으로써 용서와 화해에 도달할 수 있다. 이러한 방식은 형사재판 절차를 진행하여 처벌하는 것보다 사건 이후에 악감정을 해소하고, 상호 관계를 회복하는 데 유리하게 작용한다. 아울러 처벌에 따른 낙인효과도 예방할 수 있는 장점이 있다.

보통 자녀가 학교폭력의 가해자로 경찰에 입건된 경우, 학부모는 학교전담경찰관에게 '회복적 대화모임'을 개최해 줄 것을 요청할 수 있다. 학교전담경찰관은 학교폭력 양측 당사자의 참여 의사를 확인한 후 모두 동의하는 경우에 회복적 대화모임 절차를 진행할 수 있다. 이 절차는 강제적이지 않다. 가해자와 피해자 양측의 동의와 참여 의사에 따라 실시하는 것이다.

'회복적 대화모임'에 참여하는 학교폭력 당사자들은 화해와 합의를 통해 고소를 철회하는 경우가 많다. 그동안 학교폭력이 발생한 경우에 사전에 가해자와 피해자 간 화해나 오해를 해소할 기회도 없이 사법 처리(형사처벌)를 했던 것에 비하면 한층 발전된 제도라고 할 수 있다. 가해자 처벌 위주의 응보적 관점에서 벗어나 범죄피해자에 대한 피해복구와 재발 방지 등에 집중하는 '회복적 경찰 활동'인 것이다.

편의점에서 5천 원 상당의 물품을 훔친 중학생이 업주의 용서를 받아 처벌을 피했고, 여러 친구들에게 금품을 빼앗긴 학생이 6명 가해자의 진실된 사과를 듣고 트라우마를 극복하기도 했다. 또한 7년째 층간 소음으로 다투다 급기야 폭력 사태까지 벌인 이웃들도 서로 화해했다.

회복적 경찰 활동 제도는 층간소음뿐만 아니라 가정폭력, 협박, 절도, 학교폭력 등에서 다양하게 활용되고 있다. 차츰 그 영역이 확대될 것이다. 하지만 모든 사건에 회복적 경찰 활동을 적용할 수는 없다. 흉악한 강력범죄나 가해자와의 대화가 오히려 2차 가해가 될 수 있는 성폭력 사건에 적용하면 역효과가 날 수 있다.

검찰 단계에도 형사조정 제도 등 여러 제도가 있지만 갈등의 골이 깊어지기 전인 경찰 단계에서 대화를 매개로 해결책을 마련한다는 측면에서 '회복적 경찰 활동'이 갖는 의미는 크다. 경찰은 재범률을 낮추는 것은 물론 사법기관을 통한 분쟁 해결과 비교해 사회적 비용도 줄어들 것으로 기대하고 있다. 학교와 이웃, 가정과 직장 등 지역 공동체에서 갈등이나 범죄가 발생한 경우에 회복적 경찰 활동은 효과적이다.

대구신문 대구논단(2024. 3. 22.)

이재명 정부의 경찰개혁에 꼭 담겨야 할 것

새로 출범한 이재명 정부는 '정의로운 통합정부', '유연한 실용정부'를 선언하면서 공직 사회에도 많은 변화가 예상된다. 특히, 검찰과 경찰, 공수처, 국가정보원 등 여러 형사사법기관들이 더 일을 잘할 수 있는 시스템이 정비되길 기대한다.

그중에서도 이재명 대통령은 경찰의 정치적 중립성과 조직의 독립성을 강화하겠다는 계획이다. 이를 위해서 먼저 행정안전부 산하 경찰국을 폐지하고, 국가경찰위원회를 실질화하겠다는 방침이다. 바람직한 방향이다. 경찰의 수사권 현실화 등 보다 강화된 경찰 권한에 따른 민주적인 통제가 필요하다. 사실 이런 역할을 해야 할 국가경찰위원회가 그동안 존재가 미미했다. 작년 12·3 비상계엄 이후 경찰청장을 비롯한 지휘부가 경찰력을 계엄에 동원하는 상황에 대해서 국가경찰위원회는 제대로 보고도 받지 못했다. 이러한 결과는 법과 제도상의 문제도 있지만 국가경찰위원들의 경찰에 대한 전문성이나 이해도 부족과 같은 역량의 문제도 있는 것이 사실이다. 이번 경찰개혁 과정에서 국가경찰위원회 구성의 투명성과 공정성을 통해 대표성을 확보하고, 정치적 중립성과 전문성을 제도적으로 보장해야 한다. 또한 경찰에 대한 민주적 통제와 국민들의 신뢰를 실질적으로 확보할 수 있어야 한다.

또한, 이재명 대통령은 제70주년 현충일 추념식에서 군인, 소방관, 경찰관을 '제복 입은 민주시민'이라고 표현하면서 "제복 입은 시민들이 아무런 걱정 없이 오직 국가와 국민을 지키기 위해 일할 수 있도록 복무 여건을 개선해 나가겠다"고 말했다.

경찰은 무수히 발생하는 범죄를 예방하거나 단속, 수사하는 과정에서 늘 위험 속에 있다. 경찰은 위험한 장소를 주로 찾아다니는 순찰업무의 특성상 다칠 위험성이 크다. 또한, 국민의 생명 보호와 관련된 긴급 상황의 출동 과정에서 교통사고의 위험이 크고, 술 취한 사람 처리와 자살 구호 등의 과정에서 신체적 위험 등에 노출되기 쉽다. 이처럼 경찰 공무원은 위험한 업무 특성 이외에도 야간근무와 불규칙한 근무 패턴 등으로 인한 유병률도 높아 순직 및 공상에 대한 우려가 크다. 이번 기회에 경찰 공무원들의 순직과 공상 처리 기준을 현실성 있게 개선해야 한다.

아울러 2021년 7월 1일 공식적으로 출범한 자치경찰제가 법률적, 제도적인 한계 속에서도 교통안전, 사회적 약자 보호, 셉테드(CPTED, 환경설계를 통한 범죄예방) 등 시민안전을 위한 다양한 성과를 나타내고 있다. 스토킹과 성폭력, 아동학대, 가정폭력 등 사회적 약자 보호, 교통사고 예방과 안전, 범죄예방과 생활안전 같은 자치경찰 업무는 국가경찰보다 자치경찰이 더 잘할 수 있다. 자치경찰은 주민자치행정과 경찰행정을 잘 연계할 수 있는 장점이 있기 때문이다. 이번 경찰개혁 과정에서 국가경찰과 자치경찰을 이원화해야 한다. 국가경찰관의 신분으로 자치경찰 업무를 수행하는 지금의 시스템으로는 시민을 온전히 보호하기 어렵다. 지역의 실정을 가장 잘 아는 지방자치단체가 주민 안전에 관한 적절한 권한과 책임을 갖고, 경찰권을 잘 운영해서 공동체치안, 협력치안 시스템을 만들어야 한다. 이제 경찰도 묻지마 범죄, 자살 및 고독사, 층간소음 등 생활치안 문제에 있어서 지역의 다양한 기관들과 협력, 소통을 강화해야 한다.

또한, 현재의 경찰 인력이 주요 선진국에 비하면 많이 부족한 편이다. 어느 조사에 따르면, 경찰은 주 평균 55.3시간 근무하고 있고, 52시간을 초과하는 경찰관의 비중이 56.8%로 나타났다. 업무 집중 시기 등 비상근무 상황에서는 주당 평균 78.1시간을 근무해 평시 초과 근무시간(15.3시간)과 비교해 약 2.5배 높은 강도로 근무하고 있다. 날로 지능화, 흉포화되고 있는 범죄환경의 변화에 따라 경찰 인력의 합리적 증원이 필수적이다. 이에 따라 늘어나는 경찰력은 일선 수사부서, 지구대와 파출소 등 일선 현장에 배치해야 한다. 이와 같은 현장 중심의 경찰 개혁은 결국 국민을 위한 것이다.

대구일보 2025-06-16 (월) 002면

지난 14일 한국행정학회 공공안전행정연구회와 대한지방자치학회, 대구경북 경찰행정 교수회가 공동 개최한 경찰개혁 관련 특별기획세미나에서 박동균 대구한의대 교수가 기조발표를 하고 있다. 대구경북 경찰행정 교수회 제공

"경찰, 수사권 등 확대 예상…인권보호 민주적 통제 필요"

행정학회 등 '이재명 정부 경찰개혁, 어떻게 할 것인가' 세미나
박동균 교수, 국가-자치경찰 이원화·형사사법 기관 정비 강조

한국행정학회 공공안전행정연구회와 대한지방자치학회, 대구경북 경찰행정 교수회는 지난 14일 '이재명 정부 경찰개혁, 어떻게 할 것인가'에 대한 주제로 특별기획세미나를 개최했다. 이날 기조발표는 박동균 대구한의대학교 교수(경찰행정학과)가 맡았고 이어지는 종합토론에서는 장철영 대경대 경찰탐정학과 교수가 좌장을, 그리고 지역을 대표하는 8명의 대학 교수들이 지정토론에 참여한 가운데 심도 있는 토론이 이어졌다.

박 교수는 "앞으로 경찰은 수사권의 확대, 자치경찰 제도의 활성화 등 조직과 인력 등에서 권한 확대가 예상된다. 이에 따라 더욱 국민의 인권 보호를 위한 민주적인 통제가 필요하다"며 "향후 국가경찰위원회 구성의 투명성과 공정성을 확보해서 대표성을 담보하고, 정치적 중립성과 전문성을 제도적으로 보장해야 한다"고 주장했다.

이어 "스토킹과 성폭력, 아동학대, 가정폭력 등 사회적 약자 보호, 교통사고 예방과 안전, 범죄예방과 생활안전 같은 자치경찰 업무는 국가경찰 보다 자치경찰이 더 잘할 수 있다. 자치경찰은 주민자치행정과 경찰행정을 잘 연계할 수 있는 장점이 있기 때문"이라며 "이번 경찰개혁 과정에서 국가경찰과 자치경찰을 이원화해야 한다. 국가경찰관의 신분으로 자치경찰 업무를 수행하는 지금의 시스템으로는 시민을 온전히 보호하기 어렵다. 지역의 실정을 가장 잘 아는 지방자치단체가 주민 안전에 관한 적절한 권한과 책임을 갖고, 경찰권을 잘 운영해서 공동체 치안, 협력 치안 시스템을 만들어야 한다"고 강조했다.

끝으로 "이재명 정부는 형사사법 기관의 개혁을 속도감 있게 진행할 것이다. 검찰과 경찰, 공수처, 국가정보원 등 여러 형사사법 기관들이 국민을 위해 더 일을 잘 할 수 있는 시스템으로 정비돼야 한다"며 "한 가지 확실한 것은 수사는 기관간에 경쟁하는 것이 아니라 협력하고 소통해서 시너지 효과를 내야 한다"고 말했다.

이날 참석한 교수 등 전문가들은 대체로 국가경찰위원회의 실질화, 자치경찰제의 기능 강화를 통한 민생침해 범죄 예방 및 치안 서비스의 확대, 공인탐정 제도의 도입 등을 제시했다.

신헌호 기자 shh24@idaegu.com

대구신문 대구논단(2025. 6. 13.)

고령화의 그늘, 노인들의 범죄

배에 태운 여성을 성폭행 하려다가 4명의 20대 남녀 전부를 살해한 70대 노인의 살인사건과 토지보상금에 대한 불만으로 숭례문에 불을 지른 70대 노인의 방화사건은 우리 사회에 큰 충격을 주었다. 최근에는 서울 지하철 5호선 열차에서 불을 지른 60대 남성이 이혼 소송 결과에 불만을 품고 범행을 저질렀다고 주장한 것으로 알려졌다. 또한, 최근에는 노년층의 절도 사건이 크게 증가했다. 실제로 지난 5년 사이에 대구시의 전체 절도 검거 인원은 줄었지만 노년층은 22%가 늘어서, 전체 검거 인원의 25% 가까이 차지했다. 앞서 말한 범죄자들은 모두 노인이라는 공통점이 있다.

우리나라는 이제 공식적으로 초고령사회에 진입했다. 65세 이상이 전체 인구의 20.6%를 넘어선 것이다. 이에 따라 노인들이 저지른 범죄는 고령화로 인한 사회 문제로 대두되어 양적으로는 노인범죄 수가 증가하고, 질적으로는 범죄의 심각성이 높아지고 있다. 하지만 이러한 노인범죄 문제에 대한 우리 사회의 역량과 의지는 낮은 수준이다.

과거에는 노인이 주로 범죄자의 표적이었다. 하지만 최근에는 오히려 노인이 가해자로 조금씩 바뀌고 있다. 심각한 사회 문제임이 분명하다.

최근 대검찰청의 범죄분석 자료에 의하면, 노인범죄의 수가 급속하게 증가하면서 지난 10년간 재산범죄의 증가율이 70.7%로 가장 높고, 이어 강력범죄(폭력·흉악)가 뒤를 이었다. 강력범죄(흉악)는 지난 10년간 58.1%의 증가율을 보였으며, 강력범죄(폭력)의 발생도 23.5% 증가했다. 노인 인구가 빠르게 늘고 있지만 이보다 더 노인범죄가 훨씬 빠른 속도로 증가하는 것이다.

고령화의 속도가 매우 빨랐던 일본은 노인범죄 문제를 우리보다 빨리 경험했다. 일본에서는 2000년대 중반 노인범죄가 증가하며 '폭주(暴走) 노인'이란 신조어가 만들어졌다. 노인들이 예전에 비해 체력이 좋아졌는데, 사회적으로 소외되면서 점점 폭력적으로 변해간다는 의미다. 일본의 사례에서 보는 바와 같이, 노인범죄는 노인들의 빈곤과 고용불안, 가족관계의 악화, 사회적 소외 등과 밀접한 관련성을 가지고 있다.

또한, 노인범죄의 특징으로 과거에는 절도 등 '생계형 범죄'가 많았다. 하지만 최근에는 일반 시민들을 대상으로 한 살인이나 폭행 등 묻지마 형태의 강력범죄가 늘고 있다는 점이다. 특히 노인들의 강력범죄 증가는 노인들이 사회로부터 버림받고 있다고 느끼는 '분노'가 중요한 원인이라는 분석이 지배적이다. 즉 노인들은 젊었을 때, 열심히 일했는데 노후가 가난한 것에 대한 불만과 분노가 강력범죄로 이어지고 있다는 것이다. 또한, 노인들이 살인, 강도, 성폭력과 같은 흉악범죄를 과거보다 더 많이 저지르는 이유 중의 하나는 노인들의 육체적 건강 상태가 과거보다 향상되었기 때문이기도 하다. 건강하게 일을 할 수 있는데도 퇴직 등 사회적인 위치를 상실하면서 생기는 정서적 불안과 고립, 우울증을 겪는 경우가 많다. 이런 맥락에서 볼 때, 앞으로 독거 및 빈곤 노인, 정신 질환 이력이 있는 고위험군에 대한 상세 모니터링 시스템을 만들어야 한다. 노인들의 단절된 삶, 줄어든 사회적 역할, 사라진 가족공동체 속에서 소외된 노인의 자존감과 복지, 안전 등 보호 시스템이 만들어져야 한다.

또한, 최근의 노인범죄 연구에 있어서 노인의 경제 활동 참가율과 범죄 발생률이 높은 상관관계를 나타내고 있다. 노인의 경제 활동 참가율이 높으면 형법범죄나 재산범죄, 강력범죄 등이 감소한다. 이와 같이 노인범죄가 노인들의 빈곤 문제와 밀접한 관계가 있기 때문에 노인의 일자리 창출과 재취업의 기회 확대 등을 통한 경제적 여건 및 환경을 개선하는 것이 필요하다.

강조하건대, 이제 우리 사회는 어느 누구도 소외되지 않는 포용사회를 만들어야 한다. 이와 같은 노력은 정부나 지방자치단체 등 어느 기관 혼자서는 불가능하다. 하지만 여럿이서 같이 하면 잘할 수 있다. 관련된 모든 기관들이 소통하고 협력해서 튼튼하고 세밀한 사회안전망을 만들어야 한다.

경안일보(2025. 6. 23.)

결혼이주여성, 이들도 대한민국 '국민'이다.

얼마 전 베트남 결혼이주여성이 남편으로부터 무차별 폭행을 당한 영상이 공개돼 국민적 공분을 샀다. 더 비참한 것은 두 살배기 아들이 보는 앞에서 자행된 폭행이었다. 이 영상은 페이스북과 인터넷 커뮤니티 등을 통해 국내는 물론 전 세계로 급속하게 퍼졌다. 급기야는 외교 문제로까지 비화되어 경찰청장과 장관, 국무총리가 사과했고, 청와대 국민청원 게시판에는 이 남편을 엄벌해달라는 국민청원까지 올라왔다.

국제결혼은 최근 계속적으로 증가 추세에 있다. 매년 결혼건수는 최저치를 경신하며 "비혼(非婚)이 대세"라는 말까지 나오는 상황이지만, 국제결혼만큼은 그렇지 않다.

우리나라 국제결혼 건수는 매년 전체 혼인의 7~10% 수준이다. 적지 않은 숫자이다. 통계적으로 배우자의 성비를 기준으로 보면, 한국 남성이 외국 여성과 하는 경우가 제일 많다. 국제결혼 10건 중 7건이 한국인 남성과 외국인 여성의 혼인이다. 외국인 배우자 수는 남녀 합계 기준으로 최근 3년 모두 1위 베트남, 2위 중국, 3위 미국 순이었다.

국제결혼을 하는 대부분의 부부들은 행복하게 살고 있다. 하지만 일부에서 가정폭력과 같은 범죄들이 보고되고 있다. 전문가들은 가정폭력이나 성폭력을 경험한 결혼이주여성들이 실제 정부가 파악하고 있는 공식통계보다 많을 것으로 파악하고 있다. 일명 암수범죄(hidden crime)가 많다는 의미이다. 이들이 외부기관에 도움을 요청하는 경우가 많지 않기 때문이다. 국가인권위원회 조사에서도 가정폭력 경험 이주여성의 31%는 관련 기관에 도움을 요청하지 않았다. 신고하는데 겁이 나기 때문이다.

2007년 대구에서 벌어진 사건이 떠오른다. 동남아 출신 결혼이주여성 A(당시 33세)씨가 임신한 상태로, 갇혀있던 아파트 9층에서 밧줄을 타고 내려오다 떨어져 사망했다. 남편의 폭력을 피해 탈출하려다 발생한 사고였다.

또 다른 사건이다. 동남아 출신 히엔(가명·24)은 2014년 결혼중개업체를 통해 남편을 만나 한국으로 건너왔다. 16살이 많은 남편은 술을 마시면 히엔에 손을 댔다. 처음에는 가벼운 따귀 한두 대였던 폭력은, 히엔이 공장에 취직하면서 점차 심해졌다. 폭행 뒤에는 "억울하면 베트남으로 돌아가라"는 협박이 이어졌다. 결국 남편의 폭행에 유산을 하고 나서야 히엔은 이주여성센터의 도움으로 쉼터로 피신할 수 있었다.

국가인권위원회가 결혼이주여성 920명을 상대로 진행한 보고서에 따르면, 전체의 절반에 가까운 387명(42.1%)의 결혼이주여성이 가정폭력을 경험한 것으로 조사됐다. 이들 중 38.0%(147명)는 가정에서 폭력위협을 당했고, 19.9%(77명)는 흉기로 협박당하기까지 했다. 그런데도 이들이 혼인 관계를 유지한 이유는 '자녀에게 피해를 줄 것이 걱정돼서'라는 응답이 52.8%(복수 응답)로 가장 많았다. '자녀를 양육하지 못할까봐 걱정됐다'(25%)는 대답이 두 번째로 많았다. 결혼이주여성들은 한국어도 서툴고, 외부로의 사회적 연결망이 없어 피해사실을 알리기가 어렵다. 이에 대한 심도 있고 실질적인 대책이 필요하다. 인종적, 문화적 다양화에 따른 갈등을 최소화하여 내·외국인이 서로 공존하고, 상생하는 치안 활동, 주민자치행정을 전개해야 할 것이다.

결혼이주여성, 다문화 정책은 어느 한 기관에서 할 수 있는 일이 아니다. 76년 만에 실시되고 있는 자치경찰 제도가 중요한 역할을 수행해야 한다. 자치경찰위원회를 중심으로 지방자치단체, 경찰청, 교육청, 시민단체, 대학, 기업체 등 관련 기관들이 소통하고 협력해서 촘촘한 사회안전망을 만들어야 한다. 결혼이주여성, 이들도 대한민국 '국민'이다.

경안일보(2022. 7. 25.)

이재명 정부의 수사권 개혁, 경쟁이 아닌 '협력' 시스템으로

이재명 정부가 출범하였다. 국민주권 정부를 표방하는 이재명 대통령은 선거 공약에서도 제시한 바와 같이 검찰 및 경찰 등 사법기관의 개혁을 강력하게 진행할 것이다. 특히, 검찰의 수사권과 기소권 분리, 공수처의 기능 확대 등 수사 부분에 있어서 많은 변화가 예상된다.

국가의 형사사법 시스템을 확립하는 데 있어 중요한 것은 범죄자는 반드시 체포해서, 그 범죄에 상응하는 책임과 형벌을 받게 해야 한다는 것이다. 이런 일을 책임 있게 제대로 잘하는 것이 경찰과 검찰, 법원 등 형사사법기관이다. 미국이나 독일, 영국 등 주요 선진국들은 형사사법 시스템 중 어느 한 기관이 특별한 독점적 권한을 갖지 않고, 기관 간에 견제와 균형에 의해 공정하게 운영되고 있다.

수사는 범죄의 혐의 유무를 명백하게 하여 공소의 제기와 유지 여부를 결정하기 위하여 범인을 발견, 확보하고 증거를 수집, 보전하는 공적 활동이다. 매우 중요한 국가의 기능이다.

지난 12·3 비상계엄 사태에 대해서 검찰과 경찰, 공수처 등이 경쟁적으로 수사를 벌이면서 수사 주도권을 놓고 갈등 국면이 있었다. 초기의 수사 과정에서 영장 가로채기, 중복수사 등의 논란이 불거지기도 했다. 또한 경찰에서 신청한 영장을 검찰이 청구하지 않은 것에 대한 비판도 제기되었다. 이런 문제는 과거 검찰과 경찰 간에 수사권 조정이 정교하지 않게 성급하게 만들어졌기 때문이다.

검찰과 경찰의 수사권 조정은 그동안 검찰이 수사와 기소, 영장청구 권한을 모두 독점하고 있는 구조에서 경찰에 일차적인 수사권과 수사종결권을 부여한 것을 말한다. 2020년 1월 13일 검경 수사권 조정안과 관련된 형사소송법과 검찰청법 개정안이 국회를 통과했고, 이어 2021년 1월 1일부터 이 개정안이 시행되었다. 하지만 경찰에 대한 검찰의 수사지휘권이 폐지되면서, 검찰과 경찰 사이에 수사 범위가 모호해진 부분이 있고, 검찰과 경찰의 수사 범위가 일부는 중복되고 있다. 사건 관계자들이 두 수사기관에서 중복수사를 받는 것은 비효율적이고, 이로 인한 인권침해 논란도 있었다. 이번 이재명 정부에서는 이와 같은 문제점을 해결하고, 혁신하기 위한 합리적인 대안들이 논의되고, 곧 최종안이 발표될 것이다. 바라건대, 이재명 정부의 형사사법기관의 개혁에 있어 가장 중요한 포인트는 '수사는 경쟁이 아닌 협치'가 되어야 한다는 점이다. 수사기관 간의 긴밀한 협력과 소통은 바로 국민을 위한 것이다.

또한, 정부가 개혁을 실행할 때는 반드시 현장의 상황을 잘 파악해야 한다. 현재 경찰의 수사업무가 대폭 늘어났다. 하지만, 현장의 수사인력이나 예산은 그대로이다. 늘어난 수사 업무는 결국 수사 지연으로 이어지고, 궁극적으로 국민들이 그 피해를 보고 있다. 지연된 정의는 정의가 아니다. 반드시 수사 인력의 확충이 필요하다.

아울러 현재 대공수사권이 국가정보원에서 경찰로 완전히 이관되었다. 하지만 대공수사 영역은 수사 업무 중에서도 오랜 시간과 전문성이 필요한 전문수사 분야이다. 국가안보에 필수적인 간첩을 체포하는데 있어서 대공수사권을 국가정보원에도 부여해야 한다. 오랫동안 축적해 온 수사 기법과 노하우, 고도화된 대북·해외 정보수집 시스템, 암호분석 등 국가정보원의 수사 역량이 간첩 검거에 필수적이다. 강조하건대 경찰과 국가정보원 간 꼼꼼한 수사 공조 시스템을 복원해야 한다. 이번 형사사법 시스템 개혁에 있어서 국가정보원의 대공수사권도 반드시 반영되어야 한다.

이재명 정부에서는 경찰의 수사권이 지금보다 확장될 것으로 예상된다. 수사권이 확대된 경찰은 그만큼 견제되어야 한다. 그 대안으로 필자는 자치경찰의 활성화를 제시한다. 문재인 정부인 2021년 7월 1일부터 시행된 한국형 자치경찰 제도는 제한된 권한 속에서도 다양한 시민 안전 성과를 나타냈다. 범죄예방과 생활안전, 교통, 사회적 약자보호 업무를 주로 하는 자치경찰 제도를 보다 현실화해서 생활치안, 공동체치안을 구축해야 한다. 이는 확대된 경찰권력의 분산과 지방 자치분권이라는 점에서 바람직하다.

대구신문 대구논단(2025. 6. 27.)

'약물' 운전의 위험성

2023년 8월 2일 서울시 강남구 신사동에서 고급승용차를 몰던 20대 남성 운전자가 갑자기 사람에게 돌진해서 피해자 27세 여성이 사망한 사건이 있었다. 당시 가해 운전자는 향정신성 의약품인 벤조디아제핀을 투약한 상태였다.

지난해 11월, 사람을 치고 7중 추돌 사고를 낸 무면허 운전자의 혈액에서는 평소 복용하던 신경안정제 성분이 검출됐다. 또한 작년 12월 강원도 춘천에서 역주행 운전을 하다 중앙분리대를 들이받은 40대도 사고 당시 병원에서 처방받은 향정신성 의약품을 투약한 상태였던 것으로 밝혀졌다.

최근에는 개그맨 이경규 씨가 약물운전 혐의로 경찰 조사를 받는 사실이 알려지자 병원에서 처방받은 약을 복용한 거라고 해명하는 일도 있었다.

약물운전은 마약이나 향정신성 약물 등 사람의 정신상태에 영향을 주는 약물을 복용한 상태에서 자동차를 비롯한 교통수단을 운전하는 행위를 말한다. 음주운전과 같이 약물운전도 교통사고의 위험성이 매우 높다. 일반적으로 약물운전자는 눈의 동공이 풀려있는 등의 변화가 있거나 흥분, 말더듬, 횡설수설, 구토 등의 증상을 보이며, 과속, 급발진, 급제동, 지그재그식 운행 같은 곡예운전 등 비정상적인 운전 행위를 보인다. 약물운전은 운전자 본인뿐만 아니라 다른 사람의 생명을 해칠 수 있는 위험한 행위라고 할 수 있다.

최근 발표한 경찰청 자료를 보면, 지난 5년 동안 약물운전으로 운전면허가 취소된 경우가 3배나 증가했다. 여기에는 마약뿐만 아니라 병원에서 정당하게 처방받은 향정신성 의약품 등도 포함된다.

현행 도로교통법은 약물의 영향으로 정상적인 운전을 못 할 우려가 있을 때 자동차를 운전해서는 안 된다고 규정하고 있다. 하지만 걱정스러운 부분이 있다. 최근 처방이 증가하고 있는 정신질환 치료제 중 상당수는 복용 이후 잠이 쏟아지는 등 운전 능력을 저하 시킨다. 또한 약물운전은 술이나 마약과는 달리 교통사고 전에 위험성 예측, 사후 검증 및 처벌 과정도 까다로운 만큼 운전자의 각별한 주의가 필요하다.

지난 3월 개정된 도로교통법은 약물운전 시 처벌 수위를 기존 '3년 이하 징역 또는 1천만 원 이하 벌금'에서 '5년 이하 징역 또는 2천만 원 이하 벌금'으로 상향 조정했다. 아울러 약물 검사 거부 시에도 형사처벌이 가능하도록 조항이 신설됐다.

하지만 아직도 약물운전과 관련된 현행 법률에는 사각지대가 많다. 현행 법률상 우리나라는 금지 약물을 복용한 후 언제부터 운전이 가능한지에 대한 명확한 규정이 없다. 외국의 사례를 살펴보면, 영국과 독일은 해당 약물 복용 후 '24시간 뒤' 운전하도록 명시적으로 규정하고 있다. 호주는 '12시간 동안' 운전을 하지 못하도록 한다.

영국, 독일, 캐나다 같은 국가는 졸피뎀 등 주요 의료용 약물의 혈중 농도 임계값을 규정해 놓고 있다. 즉, 음주에 대해서 혈중 알코올 농도를 측정하는 것과 같이, 약물도 처벌 기준을 명확하게 규정해 둔 것이다.

우리나라도 위험 약물에 대한 임곗값을 법적으로 미리 규정하고, 약을 복용한 이후 몇 시간 내에는 운전을 하지 못하도록 해야 한다. 따라서, 하루빨리 법률상 약물운전 처벌에 대한 규정을 의료계와 정부, 법률가들이 모여 꼼꼼하게 현실성 있고 구체적인 기준을 마련해야 한다.

한 가지 분명한 사실은 병원에서 정당하게 처방받은 약물을 복용하고 운전한 경우라도 교통사고의 발생 가능성이 있고, 실제로 교통경찰의 단속과정에서 면허 취소로 이어지는 사례가 늘고 있다는 점이다. 또한, 합법적으로 의사에게 처방받은 약이라고 하더라도 복용 초기나 용량이 늘어난 경우에는 부작용이 일부 나타날 수 있어 운전을 피하는 것이 좋다. 약물운전, 음주운전, 졸음운전 모두 위험한 운전 행위다. 운전자는 늘 조심하고 또 조심해야 한다. 도로 위의 안전은 모든 운전자의 책임이다.

경안일보(2025. 6. 30.)

스쿨존 내 속도제한, 풀어서는 안 된다

한국도로교통공단에 따르면, 최근 5년 동안(2019~2023년) 스쿨존에서 보행 중 교통사고로 어린이 16명이 사망하고, 1,917명이 다쳤다. 이 중 대구는 154명, 경북은 123명의 어린이가 스쿨존에서 피해를 입었다.

스쿨존 내 어린이 교통사고를 종합적으로 분석해 보면, 여름방학이 끝나고 2학기가 시작하는 8월과 9월에 발생한 사고가 1학기인 3월보다 많고, 등교 때보다는 학교 수업이 끝나는 하교 시간에 많이 발생하는 것으로 나타났다. 피해자는 저학년(1~3학년)이 다수인 것으로 조사되었고, 사고 발생 당시 상황은 '횡단 중'이 전체의 74.2%나 됐다. 스쿨존 내 어린이 교통사고 10건 중 7건은 길을 건너려다 일어났다는 의미다. 올해 2월 21일에는 대구의 스쿨존 이면도로 골목길에서 좌회전하던 승용차가 길을 건너던 초등학생을 치어 숨지는 안타까운 사고가 일어났다.

스쿨존(어린이보호구역)은 도로교통법 제12조에 따라 교통사고 위험으로부터 어린이를 보호하기 위해 필요하다고 인정되는 경우 유치원, 초등학교, 특수학교, 어린이집, 학원 등 시설이나 장소의 주변 도로에

지정하는 일정한 구간을 말한다.

이 구간에서는 '자동차 등의 통행 속도를 시속 30km 이내로 제한할 수 있다'고 규정하고 있다. 쉽게 말해서 스쿨존은 도로 위에서 어린이를 보호하는 특별한 구역이다. 초등학교나 유치원에서 반경 300m가 스쿨존이다. 학교 반경 300m 이내에서 등하교 시간과 방과 후 활동 시간에 집중적으로 발생하기 때문이다.

이런 스쿨존에 대해서 야간과 새벽 시간에는 속도제한을 완화하자는 움직임이 있다. 얼마 전 어느 변호사는 야간에도 스쿨존에서 속도를 규제하는 것은 과도한 규제라고 헌법소원을 제기했다. 어느 단체는 대구시민들을 대상으로 설문조사를 실시하는 등 여론 확산 노력을 도모하고 있다. 필자는 우리나라에서 지금 제기되고 있는 스쿨존 시간제 속도제한 완화에 적극적으로 반대한다. 어린이 보호는 특정 시간에만 국한되지 않고, 자칫 운전자의 혼란이 가중되며, 궁극적으로는 운전자의 안전의식이 약화될 가능성이 높다.

평소 오후 10시에 스쿨존에서 시속 50km로 운전하는 사람은 그 속도에 이미 익숙해져서 한창 어린이들이 등교하는 오전 8시에도 같은 장소를 동일한 속도로 운전할 가능성이 있고, 이것이 곧 위험한 결과를 초래할 수도 있다.

OECD 산하 국제교통포럼(ITF)도 스쿨존에서 시속 30km 이하 고정 제한과 안전 설계를 병행하라고 권고했다. 어린이들의 안전을 고려해서 고정제 방식을 권고한 것이다. 세계보건기구도 동일한 입장이다.

현재 대구 시내 스쿨존은 총 724개소에 이르지만, 이 중 약 120개소는 보도가 없고, 200개소 가까이는 방호 울타리가 미설치된 상태다. 고정형 CCTV 설치율도 61%에 그치고 있다. 반드시 시설 개선이 필요하다.

스쿨존 내 속도제한 완화에 투자하는 예산으로 스쿨존 내 안전시설을 강화해야 한다. 차도와 보도의 분리, 안전한 방호 울타리의 설치 등에 예산을 투입해야 한다.

더욱 심각한 것은 교통안전문화이다. 지난 2월 정부에서 발표한 '2024년 교통문화지수 실태 조사' 결과, 대구시의 교통문화 실태가 전국 17개 시도 중 14위에 그친 것으로 나타났다. 경북 역시 하위권인 10위였다.

지금 대구 시내 스쿨존 부근에는 불법 주·정차가 만연되어 있다. 스쿨존 내 불법 주정차는 운전자의 시야를 가리고, 예상하지 못한 돌발상황을 불러오는 주된 원인이다. 불법 주정차는 단속이나 처벌이 약하면, 늘어나는 경향이 있다. 이에 대한 철저한 단속과 개선이 필수적이다.

한 아이를 키우려면 온 마을이 필요하다. 조금 늦고 불편하더라도 스쿨존은 자동차의 속도보다는 '안전'에 중점을 두어야 한다. 안전은 좀 과하다 싶을 정도로 준비해야 한다.

2025. 7. 6.(일) 대구MBC 시사 온 방송 출연

대구신문 대구논단(2025. 7. 11.)

이재명 정부 경찰개혁 과정에서 바꾸어야 할 것

이재명 대통령 정부에서는 검찰개혁을 비롯해서 우리 형사사법 시스템의 큰 변화가 예상된다. 이 과정에서 경찰 분야에서도 수사권을 비롯해서 많은 혁신이 나타날 것이다. 필자는 학자로서, 대구시 자치경찰위원회 상임위원(사무국장)의 공직을 수행한 경험으로 이재명 정부의 경찰이 바꾸어야 할 세 가지를 제안한다.

첫째, 경찰 간부 인사 제도의 개선이다. 경찰청에서 총경 계급은 일선 경찰서장 또는 시·도 경찰청의 과장급 간부로서 매우 중요한 역할을 수행한다. 지난 윤석열 정부에서 경찰 총경 계급은 특정 시·도에서 최대 근무할 수 있는 기간이 7년으로 제한되었다. 또한, 특정 시·도에서 연속적으로 근무가 가능한 기간도 5년에서 3년으로 단축되었다. 그동안 총경급 순환배치 제도는 특정 시·도에서 5년간 근무하면 다른 시·도로 1년간 나갔다가 복귀하는 방식이었다. 하지만, 그 기간이 5년에서 3년으로 줄었다. 경찰청은 근무 기강을 확립하고, 비위를 차단하기 위한 목적이라고 말하지만, 이런 인사정책은 해당 지역의 실정을 잘 모르는 상황에서 올바른 치안정책을 집행하기가 어렵다. 또한 그 지역의 경찰 인력에 대한 정확한 파악이 안되는 상황에서 적재적소의 원칙

등 합리적인 인사를 하기도 쉽지 않다.

둘째, 경찰청은 2023년 조직개편에 따라 일선 경찰서의 정보과를 대폭 개편했다. 전국 259개 경찰서 정보과 중에서 197개를 폐지하고, 62개 경찰서 정보과만 유지했다. 그 대신 정보과가 폐지된 관할구역을 중심으로 시·도청 단위로 81개 지역정보팀을 구성했다. 이와 같이 경찰청 광역정보팀으로 운용되면서 지역의 범죄 정보 수집은 물론이고, 지역사회 경찰 활동(community policing)과 치안 협력도 어려워졌다. 그동안 지역 주민들과 끈끈한 상호관계를 다지면서 범죄예방과 주민안전 협력치안 시스템을 유지해 왔는데, 광역 단위로 나눠 거점 근무를 하니까 정보 활동이 수박 겉핥기식으로 이루어지게 되었다.

하지만 최근 경찰은 단순히 범죄뿐만 아니라 공공의 안녕과 질서유지와 관련된 폭넓은 역할을 수행한다. 그만큼 경찰의 업무 영역이 광범위하면서도 영역별로 높은 전문성이 요구되고 있다. 또한, 국민의 삶의 질이 향상되면서 안전욕구가 증가하고, 치안 서비스에 대한 요구수준도 크게 높아졌다. 이로 인해서 지역사회의 많은 일이 경찰의 몫이 되었다. 그래서 주요 선진국에서는 경찰을 '거리의 판사'라고 부른다.

현대 경찰은 지역 주민과 가까운 일선 경찰서 단위에서 정보과를 운영하면서 지역사회와의 연계를 강화해야 한다. 그래야 지역에서 음성적으로 발생하는 마약과 도박, 조직폭력, 묻지마 흉악범죄, 불법체류 외국인, 고독사 등에 대한 협력치안과 공동체치안을 만들 수 있다. 일부에서는 정보과, 정보형사(정보관)에 대해서 부정적인 시각으로 보는 사람들이 있다. 하지만 지금 경찰은 과거 군사정부의 경찰과는 전혀 다르다. 경찰에 의한 민간인 사찰이나 정치개입은 전혀 존재하지 않는다. 현대 국가에서 경찰 정보관은 사회 문제 해결자(social problem solver)이다. 이재명 정부에서 경찰 정보관을 '치안협력관'으로 명칭을 변경하는 것도 좋다.

셋째, 경찰 공무원 재산등록 제도의 합리적 개선이다. 현재 경찰 공무원의 재산등록 의무 대상은 경사 계급 이상이다. 경사 계급(공무원 8급에 해당)은 비간부인 하위직 공무원에 해당한다. 이제는 경정(공무원 5급) 계급 이상으로 바꾸어야 한다. 재산등록 서류를 준비하느라 많은 경찰관이 허비하는 불필요한 행정력의 낭비를 막아야 한다. 오히려 그 시간에 순찰 강화 등 생활치안 현장에 투자하는 것이 훨씬 국가에 유용하다.

필자가 주장한 세 가지는 경찰 공무원의 근무 여건 개선은 물론이고, 국민 안전과 치안 업무의 효율화에도 많은 긍정적인 효과를 낼 수 있다. 이는 예산 확대나 법률 개정을 수반하지 않고도 즉시 시행 가능한 것이다. 이재명 정부의 출범 초에 개선되기를 바란다.

대구신문 대구논단(2025. 7. 25.)

자치경찰과 주민참여 예산, 셉테드

2021년 7월 1일, 우리나라에도 경찰 역사 76년 만에 '자치경찰제'가 출범하였다. 범죄예방 등 지역의 안전 업무, 아동학대 및 청소년범죄, 성폭력, 가정폭력과 스토킹 등 사회적 약자 보호, 교통사고 예방과 안전이 자치경찰의 업무이다. 주로 시민들의 일상생활과 매우 밀접한 사안들이다.

필자는 초대 대구시 자치경찰위원회 상임위원(사무국장)으로 3년 임기를 마쳤다. 재임 기간에 틈만 나면, '지역 주민들과 함께하는 생활치안과 자치경찰' 설명회를 가졌다. 지역 주민들을 직접 찾아가서 실시하는 주민설명회에서 강조한 것은 "경찰과 지역 주민이 함께 하는 공동체 치안, 주민과 함께 고민하고 참여하는 자치 치안"이다.

이런 맥락에서 볼 때, 주민참여 예산제는 매우 중요한 의미를 갖는다. 주민참여 예산제는 말 그대로 "지역 주민이 지역의 예산을 제안하고 심사하며, 중요한 우선순위를 결정하는 과정에 직접적으로 참여하는 제도"다.

주민참여 예산 제도의 효시는 브라질이다. 1989년 브라질 리오그란데도술주의 주도인 포르투알레그리시에서부터 시작된 주민참여 예산제도는 지역 주민들이 직접 예산편성 과정에 참여하는 제도로 매우 긍정적인 평가를 받았고, 지금은 남미뿐만 아니라 유럽의 여러 도시들과 캐나다 토론토, 미국 시카고와 뉴욕시로 확산되었다.

주민참여 예산 제도는 지역의 예산을 편성하는 과정에 주민이 직접적으로 참여함으로써 예산 낭비나 재정 운용의 비효율성을 제거하고, 지방예산의 책임성과 행정의 투명성을 제고함과 동시에 재정민주주의 이념을 구현하는 좋은 제도이다. 물론 모든 지역의 예산을 주민참여 예산 제도로 해결할 수는 없다. 이것은 가능하지도 않고, 바람직하지도 않다. 하지만 주민참여 예산 제도와 연계하여 지역에서 성공 가능성이 높고, 활용가능한 분야가 지역사회의 안전 분야이다.

특히, 셉테드(CPTED, Crime Prevention Through Environmental Design)는 주민이 직접 참여해서 지역의 안전을 지키는 가장 유용한 정책이라고 할 수 있다.

셉테드는 환경설계를 통해서 범죄를 사전에 예방하는 선진국형 범죄 예방기법이다. 자연적인 감시가 가능하도록 어린이 공원 내 담장 대신 울타리를 설치하는 방법, 방치된 건물에 대한 지속적인 관리와 청결상태 유지, 어두운 골목길에 가로등, CCTV와 방범 벨 설치 등이 환경설계를 통한 범죄예방의 사례들이다. 사전에 치밀하고 과학적으로 연구된 물리적인 환경설계를 통해서 각종 범죄를 예방하고자 하는 것이다.

주민이 참여하는 셉테드는 동네의 안전 취약지를 제일 잘 아는 지역 주민의 의견을 설계단계에서부터 반영해서 범죄예방 시설을 설치하고, 개선하는 사업이다. 그동안 셉테드 사업은 경찰의 범죄 통계자료를 바탕으로 범죄 발생 다발 지역을 사업 대상지로 선정하고, 행정기관의 주도하에 추진되는 경우가 많았다. 하지만 최근에는 범죄 다발 지역뿐만 아니라 지역 주민들이 안전에 불안감을 느끼는 장소를 개선해 안전체감도를 높이는 주민 참여형 셉테드 사업이 각광을 받고 있다. 이러한 셉테드 사업은 지역 주민이 적극적이고, 지속적으로 참여해야 그 효과가 극대화된다.

대구광역시와 대구강북경찰서, 대구여성가족재단이 협업해서 만든 여성안전 귀갓길 '샛별로 사업', 대구달서경찰서의 지역맞춤형 자치경찰 주민체감 사업으로 '주민과 함께, 가장 안전한 우리 동네 만들기' 사업은 전국적으로도 우수한 사업으로 평가된다.

지역 안전, 지역 주민 중심의 자치경찰제가 성공적으로 정착하려면 주민참여 예산 제도, 셉테드와 같은 지역의 안전 문제를 읍, 면, 동 단위에서 긴밀한 소통과 협력으로 풀어야 한다. 주민자치위원회, 자율방범대, 의용소방대, 생활안전협의회 등 지역의 다양한 모임들을 중요한 의사결정에 참여하게 함으로써 주민들에게 효능감과 보람을 주는 것이 필요하다. 이와 같은 지방자치의 소중한 경험들이 자치경찰 제도를 성공적으로 발전시킬 것이다. 이러한 노력은 결국 주민을 위한 일이다.

대구신문 대구논단(2025. 8. 8.)

'묻지마 범죄' 대응으로 태어난 기동순찰대, 이제는 폐지가 옳다

기동순찰대는 2023년 8월 발생한 '최원종 분당 흉기난동' 사건이 신설의 계기가 됐다. 다시 말해서, 기동순찰대는 전 국민을 불안하게 만들었던 묻지마 범죄(이상동기범죄) 대책으로 만든 조직 중의 하나이다. 전국 경찰서의 내근직의 일부를 외근 등 현장인력으로 전환하고, 정보과를 축소하는 등 순찰 외근 인력 2천 900여 명을 확보해서, 이를 현장에 배치하여 범죄예방 활동에 집중하는 '기동순찰대'로 만들었다.

기동순찰대는 과거의 기동순찰대와는 달리 운영 단위를 시·도 경찰청으로 격상하였다. 또한 파출소와 지구대의 지역경찰이 수행하기 힘들었던 풍속사범, 암표 매매 등 무질서 행위 단속, 피의자 도주, 흉기 사용범죄, 마약사범 등 경찰 인력이 필요할 때, 집중적으로 투입하여 지역경찰과 상호 보완하는 역할을 수행한다.

기동순찰대는 심야 기간 등 범죄 취약 시간, 유흥가 등 취약 지점에 승합 순찰차를 배치해서 주요 거점을 설정하고, 거점 근무자를 배치한 후 나머지 인원은 주변 지역을 도보 순찰하는 시스템이다.

기동순찰대는 기동대와는 다르다. 기동대는 집회와 시위 관리를 담당하는 진압경찰이다. 반면에 기동순찰대는 범죄예방 활동이 주 임무로서 기동대와는 업무와 성격이 다르다. 하지만 비상시에는 주 업무와 관계없이 동원된다는 점에서는 공통점이 있다. 기동순찰대는 이동형 거점으로 '움직이는 파출소'로서의 역할을 수행한다.

그럼 과연 기동순찰대가 원래 의도대로 치안 성과를 제대로 내고 있는가? 기동순찰대가 계속 필요한가? 필자는 학자로서, 그리고 대구시 자치경찰위원회 상임위원(사무국장)의 공직 경험으로 많은 현장 경찰관들과 소통한다. 이들의 기동순찰대에 대한 시각은 상당히 부정적이다.

처음 기동순찰대가 출범할 때, 윗돌을 빼서 아랫돌을 괴는 과거 행태처럼 인력 증원 없이 기존 인원을 빼서 신규 조직을 구성했다. 그 결과 시민과의 접점에서 가장 치열하게 근무하고 있는 일선 지구대와 파출소의 인력 부족이 심각해졌고, 피로도는 가중됐다. 현장 경찰관들은 기동순찰대가 관할 지역을 순찰하며 범죄예방 활동을 하고 있지만, 지역경찰의 역할과 중복된다고 지적한다. 또한, "기동순찰대는 인력만 낭비하는 존재이고, 정작 범죄를 해결할 수사력이 약화되고 있다"는 의견도 있다. 현재 기동순찰대는 현직 경찰관들 사이에서 '꽃 보직(편한 보직)'으로 인식되고 있다. 전국경찰직장협의회 관계자는 "기동순찰대는 성과를 내려고 보여주기식으로 만든 조직이다. 기동순찰대 창설로 치안현장의 업무를 가중시켰다. 실패한 정책을 존치하겠다니 문제가 많다. 지방은 인력 부족이 더욱 심각하다. 경찰청 차원에서 조직 개편이 이뤄져야 한다"고 말했다.

경찰은 기획부서가 아니다. 경찰은 현장이 중요하다. 시민과 가장 가까운 곳에 위치해 있는 지구대와 파출소의 현장 대응 능력을 높이는 방향으로 조직을 재편하는 것이 필요하다. 여기서 부족한 경찰력을 보충하기 위한 AI 최첨단 CCTV, 드론이나 로봇 순찰 등 과학치안을 활용하는 방법도 좋은 대안이다. 과학치안은 야간에 도심 외곽지, 공원이나 공단 등 인적이 드물고, 지역이 넓은 지역을 순찰할 때 더욱 유용하다.

최근 보이스 피싱과 스미싱, 마약, 도박, 묻지마 흉악범죄 등으로 경찰의 업무부담이 많아졌다. 경찰 혼자서는 지역사회의 범죄 문제를 해결할 수 없다. 지역을 구성하고 있는 소방과 보건소, 병원, 지방자치단체 등 다양한 기관의 협력 시스템이 필수적이다. 또한, 지역의 통·반장들과 주민자치위원들은 동네 안에 구석구석을 잘 안다. 해당 지역의 특성과 주민들의 실정을 가장 잘 아는 지역 주민들과 현장 경찰관이 같이 동네를 순찰하고, 지역치안 문제에 대해 정책대안을 제시하는 '공동체 치안', '협력치안'을 확립하는 것이 중요하다. 혼자 하면 어렵고 힘들지만, 같이 하면 즐겁고 잘할 수 있다. 기동순찰대를 폐지하고, 파출소와 지구대를 중심으로 현장 중심의 치안 시스템을 견고하게 짜야 한다.

대구경찰청 기동순찰대

대구일보 특별기고(2025. 7. 28.)

'대화경찰'을 아시나요?

요즘 집회 시위 현장에 가보면 '대화경찰'이라고 적힌 형광색 조끼를 입은 경찰관을 쉽게 만날 수 있다. 이와 같은 대화경찰(Dialogue Police)의 시초는 스웨덴이다. 2001년 6월 15일과 16일 양일간 스웨덴에서 열린 유럽연합(EU) 정상회담 반대 시위 때 경찰과 시위대 간 충돌로 수백 명의 부상자가 나왔다. 이후 스웨덴에 질서경찰이 만들어져 각종 집회나 시위 장소에서 참가자들과 소통하며 과열된 분위기를 진정시키는 역할을 수행한다.

우리나라에서는 2018년부터 도입됐다. 정보과나 기동대 소속 경찰들이 주로 선발되는데, 약 3주 과정의 관련 교육을 이수한 후 집회 현장에 투입된다. 현재 우리나라 대화경찰의 수는 작년 기준으로 1,912명에 이른다.

경찰청에 따르면, 지난해 열린 총 8만 8,823건의 집회 중 8만 3,585건에 대화경찰이 투입됐다. 비율로 보면 94.1%로 2020년의 55.4%에 비해서 약 40% 증가했다.

이와 같이 대화경찰 투입이 늘어난 것은 집회 현장에서의 효과가 입증됐기 때문이다. 어느 연구에 따르면, 대화경찰을 투입한 관서의 경우 그렇지 않은 관서에 비해 위법 시위가 약 54.5% 줄었다고 한다. 실제로 지난 계엄 탄핵 정국에 들어서는 찬반 세력 간 대립 격화로 대화경찰의 역할이 더욱 커졌다. 특히 서울 도심 집회 현장에는 노련하고 내공 있는 대화경찰관들이 다수 활동하면서 갈등을 조정했다. 대화경찰의 가장 큰 임무는 집회 주최 측, 참가자와 '대화'를 하며 평화로운 시위 진행을 이끌어 내는 것이다. 특히 경찰에 신고된 집회 시위가 과격한 폭력 사태로 격화하지 않도록 안정적으로 관리하는 것이 주요 임무이다. 경찰의 집회 시위 대응 패러다임이 과거 '관리와 진압'에서 '평화적 집회 시위의 보장 및 참가자 보호'로 전환되면서 대화경찰은 적극적으로 활동하고 있다.

최근까지 여러 이슈에 대해서 보수단체와 진보단체의 집회가 주야간 구별 없이 많은 인원이 몰렸다. 심지어는 아주 가까운 거리에서 양측간의 충돌의 위험성도 있을 정도이다. 실제로도 크고 작은 폭력 사고도 발생했다. 이런 급박한 상황에서 대화 경찰관들의 업무강도도 더욱 세졌다. 이른 아침부터 늦은 밤까지 쉴 틈이 없을 정도다. 대화 경찰은 더욱 긴장의 끈을 놓지 못하며, 집회 현장의 최전선에서 발로 뛰고 있다. 하지만 대화 경찰은 고된 감정 노동과 고질적인 인력 부족으로 지쳐있다. 대형 스피커와 집회 주최 측의 마이크 소리에서 나오는 소음에 장시간 노출되어 스트레스와 청각적인 피로감이 상당하다. 또한 장시간 야외 근무를 해야 하지만 휴식 공간과 시간이 턱없이 부족해 체력적인 한계가 있다. 이들은 식사를 제때 하기도 어려울 때가 많다. 또한 집회 참가자들이 대화경찰을 무시하는 태도로 응대하거나 폭언·욕설을 일삼는 경우가 많고, 심지어는 집회 현장에서 폭행이 일어나는 상황을 중재하다가 신체적인 위협을 받는 경우도 종종 발생한다. 이러한 문제들은 결국 대화경찰관들의 정신건강 악화로 이어지고 있다.

경찰은 시민의 생명과 재산을 보호하는 가장 중요한 형사사법기관이다. 그래서 경찰은 일선 현장이 가장 우선이다. 치안 현장의 가장 치열한 부분에서 근무하는 대화경찰은 업무의 성격상 정신건강 고위험군이다. 이들의 정신건강 증진 프로그램은 물론이고, 직장 인근 병원에서 상담과 치료를 받을 수 있도록 해야 한다.

최근에 경찰을 '거리의 판사'라고 한다. 시민 안전을 위한 경찰들이 해야 할 일이 매우 많아졌다. 이 중에서도 대화경찰은 가장 먼저 집회 현장에 들어가서 가장 나중에 나오는 경찰이다. 대화경찰은 갈등 관리자이고, 사회 문제 해결자(social problem solver)이다. 시민과 경찰 간의 신뢰와 소통을 높이고, 평화적인 집회와 시위 문화를 정착시켜야 한다. 폭력적이고 불법적인 집회는 더 이상 안 된다.

경안일보(2025. 8. 4.)

초고령화의 과제, 노인 운전자 교통사고

우리나라에서 발생하는 전체 교통사고 가운데 65세 이상 고령 운전자가 낸 교통사고의 비율이 계속 늘고 있다. 2019년 14.5%였던 고령 운전자 사고 비율은 2020년 15.0%, 2021년 15.7%, 2022년 17.6%, 2023년 20%, 2024년 23.5%로 계속 증가하는 추세다. 교통사고 빈도로 따지면, 전체 교통사고 4건 가운데 1건이 고령 운전자로 인한 교통사고인 셈이다. 또한 전체 교통사고 사망 사고 가운데 고령 운전자가 차지하는 비중도 계속적으로 높아지고 있는데, 2019년 23% 수준이던 비율이 2023년 기준에는 29.2%까지 올랐다.

이러한 수치는 대구와 경북도 마찬가지다. 2019년부터 2024년까지 5년간 통계를 보면, 2019에는 경북이 2,761건, 대구시가 2,099건이고, 2020년에는 경북이 2,469건, 대구시가 1,952건, 2024에는 경북이 2,752건, 대구시가 2,242건으로 중간에 소폭 감소하기도 했지만 전체적으로는 꾸준히 증가하는 추세이다.

실제로 대구와 경북에서 발생한 노인 운전자 교통사고를 살펴보면, 먼저 2022년 12월, 대구 중구 태평네거리에서 고령 운전자가 몰던 전기 택시가 방향을 잘못 제어해 반대편에 신호 대기 차량과 충돌하는 사고가 있었다. 이 사고로 14중 연쇄추돌이 발생했고, 다행히 사망자는 없었지만, 다수의 부상자와 차량 파손이 발생했다. 또한 경북에서는 2023년 8월에 포항 죽도시장 주차타워 전기 트럭 추락 사고가 있었다. 고령 운전자가 운전하던 전기 트럭이 죽도시장 공영주차타워에서 추락하여 13명이 다쳤다.

일반적으로 고령 운전자 교통사고의 주된 이유는 노화로 인한 신체 기능의 저하로 파악된다. 한국소비자원 조사에 따르면, 시야가 제한된 상황에서 어린이가 갑자기 튀어나올 때 고령 운전자의 브레이크 반응 속도는 2.28초로, 비고령자 1.20초의 약 2배에 가까웠다. 시야각의 경우는 비고령자가 120도인데 반해 고령자는 그 절반 수준밖에 안된다.

한국소비자원에서 고령 운전자 300명을 대상으로 교통안전 인식 조사를 실시했다. 이 조사에서, 응답자의 60.7% 정도가 고령 운전자는 비고령 운전자에 비해 교통사고를 일으킬 위험이 더 높다고 응답했다. 또한, 응답자의 62.7%가 고령 운전자의 교통사고를 줄이기 위한 개선 방법으로 첨단 운전자 보조 시스템이 부착된 고령자 안전운전 보조 차량이 도입되었으면 좋겠다고 응답했다.

또한, 삼성화재 교통안전 문화연구소가 지난 2019년부터 지난해 6월까지 자사 보험 가입 차량의 사고를 토대로 통계를 내봤더니 페달 오조작 사고는 매달 160건 이상 발생하고, 연평균 2천 건이 발생하는 것으로 나타났다. 특히 65세 이상 고령 운전자의 교통사고 비율이 높았다. 고령 운전자는 페달 오조작 사고가 전체 사고의 25.7%를 차지했고, 이는 전체 운전면허 소지자와 비교하면 페달 오조작 사고 비율이 2.5배 높은 것으로 나타났다.

최근에 일본에서는 운전 적합성이 부족한 고령 운전자를 대상으로 첨단운전 지원장치 부착 조건부 운전면허를 도입했다.

국내에서는 고령 운전자 보조 장치 개발이나 제도 개선 논의가 지지부진한 상황인데, 필자는 조건부 의무화가 필요하다고 강조한다. 고령 운전자의 일정 연령 또는 인지능력 저하 확인 시, 보조장치 장착을 면허 유지 조건으로 요구하는 방식이 우리나라에서 가장 현실적인 접근이다.

또한, 노인 운전자들이 운전면허 자진반납 시 지원 혜택을 보다 확대하고 연령대별 맞춤형으로 혜택을 제공해 고위험 노인 운전자의 면허 자진반납 활성화를 유도해야 한다. 하지만 최대한 노인들을 배려하는 다각적이고 세밀한 대책이 필요하다. 중요한 것은 노인들이 운전을 하지 않더라도 일상생활을 하는 데 불편함이 없도록 하는 것이다.

노인 한 명이 죽으면, 그 마을에 도서관이 하나 없어진다는 말이 있다. 한 노인의 일생을 통해 얻은 지식과 경험이 우리 사회에 유용한 교훈과 가르침을 준다. 노인 운전자 교통사고 예방은 우리 사회의 노인들에 대한 존경심과 예우를 기초로 하여 모든 정책 하나하나에 세심한 노력을 기울여야 한다.

경안일보(2025. 8. 8.)

'안전한' 자전거 교통이 미래 교통정책의 핵심과제

자전거는 친환경 교통수단이고, 건강한 레저스포츠 문화의 상징이다. 우리나라 자전거 이용 인구는 1천 300만 명으로 추정된다. 하지만 자전거 교통의 가장 큰 문제점인 교통사고도 적지 않게 발생하고 있다.

최근 10년간 우리나라 자전거 교통사고는 14만 1천 677건이며, 이로 인한 사망자는 2천 112명에 달한다. 특히 수도권을 제외하고는 대구와 경북에서 가장 많은 사고가 발생했다. 한국도로교통공단의 자료에 따르면, 2015년에서부터 2024년 대구시의 자전거 교통사고는 1만 2천 12건, 사망자는 185명으로 집계되었고, 이 중 자전거 운전자가 가해자로 분류된 사고는 37%인 4천 439건, 사망자는 43명이었다. 같은 기간 동안 경북의 자전거 교통사고는 9천 117건, 사망자는 213명으로 나타났고, 자전거 운전자가 가해자로 분류된 사고는 3천13건, 사망자는 58명으로 집계됐다.

작년 우리나라 교통사고 100건당 사망자 수는 1.3%이다. 특히 자전거 운전자의 연령대가 높아질수록 치사율도 함께 높아지는 특징을 보였다. 60대 자전거 운전자가 낸 교통사고의 치사율은 2.0%이며, 70세 이상은 4.2%였다. 미성년자가 자전거를 타다 사고를 내는 경우도 증가했는데, 작년 18세 미만 운전자에 의해 발생한 자전거 교통사고는 1,461건으로 집계됐다. 10건 중 3건꼴로 18세 미만이 일으킨 셈이다.

최근에는 브레이크가 없는 '픽시(fixie) 자전거'가 청소년들 사이에서 유행하고 있는데, 매우 위험하기 짝이 없다. 실제로 얼마 전 서울에서 중학생이 내리막길에서 픽시 자전거를 타다가 속도를 통제하지 못하고 에어컨 실외기를 충격하여 사망하는 안타까운 사고가 발생했다. 경찰은 도로교통법 제50조 제7항에 의거해서 제동장치를 갖추지 않은 픽시 자전거의 도로 주행을 안전운전 의무 위반으로 판단하여 집중적으로 단속하고 있다. 성인은 즉결 심판의 대상이 될 수 있고, 18세 미만 청소년의 경우 보호자에게 통보한다. 18세 미만의 아동이 여러 차례 적발돼 부모에게 통보가 이루어졌음에도 부모가 적절한 조치를 하지 않으면 아동학대 방임으로 보호자가 처벌받을 수 있다.

통계적으로 볼 때, 자전거를 탈 때 가장 지키지 않는 것으로 '보행로 주행 금지'가 꼽힌다. 작년에 자전거와 사람 간에 발생한 사고 중 약 30%는 보행로로 다니던 보행자와의 교통사고였다. 현행 도로교통법상 자전거도 차에 해당된다. 따라서 보행로로 통행할 수 없고, 당연히 자전거 음주운전도 불법이며, 범칙금 3만 원이 부과된다.

자전거의 모범국가인 덴마크는 자전거 보급률이 90%이고, 교통수단 분담률이 30%에 이른다. 수도인 코펜하겐 시민의 60%가 자전거로 출퇴근한다. 덴마크는 야간에는 흰색 전조등과 빨간색 후미등을 반드시 켜야 하며, 이를 어기면 벌금을 내야 한다. 덴마크는 자전거로 출퇴근하는 시민들을 위해 '자전거 고속도로'를 만들었는데, 보행자와 차량 통행과 잘 분리되어 있고, 별도의 표시가 있어 자전거 운전자들이 쉽게 길을 찾을 수 있다. 덴마크의 이런 결과는 그냥 만들어진 것이 아니라, 수십 년 동안 정부의 일관된 교통정책과 도시계획의 성과라고 할 수 있다.

강조하건대, 우리나라에서 자전거 교통을 활성화하려면 자전거 교통사고의 위험성을 줄이는 것이 가장 중요하다. 자전거 교통사고를 줄이려면, 시설(engineering), 규제(enforcement), 교육(education) 등 3E 정책이 필요하다.

자전거를 탈 때, 반드시 헬멧 같은 보호 장비를 착용하고, 수신호를 숙지하는 등 기본 안전 수칙을 잘 지켜야 한다. 자전거도로가 없다면 차로 가장자리로 통행하고, 인도와 횡단보도에서는 자전거에서 내려서 끌면서 걸어야 한다. 아울러 정부는 자전거가 안전하고 편리한 이동 수단으로 자리 잡을 수 있도록 자전거와 자동차가 공존하는 도로 시스템을 꼼꼼하게 설계해서 장기, 중기, 단기 플랜을 만들어야 한다. 안전한 자전거 교통을 활성화하는 것이 미래 교통정책의 핵심과제이다.

경안일보(2025. 10. 20.)

술타기 수법, 꼼수가 아닌 범죄

2025년 4월 22일 운전자 K씨는 밤 10시 50분경 무면허 상태로 술을 마시고 부산 해운대구 반여동에서 자동차를 운전하다가 택시를 들이받는 교통사고를 냈다. 이 사고로 기사와 승객 등 총 3명이 다쳤다. K씨는 사고 후에 그대로 차량을 운전해 도주하면서 중앙선 침범과 신호위반, 과속운전 등 난폭운전을 했고, 보도 안전펜스를 들이받는 2차 사고를 낸 뒤 차량을 버리고 달아났다. K씨는 다음 날 주거지 등 소재가 확인되지 않은 상태로 담당 경찰관과 연락해 출석을 약속했지만, 변호사를 통해 "타인과 술을 마시고 있다"고 전하며, 소위 '술타기' 수법을 썼다.

또한, 2024년 6월 A씨는 전북 전주시 호남제일문 사거리에서 고급 외제차를 운전하면서 시속 159km로 주행하다가, 정지 중이던 차량을 추돌해 19세 청년 B씨를 숨지게 했다. 함께 타고 있던 친구도 중상을 입었다. 사고 직후 A씨는 경찰관에게 "음주 측정 방법으로 채혈을 하겠다"고 말했고, 경찰은 순진하게 이 말만 믿고 음주 측정 없이 A씨를 혼자 구급차에 태워 병원으로 이송했다. 병원 응급실을 나선 A씨는 인근 편의점에서 술을 사 마신 뒤, 음주운전을 감추기 위한 이른바 술타기 수법을 시도했다. 경찰이 약 2시간 뒤 A씨의 음주 여부를 확인했을 때는 이미 술을 추가로 마신 상태였다. 결국 운전 당시 혈중알코올농도는 정확하게 측정되지 않았다.

우리에게 잘 알려져 있는 사건도 있다. 작년 5월, 가수 김호중 씨는 서울 강남구 압구정로에서 술을 마시고 자동차를 운전하다가 택시를 들이받고는 도주했다. 하지만 김씨는 음주운전으로는 처벌받지 않았다. 사고 이후 편의점에서 맥주를 더 마시는 일명 '술타기' 꼼수를 사용해서 사고 당시의 정확한 혈중알코올농도를 확인할 수 없었기 때문이다.

이와 같이, 술타기 수법은 음주운전을 한 후에 경찰의 음주 측정을 방해할 목적으로 추가로 술을 마셔 음주 측정에 혼란을 주는 고의적 행위를 말한다. 쉽게 말해서 술타기는 음주운전을 하다가 걸린 뒤 경찰에 의해 호흡측정이나 혈액채취를 통해 혈중알코올농도 수치를 검사받기 전에 편의점이나 술집, 자택 등으로 달려가 술을 사서 그 자리에서 마신 후 음주 측정을 받는 것을 말한다. 이렇게 되면 검사가 '운전할 당시의 실제 혈중알코올농도'를 정확하게 증명하기 어렵게 되고, 결국 가벼운 처벌이나 무죄 판결을 받는 경우가 그간 있어 왔다.

사실 운전을 많이 하는 사람들 사이에서는 음주운전 사고가 나면 음주운전자는 일단 도주하여 나중에 혈중알코올농도를 측정받을 때 수치를 낮춰 음주운전 혐의를 피하려 하는 시도가 적지 않았다. 여기에다 김호중 사건을 계기로 이런 술타기 방식이 세상에 널리 알려지면서 '음주운전을 하다 걸리면 무조건 도망가서 추가로 술부터 마셔야 하는 것 아니냐'라는 잘못된 정보가 있었고, 결국 이런 꼼수를 막기 위해 법률이 개정되었다.

이른바 '김호중 방지법'으로 불리는 개정 법률은 음주 측정을 방해할 목적으로 추가로 술을 마신다거나 혹은 약물을 사용하는 술타기 행위를 '음주 측정 방해행위'라 규정한다. 만약 이런 행위를 할 경우에는 음주 측정 거부와 동일하게 처벌하도록 하였다.

술타기 행위를 하면 1년 이상 5년 이하의 징역이나 500만 원 이상 2천만 원 이하의 벌금에 처한다. 또한, 술타기 행위를 한 경우에는 즉시 운전면허가 취소되고, 사상 사고를 일으킨 경우에는 취소 이후 5년 동안, 물피 사고를 일으킨 경우에는 취소 이후 2년 동안, 나머지의 경우 1년 동안 면허를 재취득할 수 없다. 이와 같은 도로교통법 개정안은 2025년 6월 4일부터 시행되었다. 강력하게 적용해야 한다.

우리나라에서 교통사고의 10%, 뺑소니 사고의 30%가 음주 교통사고다. 강조하건대, 음주운전은 단순한 교통위반 행위가 아니다. 음주운전은 무고한 사람의 생명을 뺏을 수 있는 범죄행위다. 어떤 변명도, 꼼수도 허용되어서는 안 된다.

대구신문 대구논단(2025. 11. 14.)

시험지 탈취 사건과 학교 안전 시스템

안동에서는 2025년 7월 4일 오전 1시 20분에 전직 기간제 교사 C씨가 학부모 A씨와 고등학교 행정실에 무단으로 침입해서 기말고사 시험지를 빼돌리려다 붙잡혔다. 이들은 지난 2023년 1월 중간고사부터 올해 1학기 기말고사까지 총 10차례에 걸쳐 A씨 딸이 재학 중인 학교에 몰래 들어가 시험지를 훔친 혐의를 받는다. C씨는 이렇게 범죄를 도우며 학부모 A씨로부터 2,000여만 원을 받은 것으로 알려졌다. 또한 학교 관리자인 B씨는 이들이 학교에 침입한 사실을 알면서도 돕고, CCTV 영상을 삭제하는 등 증거인멸을 시도한 혐의도 받고 있다. 한편 학부모 A씨가 3년 내내 시험지를 빼돌리는 동안 A씨의 딸은 내신 평가에서 전교 1등을 유지했다. 하지만 A씨의 범행이 발각된 이후 치른 수학 시험에서는 40점을 받은 것으로 알려졌다. 결국 이 범죄가 밝혀진 후 A씨의 딸은 퇴학 됐다.

얼마 후 울진에서도 유사한 사건이 발생했다. 올해 1학기 중간고사 시험 기간이던 지난 4월 23일 오전 1시, 울진의 한 고등학교 3학년생인 A군이 학교 교무실에 무단 침입했다. 사건 당일 교내 CCTV 영상에는 A군의 모습이 정확하게 찍혀 있다. A군은 사설 경비 시스템이 울리자 달아났다. 학교 측은 다음날인 24일 오후 112에 신고했고, 경찰은 탐문 수사 후 A군을 체포했다. A군은 경찰에 "시험지를 훔치려고 학교에 들어갔으나, 훔치지는 못했다"고 말했다.

이 사건들보다 훨씬 앞선 2018년, 우리 사회에 큰 충격을 준 일명 '숙명여고 사건'이 있었다. 이 사건은 고등학교 교사(직책은 교무부장) 신분으로, 같은 학교에 재학생인 쌍둥이 딸들에게 시험지를 미리 빼돌린 아빠와 딸들이 모두 대법원에서 징역형이 확정됐다. 하지만 또다시 발생한 시험지 유출 사건에 자녀를 둔 학부모들은 분통이 터진다. 특히 내신성적은 대학입시에서 매우 중요하고, 이렇게 학교 당국에서 시험 문제지를 부실하게 관리하는 것에 대한 비판이 거세다.

왜 이런 일이 자주 발생할까? 그 이유는 간단하다. 학교 교무실이나 행정실 금고에서 중간고사, 기말고사 시험지를 빼내도, 적발되지 않고 좋은 성적을 받을 수 있기 때문이다.

교사들과 학생들이 집에 가고 없는 밤과 새벽에 교무실에 무단으로 들어가 시험지 보관 금고를 열고, 시험지를 탈취하는 것이 가능한 게 참으로 한심하다. 이런 유형의 범죄는 학교 내 CCTV와 비상벨, 견고한 금고 잠금장치 등 무인 경비 시스템으로도 충분히 범죄를 예방할 수 있다.

필자는 전국에 있는 초중고 교장 선생님들을 대상으로 여러 차례 학교 안전에 대한 특강을 실시했다. "학교 안전과 범죄예방을 위한 환경설계"라는 제목으로 진행했는데, 강의의 핵심은 "학교 안전은 물리적인 환경설계를 통한 범죄예방이 중요하고, 학교 공간을 설계할 때, 무엇보다 안전을 최우선적으로 고려해야 한다. 공간혁신을 통한 미래학교로의 도약이 필수적이다"라는 것이다.

최근에 아파트나 신축건물을 설계할 때 활용되는 기법인 셉테드(CPTED, Crime Prevention Through Environmental Design)는 물리적

인 환경설계를 통해 범죄를 사전에 예방하는 범죄 예방기법이다. 어두운 골목길에 CCTV 설치, 24시간 운영하고 있는 동네 편의점의 유리창을 투명유리로 제작하여 바깥에서도 잘 보이게 하는 방법 이 학교 공간에서도 다양하게 활용할 수 있는 셉테드 기법들이다.

이번 안동과 울진 시험지 탈취 사건을 관할하고 있는 경상북도 교육청은 방범 보안 경비 시스템을 전면적으로 강화하고, 평가관리실 책임자 지정과 시험지 보관장소의 이중 잠금장치 설치 등 평가관리실 보안 관리도 강화하기로 했다.

앞으로 학교 내 시험지 보관장소 등 중요지점을 정확하게 분석해서 CCTV와 비상벨, 잠금장치, 조명시설 등을 꼼꼼하게 보완하고, 학교별, 건물별, 용도별 맞춤형 안전진단을 실시해야 한다. 또한, 악성 해커 등을 대비한 컴퓨터 보안 시스템도 철저하게 관리해야 한다. 이번 안동 시험지 탈취 사건에 가담한 사람들에 대한 엄격한 처벌로 경각심을 울려야 한다.

경안일보(2025. 8. 18.)

촉법소년, 어떻게 볼 것인가?

최근 우리 사회에서 촉법소년에 의한 범죄가 심각한 수준이다. 범죄를 저지르고도 형사처분을 받지 않는 촉법소년이 매년 늘고 있어 최근 5년간 6만여 명에 달하는 것으로 나타났다. 현행 법률상 촉법소년은 범죄를 저지른 만 10세 이상 14세 미만의 청소년으로서, 징역이나 벌금 등 형사처벌 대신 사회봉사나 소년원 송치 등 보호처분만을 받는다.

2023년 서울 노원구 월계동의 한 아파트 단지에서 만 10세 초등학생이 고층에서 떨어뜨린 돌에 맞아 70대 남성이 숨졌다. 그 해 4월에는 인천에서 여중생을 폭행하고, 속옷만 입힌 채 촬영한 뒤 협박한 10대 청소년 6명이 공동폭행, 협박, 성폭력특례법 위반 등으로 검찰에 송치됐다. 하지만 이들 중 3명은 만 14세 미만의 촉법소년이었다. 또한 충남 천안에서는 중학교 1학년, 초등학교 5학년 2명을 또래 학생 20여 명이 집단으로 폭행하고, 이를 휴대전화로 촬영한 사건이 발생하기도 했다. 이 사건의 가해 학생들 대부분이 촉법소년인 것으로 파악됐다. 또한, 성인들이 촉법소년 제도를 악용해 어린 청소년들을 범죄에 끌어들이는 사례도 있다. 형사처벌을 받지 않는 10대 가출 청소년들을 범죄에 끌어들여 대전 시내 금은방을 턴 성인 일당이 경찰에 붙잡혔다.

수사 결과 이들은 오토바이를 사주겠다고 어린 청소년들을 범죄에 끌어들이고 구체적인 범죄 수법은 물론이고, 촉법소년이라는 점을 경찰에 진술하도록 교육까지 시켰다.

경찰청 자료에 따르면, 지난 2019년부터 작년까지 5년간 촉법소년 수는 총 6만 5,987명으로 집계됐다. 연도별로 보면 2019년 8,615명, 2020년 9,606명, 2021년 1만 1,677명, 2022년 1만 6,435명, 2023년 1만 9,654명으로 매년 늘고 있다. 범죄 유형별로 살펴보면, 절도가 3만 2,673명(49.5%)으로 가장 많았고, 폭력 1만 6,140명(24.5%), 강간·추행이 2,445명(3.7%)이 그 뒤를 이었다. 방화(263명), 강도(54명), 살인(11명) 등 강력범죄도 눈에 띄게 늘었다.

더욱이 일부 촉법소년들은 비난의 수준이 높은 강력범죄를 자행하고도 전혀 반성하지 않는 모습이 알려지면서 피해자들뿐만 아니라 많은 시민들의 공분을 사기도 했다. 어떤 범죄는 만 14세 미만의 범죄라고는 믿기 힘들 정도로 잔혹한 강력범죄를 저지른 경우도 있다. 촉법소년의 연령을 낮춰 경종을 울려야 한다는 지적이 터져 나오는 이유다.

외국의 경우, 촉법소년의 연령은 프랑스가 13세 미만, 캐나다는 12세 미만, 영국은 10세 미만, 미국은 10~13세 미만, 호주는 10세 미만이다.

촉법소년을 규정하는 연령 상한을 낮추는 문제는 지난 1953년 형법 제정 당시부터 시작해 반복적으로 제기되어 왔다. 촉법소년 상한 연령을 현행 만 14세 미만에서 12세 미만으로 하향하겠다는 법률이 아직 국회 문턱을 넘지 못하고 있다. 촉법소년 처벌이 근본적인 청소년 범죄의 해법이 될 수 없고, 미성년 전과자라는 낙인을 찍으면 성인범죄로 이어질 가능성이 높다는 걱정 때문이다.

하지만 촉법소년들 대부분은 자신들이 범죄를 저질러도 처벌받지 않는다는 사실을 잘 알고 있다. 이를 악용하는 사례도 적지 않다. '나는 어려서 범죄를 저질러도 교도소에 가지 않아'라는 말이 공공연하게 청소년들 사이에서 오고 간다. 이제 근본적인 인식 변화가 필요하다. 단지 나이가 어리다고 흉악범조차 처벌하지 않는 것은 현재의 우리나라 국민 정서와는 맞지 않다. 범죄를 저지르면 그에 상응하는 법적인 처벌과 사회적 책임이 반드시 뒤따른다는 인식을 청소년 때부터 심어주어야 한다.

물론 청소년기라는 특성을 고려해서 촉법소년들에 대한 교육 및 상담, 사회봉사 등을 통한 실질적인 교화·선도 프로그램도 병행되어야 한다.

대구신문 대구논단(2024. 3. 7.)

범죄도 유행을 탄다

범죄도 유행을 탄다. 이른바 카피캣 범죄(copycat crime, 모방범죄)는 범죄나 자살 등의 방법을 모방하는 범죄행위를 말한다. 'copycat'은 새끼 고양이가 어미 고양이의 행동을 따라 하는 데서 유래한 표현이다. 주로 뉴스에 보도되는 살인사건이나 범죄영화를 통해 범행 수단을 모방하는 경우가 많다. 정신질환을 앓고 있거나 아동 시절 폭력적인 대우를 받은 사람에게서도 일어날 수 있다.

모방범죄와 관련된 연구인 FBI 보고서(2018)를 살펴보면, 대형범죄가 보도된 이후에 유사한 범죄 발생률이 최대 13% 증가한다고 보고하고 있고, 한국형사정책연구원(2022)에 따르면, 강력범죄 보도 이후 2~3주 내 유사범죄 시도 건수가 평균 8.5% 증가한다고 한다. 그래서 범죄도 유행이 있다고 하는 것이다.

모방범죄는 보통 범죄의 동기는 있지만 실행 방법을 고민하던 중에 다른 범죄자의 행동을 보고 아이디어를 얻어 실행에 옮기는 경우가 있다. 또한, 정신적으로 성숙하지 못한 청소년이나 사회적 불만과 고립감, 정신질환 등으로 극단적 행동을 모방하는 사례도 있다.

특히, 언론매체의 범죄 보도가 자극적일 경우, 잠재적인 범죄자에게 동기화되어 모방범죄를 충동할 수 있다. 언론매체는 범죄 수법의 아이디어와 동기를 제공하고, 범죄에 대한 인식과 욕구를 자극하는 역할을 하기도 한다.

2023년 8월, 경기도 성남시 분당구 서현역 백화점 인근에서 무차별 흉기 난동 사건이 발생했다. 이후 온라인 커뮤니티 등에서는 이와 유사한 범죄를 예고하거나 모방하겠다는 글이 이어졌다.

2025년 8월에는 신세계백화점에 폭발물을 설치하겠다는 인터넷 게시글이 올라가면서 전국 여러 지점에 대해 긴급 수색 조치가 벌어졌다. 또 다른 폭파 예고 댓글도 계속 이어지면서 모방범죄 가능성이 거론되었다. 범죄자는 폭발물 테러 허위 위협 글 하나로 경찰특공대와 군대가 출동하는 것을 경험하면서 자기 자신을 과시하고, 스릴을 느끼며, 이 과정에서 모방 충동을 더욱 자극한다. 특히 온라인 익명성과 낮은 법적 처벌 수위가 결합되면서 자신을 드러내고 싶은 관심 추구형 범죄자가 쉽게 뛰어든다.

앞으로 온라인 범죄예고 같은 모방범죄에 대해서는 법이 허용하는 최대한의 형량으로 엄벌해야 한다. 특히, 살인이나 테러 예고 글 게시는 구속 수사를 원칙으로 강력하게 대응해야 한다. "협박 전화나 온라인에 게시한 글 하나로도 징역형에 막대한 배상을 해야 한다는 인식이 확산되면 이런 모방범죄는 확실히 줄어들 것이다. 또한 사이버 모니터링 인력을 활용하고, AI 자동 탐지 시스템 도입을 추진해야 한다.

모방범죄를 예방하기 위해서는 신문이나 방송 등 언론의 역할도 매우 중요하다. 자살 보도와 같은 방식으로 강력범죄 보도에도 구체적인 가이드 라인을 만들어서 범죄 수법이나 범행 도구, 범죄자의 범행 이유 등을 상세하게 묘사하지 않도록 하고, 유튜브 등 SNS에서 범죄를 미화하거나 모방 영상에 대해서는 삭제 요청을 강화해야 한다. 언론이 선정적 요소를 강조할수록 내재적인 범행동기를 가진 범죄자들에게는 자극제가 될 수 있다. 또한 불필요한 과도한 반응이 모방범죄를 부추긴다. 따라서 언론매체는 범죄행위를 자세히 묘사하거나 영상 자체를 내보내는 대신, 범죄자가 체포되는 영상을 통해 경각심을 높이는 등 보도가 필요하다.

아울러 전과자나 정신질환자에 대한 위험성 평가 및 치료를 연계하는 것이 필요하다. 사회적 고립과 무력감을 느끼는 대상자에 대한 조기 지원, 커뮤니티 중심의 사회적 지원 구축, 정서 교육 및 정신건강 프로그램 제공이 필요하다.

경안일보(2025. 11. 10.)

경찰관이 동네북인가?

2024년 1월 서울 중랑구에서 술에 취한 남성이 '가게를 부수려 한다'는 신고를 받고 출동한 경찰관에게 욕설을 퍼부었다. 경찰이 도로로 달려 나가려는 주취자를 막고 인도 쪽으로 이동시키려 하자 경찰관의 가슴을 주먹으로 폭행했다. 이 주취자는 공무집행방해 혐의로 징역 1년에 집행유예 3년이 선고됐다. 그는 집행유예 기간 종료 3개월 만에 또다시 같은 범행을 저질렀다.

2024년 4월 서울 마포구의 한 아파트 커뮤니티센터에서 경찰의 귀가 요청에 불응하고 주먹으로 경찰관의 머리를 때린 주취자에게는 벌금 600만 원이 선고됐다. 같은 해 12월 서울 은평구에서는 경찰 제지에 욕설을 퍼붓고 경찰관의 낭심을 걷어찬 주취자에게 징역 6개월에 집행유예 1년이 선고되었다.

2024년 10월 B씨는 서울 강서구에서 "남녀가 싸우고 있다"는 신고를 받고 현장에 출동한 경찰에게 욕을 하고 폭행한 혐의로 재판에 넘겨졌다. B씨는 출동한 경찰관에게 심한 욕설과 함께 가슴 부위를 두 차례 밀쳤다. 공무집행방해와 모욕죄로 기소된 A씨에게 징역 6개월에 집행유예 1년이 선고되었다.

이와 같이 범죄 현장에 출동한 제복 입은 경찰관이 흉기에 피습되거나 폭행이나 욕설을 당하는 등 공권력을 위협하는 사례가 적지 않게 발생하고 있다.

경찰청 자료에 따르면, 공무집행방해 사건 검거 건수는 2023년 기준 1만 25건으로, 이 중 9,346건이 경찰관을 대상으로 발생했다. 즉, 공무집행방해 사건 피해자의 90% 이상이 경찰관이라는 의미다. 또 다른 통계 자료를 보면, 최근 5년(2019~2023년)간 전국에서 범죄자의 피습으로 다친 공상경찰관은 2천 82명에 달한다. 이는 한 해 평균 400여 명의 경찰관이 습격을 받는 셈이다. 이에 대해서 익명의 경찰관은 '우리는 동네북이다'라는 푸념을 늘어놓곤 한다.

현행법상 경찰관 등에 대해 폭행이나 협박을 할 경우에 5년 이하 징역 또는 1,000만 원 이하의 벌금에 처할 수 있다. 하지만 실제로는 집행유예나 벌금 등 경미한 처벌로 그치는 경우가 대부분이다. 특히 올해 1월 서울서부지법 난동 당시 경찰관을 폭행한 혐의로 기소된 2명에 대해 법원이 집행유예를 선고한 것은 이러한 현실을 잘 보여준다. 우리 사회에서 이런 풍토가 고착화되면서, 공무집행 방해죄를 가벼운 경범죄로 인식하게 될까봐 심각하게 걱정된다.

공무집행을 방해하는 죄는 정당한 공권력의 행사를 무력화시켜 궁극적으로는 국가의 기능을 약화하고, 공무를 집행하는 경찰관의 안전까지 위협하는 중한 범죄이다.

공무집행방해죄에 대해 약한 처벌은 필연적으로 경찰의 법 집행에 위축을 낳게 된다. 흉기를 든 범죄자는 경찰관뿐만 아니라 선량한 시민까지 해칠 수 있다. 실제로 흉악한 범죄자의 경찰관 피습 상황이 발생했을 때, 경찰관이 소신 있게 적극적으로 제압할 수 있어야 시민을 안전하게 보호할 수 있다. 미국의 경우 경찰이 공권력을 사용했다고 기소되거나 유죄 판결을 받는 일은 극히 드물다. 미국에서는 경찰관이 현장에서 생명의 위험을 느꼈을 경우 '합리적인 판단'에 따라 물리력을 사용한 공무집행이 가능하도록 법률이 보장하고 있기 때문이다. 국민의 인권을 매우 존중하는 영국과 프랑스, 독일 등 유럽 선진국에서도 국가의 공권력에 대항하면 경찰은 무관용 원칙을 철저하게 적용한다.

법원이 경찰관의 정당한 법 집행을 위협하는 범죄행위에 대해 경미한 처벌을 내리는 것은 일반 국민들에게 공권력을 대하는 태도에 있어 그릇된 메시지를 전달할 수 있다. 이제는 법원이 엄하고 확실한 공무집행방해 처벌 기준을 적용해야 한다. 특히 최근 들어 피의자의 인권이 중시되면서 국가의 법 집행력이 약화 되는 경향이 있다. 경찰의 정당한 법 집행 권한이 위축되면, 그 피해는 고스란히 국민에게 돌아간다. 제복 입은 경찰관이 정당하게 국민을 안전하게 보호할 수 있도록 국가 시스템을 정비해야 한다.

대구신문 대구논단(2025. 8. 22.)

강력범죄와 프로파일러

2025년 5월 17일 오후 4시경 경기도 시흥에서 차철남은 중국 동포인 50대 A씨 형제를 둔기로 살해했다. 그는 이틀 뒤인 19일 오전 9시 35분께 집 근처 편의점에서 60대 여성 점주 B씨를, 같은 날 오후 1시 20분께 한 체육공원에서 집 건물주 70대 C씨를 잇달아 흉기로 찔렀다. 이 사건을 수사 중인 경찰은 차철남의 정확한 범행 동기와 관련된 수사를 위해 4명의 프로파일러(범죄분석관)를 투입했다.

또한, 최근 인천에서 사제총기로 아들을 살해한 피의자 63세 A씨의 구체적인 범행 동기와 관련해서 프로파일러를 투입했다. 이와 같이 최근에 발생하는 범죄가 잔혹해지고, 범죄 수법이 교활해짐에 따라 경찰이 프로파일러 등 전문수사 인력을 투입하는 사례가 많아졌다.

특히, 최근 스토킹이나 교제폭력 등과 관련하여 경찰청에서는 '관계성 범죄자'의 구속영장을 신청할 때 프로파일러의 '재범 위험성 보고서'를 첨부하기로 했다. 그 이유는 법원에서 구속영장이 기각돼 풀려난 가해자가 피해자를 살해하는 일이 잇따르면서다. 실제로 올해 이별을 통보한 여성을 살해한 윤정우(48세)의 사건에서 피해자가 교제폭력을 신고해 경찰이 구속영장을 신청했지만 법원이 '주거가 일정하다'는 이유로 기각한 바 있다. 하지만 윤정우는 지난 6월 10일 피해자의 집 가스 배관을 타고 침입해 피해자를 무참하게 살해했다. 이처럼, 스토킹·교제폭력 사건의 가해자는 주거지가 일정하고, 별다른 전과가 없는 경우도 많아 구속영장이 법원에서 기각되는 사례가 적지 않다.

보통 피의자를 구속하기 위한 영장을 발부하기 위해서는 증거를 인멸하거나 도주 우려가 있어야 한다. 여기서 재범 위험성은 주요한 구속 사유에 해당하지 않는다. 경찰이 재범 위험성을 면밀하게 평가해 영장 신청에 활용하려는 것은 관계성 범죄에서 재범 위험성은 피해자에 대한 직·간접적인 위해나 협박이 반복될 수 있음을 의미하는 것이다. 다시 말해서, 피의자의 구속영장 발부 가능성을 높이기 위해서다.

이런 맥락에서, 전국에서 첫 구속 사례가 대구에서 나왔다. 얼마 전 대구중부경찰서는 스토킹 범죄의 처벌 등에 관한 법률 위반 혐의로 A군을 구속했다. A군은 올해 1월부터 5월까지 피해자에게 전화와 문자 메시지를 100여 차례 보내는 등 상습적으로 스토킹한 혐의로 경찰로부터 접근금지(잠정조치) 조치를 받았다. 그러나 A군은 지난 7월 13일 피해자를 찾아갔다가 신고받고 출동한 경찰에 의해 검거된 뒤 구속된 것이다. 대구경찰청 프로파일러는 A군을 상대로 면담과 평가를 실시해 재범 위험성이 높다고 판단했고, 대구중부경찰서는 구속영장 신청서에 이를 적시한 것이다.

이와 같이, 경찰의 최근 범죄 수사 과정에서 프로파일러의 활용도가 높아지고 있다. 우리나라는 지난 2000년 서울지방경찰청에 범죄행동분석팀을 설치하면서부터 범죄 프로파일링 기법이 도입되었다. 프로파일러(범죄분석관)는 주로 증거가 불충분하여 일반수사만으로는 한계가 있는 이상범죄나 연쇄살인 같은 강력범죄를 해결하기 위해 투입된다. 수사 지원 요청을 받은 프로파일러는 사건 현장에 출동해서 범죄자가 어떻게 범행을 준비했고, 실제로 어떤 수법으로 왜 범죄를 저질렀는

지 등 일련의 범죄 과정을 과학적으로 재구성한다. 또한, 이를 통해서 범행 동기와 용의자의 특징 등을 면밀하게 분석하고, 그 특징을 토대로 범죄자의 은신처나 도주 경로를 추론한다. 또한 피의자가 검거된 후에는 심리적인 특징을 집중적으로 분석해서 자백을 유도하고, 여죄를 밝히는 심문에도 참여한다.

경찰청에서는 연쇄 강력범죄나 지방청 2곳 이상이 연계된 사건, 기타 사회적 이목이 쏠린 사건 등 '긴급 중요 사건'이 발생하면 프로파일러를 반드시 현장에 출동시켜 수사에 참여하기로 했다. 강력범죄가 급증하고, 증거를 남기지 않는 지능범이 많아지면서 프로파일러에 대한 수요가 늘고 있다. 현재 경찰청에는 전국적으로 전문 프로파일러는 35명이다. 이 중에서 대구경찰청은 2명, 경북경찰청은 1명에 불과하다. 프로파일러의 합리적인 증원이 필요하다.

경안일보(2025. 8. 25.)

그림을 통한 아동학대 예방

최근 끔찍한 아동학대 사건이 언론을 통해 보도되면서 아동학대에 대한 사회적 관심이 높아졌다. 아동은 성인과는 달리 자신의 피해를 직접적으로 신고하거나 항변하기 어렵다. 누군가 도와주지 않으면 그 피해를 구제할 수 없다.

우리나라 아동학대의 가장 큰 문제점은 범죄가 아닌 개인 가정사라는 사회적 인식과 '낮은 신고율'이다. 사회적으로 아동학대(체벌 포함)를 부모의 훈육이라고 생각해서 신고하지 않는 경우도 많다. 특히 가정 등 은밀한 공간에서 일어나기 때문에 발견하기도 어렵다. 아동학대는 조기 발견이 매우 중요하다. 하지만 신고 의무자의 신고비율이 현저히 낮고 보육시설 발생 사건의 경우에는 동료의 행위를 묵과하는 사례도 많아 학대의 조기 발견 시스템이 필요한 실정이다.

2021년 7월 출범한 자치경찰제는 아동, 청소년, 여성, 노인 등을 각종 범죄로부터 안전하게 보호하는 것이 주요 임무이다.

대구시 자치경찰위원회에서는 2023년 대구시민의 안전을 위한 신규사업으로 인공지능 심리검사를 통한 아동학대 예방 프로젝트를 실시하였다. 기존의 교육청과 지방자치단체에서 건강한 보육환경을 조성하는 용도로 활용된 특허청 인증 프로그램을 아동학대 조기 발견에 활용한 것이다. 인공지능 아동 심리검사는 비정상적인 심리상태의 아동을 아동학대범죄의 사전 예방 관점에서 조기에 위기 아동을 발견하는 것이 목적이다.

아동은 그들이 경험한 상황을 다른 사람들에게 전달하는 데 어려움이 있어, 언어를 대신할 만한 표현 수단으로 '그림'을 통하여 아동심리를 분석하는 것이 이 사업의 핵심이다. 일반적으로 그림에서 나타나는 다양한 표현들은 잠재적으로 사람의 심리를 반영하게 된다. 특히 아동에게 그림은 자신의 내면을 나타내주는 가장 자연스러운 표현 수단이다. 따라서 인물 또는 사물의 묘사 방법, 색감 사용 방식 등을 인공지능 딥러닝 빅데이터 분석을 통해 비정상적인 심리상태를 검출하고, 거기서 발생하는 스트레스의 원인을 분석하고, 치유 방안을 제공한다.

이 프로젝트를 수행하기 위해 먼저 만 3~5세 아동을 대상으로 교육청의 협조를 받아 가정통신문을 발송한 후 희망자 접수를 받았다. 스마트폰 어플을 통한 자가 진단프로그램으로 아동의 심리상태와 부모 양육 태도에 대한 분석을 한 후에, 위험군으로 분류된 대상을 1차적으로 비대면 상담을 통한 심리분석을 실시하였다.

구체적으로는 최종 500명의 아동을 검사하였고, 관심군과 위험군 중 희망자 대상 전문가 전화를 통한 비대면 상담(39명)을 실시한 후 비대면 상담 대상 중 지속적인 관리가 필요한 2명은 대면 집중 상담을 실시한 후에 정신건강복지센터 연계하여 심리치료 지원 중에 있다. 아동학대는 초기에 부모 등 양육자의 잘못된 양육방법을 바르게 잡아주는 교육과 상담프로그램을 통해 충분히 개선할 수 있다. 이런 예방과 치유를 통한 아동 대상 범죄예방 프로젝트는 전국 시·도 자치경찰위원회 중 최초이고, 아동학대 근절을 위해 과학적인 방법을 활용한 시도라는 점에서 의미가 크다고 할 수 있다.

옛말에 '아이 하나를 키우는 데 온 마을이 필요하다'는 말이 있다. 현대 사회에서 아이 하나를 올바르게 키우기 위해서는 모든 사회구성원의 노력이 필요한 것이다.

경북일보(2024. 1. 23.)

극악무도한 흉악범에 대한 사형제도는 '존치'해야

최근 일본에서 사형이 집행됐다. 사형이 집행된 사람은 34세 남성인 연쇄살인범 시라이시 다카히로다. 시라이시는 SNS에서 우울한 게시글을 올린 사람을 표적으로 삼고 접근해서 10대와 20대 9명을 자신의 아파트에서 살해했다. 이 중 8명의 여성 피해자들에게는 성폭행까지 했다.

우리나라는 헌법상 사형제도가 존재한다. 하지만 1997년 12월 30일, 23명에 대한 사형 집행을 끝으로 더 이상 사형을 집행하지 않고 있다. 2007년에 국제사회는 우리나라를 10년 이상 사형 집행이 중단된 '실질적인 사형폐지국'으로 분류하고 있다.

사형제도의 존치와 폐지에 대한 논쟁은 어제오늘의 이야기가 아니다. 학계는 물론이고, 언론이나 시민사회에도 언제나 뜨거운 논쟁거리다. 우리나라 헌법재판소는 1996년과 2010년 사형제가 합헌이라는 결정을 내렸다. 이후 2018년 부모를 살해한 A씨가 1심에서 사형을 구형받자 '사형제는 위헌'이라며 헌법소원을 냈다. 이에 따라 헌법재판소는 세 번째로 사형제의 위헌성을 심리 중이다.

사형제를 폐지해야 한다는 주장에는 몇 가지 논거가 있다.

먼저 범죄예방효과 논란이다. 사형제도 폐지론자들은 통계적으로 사형과 범죄 발생 사이에 직접적인 상관관계가 없다고 주장한다. 또한, 법관의 오판 및 인권 문제를 들고 있다. 사형제도 폐지론자들은 법원의 오판 시 돌이킬 수 없는 피해가 발생한다는 점을 지적한다. 특히 독재 국가에서는 정치적 목적의 사형 집행 가능성도 우려된다고 한다. 아울러, 세계적인 흐름을 제시하는데, 현재 세계 162개국이 사형을 법률상 폐지하거나 10년 이상 집행하지 않아 실질적으로 폐지한 상태라는 것이다. 하지만 현실적인 이유도 있다. 사형을 집행할 경우 유럽연합(EU)과 경제적인 협력 관계를 유지하기가 어렵게 된다. EU는 사형제 폐지에 대한 강력한 의지로 '사형제도 존치국'과는 경제적 협력을 하지 않겠다는 입장이다.

현재 전 세계 국가 중 53개국이 법률로 사형제도를 유지하고 있다. 선진국 중에서 사형을 집행하는 대표적인 국가는 미국과 일본, 싱가포르가 있다.

사형제도를 존치해야 한다는 근거로는 첫째, 일반 국민의 생명은 흉악범죄자의 생명보다 소중하다고 하는 주장이다. 특히 끔찍한 연쇄살인범 등 극악무도한 흉악범죄의 피해자와 유족들의 입장에서 사형제도는 사회정의에 맞고, 지극히 당연하다고 하는 것이다. 위대한 철학자 칸트는 "살인자에 대한 사형은 그 자체로 정당하고, 사형 이외의 형벌은 정의에 부합하지 않는다"고 말했다.

둘째, 사형제도는 범죄예방효과가 크다고 주장한다. 철학자 루소는 "시민의 생명과 안전을 확보하기 위하여 사형제가 정당하다"고 주장하는데, 이는 '사형제의 범죄 억지력'을 전제로 한 것이다.

셋째, 우리나라에 존재하는 사형제도에 대한 국민의 법 감정이다. 왜 국민의 혈세로 극악무도한 살인범을 위해 아깝게 돈을 사용하느냐는 것이다. 실제로 지난해 사형수 59명에 대한 연간 수용비는 총 17억

7,000만 원이었다. 법무부에 따르면 인건비, 시설 개선비 등 간접 비용과 재소자에게 직접 쓰는 피복비, 의료비 등 직접 비용을 계산하면 사형수 한 명에게 연간 3,000만 원이 넘는 비용이 소요된다.

그러면 사형제도에 대해서 우리나라 국민들의 생각은 어떨까? 2021년에 국내의 한 여론조사기관에서 조사한 결과, 응답자의 77.3%가 사형제 존치를 찬성했다. 2022년 7월 한국갤럽이 진행한 설문조사에서도 사형제도에 대해 전체 응답자의 69%가 '유지해야 한다'고 응답했다.

사형제는 일반 국민에 대한 심리적 위하를 통해 범죄 발생을 예방하고, 이를 실제로 집행함으로써 특수한 사회악의 근원을 영구히 제거해 사회를 방어한다는 공익적인 목적이 있다. 오판의 여지가 전혀 없는 극악무도한 흉악범죄자에 대해 사형을 집행하는 것은 사회정의 실현 차원에서 필요하다.

경안일보(2025. 9. 1.)

한국형 공인탐정, 어떻게 할 것인가?*

탐정 이름만 있고, 실제로 법률은 없다

우리나라에서도 탐정을 소재로 한 영화나 드라마, 예능 프로가 많다. 하지만 아쉽게도 현재 국내에서는 탐정이라는 명칭 사용은 가능하지만, 탐정의 자격 기준과 활동 범위, 관리 감독에 대한 명확한 법적 기준은 따로 없다. 관련 법률이 없기 때문이다.

그래서 탐정은 공식적인 권한이나 법적 근거 없이 음성적으로 활동을 하고 있다.

국내에도 '탐정' 제도를 도입해야 한다는 목소리가 높아지고 있다. 범인 검거의 책임이 피해 가족 개인에게 전가되지 않도록, 국가가 '공인 탐정'들을 체계적으로 관리해 경찰 수사 대체 인력을 키워야 한다는 것이다. 이를 통해 국가기관의 '치안 사각지대'를 보완하고, 국민들의 권익을 보호해야 한다는 취지다.

* 이 글은 2025년 8월 22일 한국치안행정학회 학술세미나에서 필자가 기조 강연한 내용을 요약한 것이다.

선진국들은 탐정 제도를 잘 활용하고 있다.

미국이나 영국, 일본과 독일 등 대부분의 OECD 선진국가들은 탐정을 제도권 내에서 공식적으로 관리하고 있으며, 많은 탐정들이 활동 중이다. 현재 탐정은 미국에서는 약 4만 명, 일본은 약 6만 명, 독일은 약 2만 2,300명의 탐정이 활동하고 있는 것으로 집계된다. 이 외 프랑스나 영국에서도 1만 명이 넘는 탐정이 활동하고 있다.

흔히 우리가 알고 있는 탐정은 흔히 영화에서 보는 추리 중심의 이미지로 알려져 있지만, 실제로는 법률과 보험, 기업이나 개인이 의뢰하는 다양한 분야에서 전문적이고 제도적인 업무를 수행한다.

대표적인 예로 미국은 탐정이 공식적인 형사사법기관과 함께 개인과 기업의 재산권 보호 같은 업무를 수행하고 있으며, 민간 조사업을 기본으로 프리랜서 활동, 기업의 지적 재산권 조사는 물론이고 경호·경비업과 접목해 다양한 분야에서 활동하고 있다.

미국 대부분의 주에서는 탐정업을 하는 데 있어 면허를 요구한다. 매우 엄격한 주도 있고, 비교적 제약이 약한 주도 있다.

미국의 탐정은 보통 공인탐정과 일반탐정으로 구분한다. 공인탐정은 일정 기간 수사 및 조사 관련 경력이 있고, 면허국에서 실시하는 면허를 취득해야 한다.

일반탐정은 단독으로 활동하지 않고, 보통 공인 민간조사업체에 속해 업무를 수행한다. 미국의 많은 탐정이 기업이나 변호사에 속해 일하기도 하고, 독립적으로도 활동한다. 심지어는 파트 타임으로도 일하기도 한다.

미국 탐정의 자격요건은 미국 시민 여부, 전과, 품성, 연령, 시험이나 이수과정, 경력 연수 등이 있는데, 탐정의 대부분은 전문대학 이상의 교육을 받지만, 공식적인 교육을 필수적으로 요구하지는 않는다.

영국은 초기 자유업 형태의 탐정 제도에서 출발하여, 2000년대 들어 법률로 제도화하면서 국가의 면허관리와 감독 체계 안에서 운영되고 있으며, 민사소송, 기업 정보조사, 보험 사기 대응 등 경제적 수요 기반의 탐정 활동이 중심이 되며, 자격요건과 업무 범위도 비교적 명확하게 규정되어 있다. 탐정의 대명사 '셜록 홈즈'의 고향 영국은 2014년 탐정면허 제도를 도입했다. 탐정에 대한 호기심과 동경심으로 불법 사설탐정이 된 사람들이 타인의 개인정보를 무분별하게 수집하면서 논란이 불거진 데 따른 것이다. 영국은 탐정교육기관에서 개인정보를 보호하는 방법 등의 교육을 받고, 범죄기록이 없는 경우에 한해 탐정 면허를 발급한다. 국가 면허국에서 발급하는 NVQ(국가직업인증) 3급을 취득한 후 탐정 면허를 신청할 수 있다. 또 탐정의 업무 범위를 엄격하게 제한해 사생활 침해가 발생하지 않도록 했다.

호주에서는 탐정교육훈련기관에서 교육을 이수하고 자격시험에 통과한 뒤, 주경찰청으로부터 면허를 발급받으면 탐정 활동을 시작할 수 있다. 미국에서는 주별로 자격시험을 보거나 자격요건이 갖춰지면 면허를 발급받는다.

이제 우리나라도 탐정업을 시작해야 한다.

탐정은 업무의 성격상 개인정보나 사생활 보호와 관련된 업무가 있다. 하지만 이것은 탐정 면허의 취득, 업무 범위와 활동 제한 등 관련 법률을 통해 충분히 규제, 감독할 수 있다. 너무 걱정할 필요가 없다는 말이다. 특히 이 부분은 외국의 다양한 사례를 참조하고, 이에 대해서는 학자들의 연구가 많이 되어 있다.

이 제도를 둘러싼 논의가 하루아침에 시작된 것이 아니다. 공인탐정법 제정 논의는 1990년대 후반부터 시작되었으며, 17대부터 21대 국회까지 13차례 법안이 상정되었으나 번번이 무산되었다. 벌써 20년이 넘는 시간이 흘렀다.

이명박 정부 시절에는 경비업법 개정을 통해 민간조사관 제도를 도입하려는 시도가 있었고, 박근혜 정부에서는 대통령 지시로 탐정을 '미래 유망 신직업'으로 선정하며 신직업 발굴 프로젝트에 포함 시켰다. 문재인 정부에서는 대선 공약으로 공인탐정 제도 도입을 제시했으며, 경찰청을 주관 부처로 지정하고 국정과제로 추진하기도 했다. 21대 국회에서는 여야를 불문하고 3개의 법률안이 상정되기도 했다. 그러나 그 어떤 정부도 끝내 실질적인 입법에 이르지 못한 채 다음 정권으로 숙제를 넘겨버렸다.

한 연구에 따르면, 공인탐정 제도를 도입하면, 연간 4,877억 원의 생산 및 부가가치 증가, 5,600여 개의 새로운 일자리 창출이 될 것으로 분석한다. 장기적으로는 1조 2,724억 원 이상의 매출효과도 기대된다. 또한 취업을 준비하는 청년층은 물론이고, 퇴직한 경찰이나 공무원, 군인 등에게도 그들의 직업적 경험을 살린 좋은 일자리를 제공할 수 있다.

현재의 시점에서 탐정 및 탐정 보조원을 포함한 관련 인력은 약 2만~4만 명 수준으로 추산되고 있으며, 산업 전체 규모는 2~3조 원대로 성장할 것으로 평가된다.

우리나라도 해마다 많은 미아와 실종자가 발생하고 있다. 뺑소니 교통사고, 각종 민사·형사사건에서 필요한 증거수집 등 일상 사회생활에서 필수적인 정보수집에 꼭 필요한 탐정 제도가 정치권에서 표류하고 있다. 이제는 국민을 위한 탐정 제도를 도입해야 한다. 늘어나는 범죄와 아울러 한정된 국가자원으로 해결하기 어려운 문제들을 국민이 자신의 비용을 지불하고서라도 문제 해결을 바라는 목소리가 높다. 우리나라의 민간부문에는 우수한 탐정 예비인력이 풍부하다. 전국의 150여 개 대학의 경찰행정학과, 법학과, 행정학과 등의 젊은 인재들이 있다. 이들을 탐정 산업에서 적극적으로 활용하면 청년 고용창출도 기대할 수 있다.

더 이상 탐정 제도 도입을 미룰 이유가 없다.

탐정 산업은 업무의 성격상 개인 프라이버시와 관련된 사람들의 인권을 침해할 수 있는 여지가 있을 수 있다. 이것은 면허의 취득, 업무 범위와 활동제한 등 관련 법률을 통해 충분히 제어할 수 있다. 미국과 같이 엄격한 조건 즉 면허취득 및 조건 등을 두는 방안이 필요하다. 이 부분에 대해서는 학자와 실무자들의 연구가 많이 되어 있다. OECD 선진 모든 국가가 시행하고 있는 이 탐정 제도는 대한민국 검찰과 법원, 경찰, 변호사들과 상생할 수 있는, 국민을 위한 좋은 제도다. 탐정은 공권력의 사각지대를 보완하고, 국민의 권리를 지키는 민간의 감시자이자 조력자다.

언제까지 모든 일을 국가가 다 할 수 있는가?

민간 부분이 잘할 수 있는 영역은 적극적으로 육성하고, 지원하는 지혜가 필요하다.

2025년 최신 경찰청 자료에 따르면, 지난해 마약사범 중 10~30대가 차지하는 비율이 63.4%에 달해 처음으로 60%를 넘어섰다. 보이스피싱 피해액은 8,545억 원으로 역대 최대치를 기록했고, 불법 사금융 피해 건수는 전년 대비 60%나 급증했다. 딥페이크 기술을 활용한 성범죄 검거 인원도 전년보다 6배 이상 증가했다. 경찰청 국가수사본부는 이러한 범죄에 대응하기 위해 지난 3월 17일부터 6월 30일까지 집중단속을 실시한다고 밝혔지만, 국가의 공권력만으로는 날로 진화하는 범죄에 효과적으로 대응하기 어렵다. 여기서 주목해야 할 것이 '민관협력'의 필요성이며, 특히 '공인 탐정'의 역할이 중요하게 대두되고 있다. 산업스파이 조사, 보험 사기 추적, 실종자 탐색 등 수사기관의 손이 미치기 어려운 분야에서 탐정이 할 수 있는 역할은 결코 작지 않다. 복잡

해진 현대 사회에서 국가제도만으로는 모든 권익을 보호하기에 한계가 있는 것이 현실이다. 특히 디지털 AI 시대에 사이버 해킹, 딥페이크 등 첨단 범죄가 빠르게 진화하는 상황에서, 민간 전문가의 기술적 역량을 활용하는 민·관 협력체계가 필수적이며, 이런 맥락에서 전문화된 민간 탐정의 역할이 더욱 중요해지고 있다.

이재명 정부가 출발했다. 새로운 이재명 정부에서는 국민을 위한 탐정 제도를 본격적으로 시행해야 한다. OECD 국가 중 유일하게 탐정업 관련 법률이 없는 나라는 우리나라뿐이다. 이제 우리나라도 탐정의 전문성과 윤리성을 갖는 법률과 제도를 시행해야 한다. 이는 결국 국민을 위한 일이다.

날씨와 범죄

올여름은 폭염과 열대야로 신체적, 심리적 고통을 호소한 시민들이 많았다. 폭염과 높은 습도는 불쾌지수를 높여 '욱하는' 충동형 폭력 범죄가 늘어나는 경향이 있다. 이처럼 높은 온도와 습도가 범죄와 상관관계를 보인다는 연구 결과는 전 세계적으로 꾸준하게 발표되어 왔다.

2013년 미국 버클리 대학 연구팀은 세계적인 과학 저널 '사이언스'지에 게재한 논문에서 "미국의 기온이 섭씨 3도 올라갈 때마다 폭력범죄 발생 가능성이 2~4% 높아진다"고 주장했다.

또 다른 연구로 미국 컬럼비아대와 하버드대 공동 연구팀이 미국 시카코에서 2012년부터 2016년까지 발생한 총기 사건과 날씨와의 상관관계를 조사한 결과, 평균 기온이 상승하면 총을 쏘는 범죄 횟수가 증가한 것으로 나타났다. 특히 기온이 평균보다 10도 높아지면 전체 총격 비율이 33.8% 더 높아졌다.

오하이오대학교 심리학과 브래드 부시먼 교수는 "기온이 상승할수록 심장 박동수가 빨라지는 등 신체 반응이 평소보다 빠르게 일어나고, 사소한 일에도 쉽게 짜증과 화가 나기 때문에 폭력적인 행동이 나타나는 것"이라고 설명했다.

영국 옥스퍼드대와 스위스 취리히대 공동연구팀은 2022년 7월 21일 세계경제포럼(WEF)에 제출한 보고서에서 "며칠 동안 고온이 지속되는 상황과 자살 및 자살 시도 사이에는 상관관계가 있으며, 폭력범죄 증가와도 관련이 있다"고 밝혔다. 이 연구팀은 높은 온도와 습도가 우울증, 불안장애 및 양극성 장애(조울증) 환자의 증상 악화와 관련이 있다고 발표했다. 또한 호주에서 진행된 연구에서도 월 평균기온이 1도 상승할 때마다 자살이 2.2% 증가하고, 폭력범죄는 3% 늘어난다고 밝혔다. 특히 2090년까지 기후변화로 전 세계적으로 모든 유형의 범죄가 최대 5%까지 증가할 것으로 추정하고 있다.

그럼 폭염이 왜 범죄에 영향을 주는 것일까? 그 원인의 하나로 공격성을 억제하는 세로토닌이라는 뇌 화학물질이 고온의 영향을 받기 때문이라는 주장이 설득력을 얻는다. 기온이 올라갈 경우 인체의 교감신경이 항진되면서 '세로토닌'을 비롯한 신경전달 물질을 낮추게 된다. 공격성과 우울 등의 감정을 억제하는데 핵심적인 역할을 하는 신경전달 물질이 줄어들 경우 자살이 증가하거나 또 폭력성이 증가한다는 것이다.

또한, 폭염은 격한 심리적 상태를 유발해 개인의 충동을 억제하지 못하게 만들어 쉽게 범죄로 폭발한다. 폭염은 집중력을 떨어뜨리고 쉽게 짜증을 내게 만들어 합리적인 판단을 어렵게 할 수 있다. 미국 캘리포니아 대학의 한 연구자는 작성자의 위치가 확인된 트위터 메시지 10억 개와 해당 위치의 그 당시 날씨를 연구했다. 연구 결과, 27~30도와 15~20도에서 느끼는 '행복감'의 차이는 미국인들이 일요일과 월요일에 느끼는 행복감 차이와 비슷할 정도로 컸다는 것을 알아냈다. 미국은 통계적으로 볼 때, 무더운 남부지방이 북부나 동부에 비해 살인과 폭력범죄 발생 빈도가 높다.

교통사고도 마찬가지다. 일반적으로 습도와 기온이 높아지면 운전자들이 느끼는 불쾌지수가 상승한다. 작은 불쾌감에서 시작한 운전자

간에 시비가 안전운전을 방해하는 심리적인 요인으로 작용하고, 보복운전과 난폭운전으로 이어지기도 한다.

설득력 있는 또 다른 이유로 '범죄의 기회'가 더 많아진다는 논리다. 해가 길고 날씨가 맑으면, 사람들이 공공장소나 유흥가에서 보내는 시간이 늘어나고, 이 과정에서 범죄가 발생할 가능성이 높아진다는 것이다.

아울러 조심해야 할 것은 더위 때문에 문을 열고 지내는 생활 습관이 자칫 성범죄와 강도, 절도, 주거침입 등의 범죄 요인으로 작용할 수 있다는 점이다. 폭염 등으로 옷차림이 가벼워지는 여름철에는 불법 촬영(몰래카메라) 범죄도 증가한다. 결론적으로 폭염이나 높은 습도 등 날씨는 범죄에도 많은 영향이 있다. 앞으로 기후변화가 범죄 등 형사사법 시스템에 미치는 다양한 영향에 대한 실효성 있는 대비책 마련이 필요하다.

경안일보(2025. 9. 8.)

경찰이 돈이 없지 '가오'가 없냐?

"야, 우리가 돈이 없지 '가오'(자존심을 뜻하는 속어)가 없냐?"는 2015년 개봉한 한국 영화 '베테랑'의 주인공 서도철(황정민 분) 형사가 동료 형사에게 한 말이다. 이 한마디는 경찰의 자부심을 함축적으로 보여 줬고, 이 시대의 유행어가 되었다. 이 영화는 세상 무서울 것 없는 안하무인의 재벌 3세 조태오(유아인 분)와 치열하게 싸우는 경찰관의 열정과 통쾌한 승리로 경찰관들의 대리만족이 컸다.

순경으로 경찰 시험을 통과한 최종합격자들은 '젊은 경찰관이여! 조국은 너희를 믿노라'라고 적힌 중앙경찰학교에서 신임 교육을 받는다. 모든 교육을 이수하면 실제로 위험한 치안 현장에서 시민의 안전을 위해 많은 역할과 책임을 다하게 된다. 특히 위험에 처한 시민이 가장 먼저 전화하는 곳은 '112'다. 신고가 들어오면 최대한 빨리 출동해서 시민을 보호하고, 범인을 제압·체포한다. 하지만 현재 대한민국 경찰의 법 집행력, 공권력이 걱정할 수준으로 떨어져 있다.

경찰청 자료에 따르면, 최근 5년(2019~2023년)간 전국에서 범죄자의 폭행 등으로 다친 공상경찰관이 2,082명에 달한다. 한 해 평균 400여 명의 경찰관이 폭행을 당하는 셈이다. 경찰이 폭행을 당하는 것은 경찰관이 힘이 없어서가 아니다. 과도한 피의자의 인권 보호와 엄살, 엄격한 경찰 대응 매뉴얼 등 현장에서 고려할 요소가 많아 정당한 법 집행도 소극적으로 대응하게 되는 것이다. 하지만 공무집행을 방해하는 죄는 정당한 공권력의 행사를 무력화시켜 궁극적으로는 국가의 기능을 약화시키고, 시민의 안전까지 위협하는 중한 범죄이다. 경찰의 정당한 공권력 집행이 위축되면, 그 피해는 국민에게 돌아간다. 공무집행방해죄에 대한 엄하고 강한 처벌이 필요하다..

또 한 가지 문제점으로 '경찰 만능주의'가 있다. 경찰 만능주의는 경찰이 범죄예방과 진압뿐 아니라 정신질환자 등 다른 공공기관의 복지행정 업무까지 도맡아 처리하는 현상을 말한다. 다시 말해서 경찰이 범죄와는 직접적으로 관련 없는 주취자, 노숙자 등의 사회복지 업무까지 현장에서 조치하고, 정신질환자의 입원과 지원 등 행정기관의 역할까지 떠안는 경우가 많아서 본래 범죄와 관련된 임무 수행에 차질이 생기고 있다. 이와 같은 경찰 만능주의는 궁극적으로 경찰의 업무 부담을 가중시키고, 경찰 본연의 임무 수행에 차질을 빚게 한다.

우스갯소리 하나를 소개한다. 어느 여성 운전자가 운전 중 타이어에 펑크가 나자, 112로 신고를 해 경찰관에게 도움을 요청했다. 출동한 경찰관이 사고위험이 전혀 없는 한적한 도로 갓길에 정차한 운전자에게 자동차 정비소에 전화를 해야지 왜 112에 신고를 하느냐고 물으니. 그 여성 운전자는 이렇게 답을 했다. "자동차 정비소에서 출장 나오면 돈을 지불해야 되잖아요." 사실 이런 유형의 일들이 적지 않게 벌어지고 있다. 최근에 우리 사회에는 개인 간의 사소한 분쟁도 경찰을 불러 해결하려고 한다. 24시간 365일 가동되고 있는 경찰청 112 치안종합상황실에는 이웃 간 층간소음 문제와 이웃집 개 짖는 소리에 대한 민원 등 생활 민원성 신고 전화가 많이 걸려 온다. 가벼운 생활 민원성 신고에 경찰이 출동하게 되면, 그 시간에 발생한 다른 중요 강력 사건에 출동 지체 요인으로 작용하게 된다. 경찰 만능주의는 시민안전을 위해서도 경계해야 한다. 지역에서 발생하는 모든 일에 경찰이 관여할 수도 없고, 그래서도 안 된다. 제복 입은 경찰은 범죄를 예방하고, 진압하고, 수사하는 일에 집중해야 한다. 경찰이 본연의 일에 더욱 전념할 수 있게 현장에서의 비효율을 바로잡고, 유관 기관과 제대로 협업해 치안 시스템을 제대로 만들어야 한다.

경찰은 시민의 생명과 재산 보호를 위해 지금도 치안 현장에서 불철주야 뛰고 있다. 시민들이 경찰관의 가오(자존심)를 살려주어 사기를 북돋아 주어야 한다.

대구신문 대구논단(2025. 9. 19.)

MZ 조폭, 그들은 누구인가?

MZ 조폭은 19세에서 39세까지의 젊은 조폭을 말한다. 이들은 과거 OB파, 국제파, 서방파 등과 같이 거대한 1개의 조직으로 활동하지 않고, 점조직으로 SNS로 소통하면서 이합집산하는 특징을 갖고 있다. 최근에는 MZ 조직폭력배가 꾸준하게 세를 불리는 것으로 나타났다. 특히 MZ 조폭들은 예전 조폭들과는 달리 인스타그램과 유튜브 활동 등을 활발하게 하고 있어 조직폭력 세계에 발을 들이는 청소년들도 늘어나고 있는 실정이다. 특히 정서적으로 민감한 청소년들이 MZ 조폭들이 활동하는 SNS에 접근해서 선정적인 무용담이나 범죄 미화 활동을 흉내 내는 등 모방범죄의 우려가 현실로 나타나고 있다.

또한 예전 조폭들은 나이트클럽이나 유흥가를 무대로 서민들을 대상으로 한 협박·집단폭행·갈취 등의 범죄를 저질렀다, 하지만 MZ 조폭들은 폭력조직을 결성하거나 합류하는 형태로 SNS를 지능적으로 활용하여 리딩방 사기, 보이스 피싱 사기단을 조직적으로 운용한다. MZ 조폭은 서로 다른 조직에 속한, 또래 조폭들끼리 만든 변종 폭력 모임이라는 점, '두목'이나 '형님'이란 호칭 대신에 '회장'이라는 명칭을 사용한다는 점, 20~30대 젊은 사람이 주축이라는 점, 평소에는 소속된 조직에서 활동하다가 모임 자리에서 각자 익힌 범죄 수법을 공유하며 세를 확장했다는 점 등이 특징이다.

경찰청 국가수사본부는 2023년 8월부터 4개월간 조직폭력 범죄를 집중 단속해서 총 1천 183명을 검거하고, 이 중 189명을 구속했다. 작년 같은 기간보다 검거 인원은 44.6% 늘었고, 구속된 피의자도 19.6% 증가했다. 경찰은 이와 같은 집중 단속에 앞서 약 한 달간 MZ세대 조폭의 온·오프라인 동향을 전수 조사했다.

단속 기간 검거된 인원을 연령대로 살펴보면, 30대 이하(10대~30대)가 888명(75.0%)으로 가장 많아 MZ세대 조직폭력 범죄 사범이 다수 검거된 것으로 나타났다. MZ세대 검거 인원 비중은 상반기 단속 결과(57.8%)에 대비해서 큰 폭으로 증가했다. 범죄 유형을 살펴보면, 기업형·지능형 불법행위가 520명(44.0%)으로 가장 많았고, 폭력·갈취 등 서민 대상 불법행위 310명(26.1%), 폭력조직 가입·활동 254명(21.5%), 기타 범죄 99명(8.4%)의 순으로 검거됐다. MZ 조폭의 경우에는 기업형·지능형 불법행위가 396명(38.8%)으로 가장 많았고, 폭력조직 가입·활동 246명(27.7%), 폭력·갈취 등 서민 대상 불법행위 189명(21.3%), 기타 범죄 56명(6.3%) 순이었다.

연령대가 낮아진 MZ 조폭들이 늘어나면서 경찰 수사에도 기존 수사와는 다른 어려움을 겪고 있다. 온라인에 익숙한 MZ 조폭이 자신들의 범행 흔적을 지우는 데 능수능란하기 때문이다. 따라서, 사이버 수사와의 협력 시스템이 중요하게 대두된다. 아울러 시민들의 적극적인 제보와 협력이 중요하다.

조직폭력범죄는 초기에 해체하여야 한다. 한번 커진 조직은 범죄조직의 생리상 쉽게 괴멸되지 않는다. 경찰은 체계적이고 과학적이며, 지속적인 수사와 단속을 통해 시민을 보호해야 한다. 또한 시민들을 대상으로 다양한 캠페인과 홍보를 통해 각종 범죄 피해를 예방해야 한다.

현재 대구시에는 전국연대로 활동하는 MZ 조폭은 없다. 앞으로 날로 지능화되고 있는 MZ 조폭에 대한 보다 효과적인 범죄 대응 체계를 구축하고, MZ 조폭의 다양한 조직성 범죄에 대해서도 수사 역량을 집중해야 한다.

경북일보 특별기고(2024. 1. 23.)

무인점포 대상 범죄, '예방'이 중요

우리 주위에 무인점포가 눈에 띄게 늘고 있다. 인형 뽑기와 아이스크림 가게를 시작으로 커피점은 물론이고, 거리에 과일 파는 점포도 무인으로 운영되는 곳이 많아졌다. 최근에는 편의점과 카페, 베이커리, 분식집은 물론 초밥집과 문구점, 철물점, 주점까지도 무인으로 속속 전환하고 있다.

이처럼 인건비와 물가 상승 등 어려운 경제 여건 속에서 사람 없이 운영되는 무인점포가 지속적으로 증가하는 추세에 있다. 무인점포는 손님들과의 신뢰관계를 전제로 운영된다. 이러한 신뢰관계를 기초로 해서 비교적 저렴하게 운영되는 것이다. 무인점포는 사업자 등록만 하면 영업이 가능한 자유업이다. 따라서 지방자치단체에 별도의 신고 의무 없이 비교적 적은 비용으로 창업을 준비하는 사람들에게 인기가 많다. 하지만 다른 한편으로는 절도와 같은 범죄가 끊임없이 발생하고 있어 이에 대한 대책도 중요하게 대두된다.

전국 무인점포 수는 6,300여 개로 이 중 31.9%가 경기도에 있다. 신고 없이 사업자 등록만으로 개업하는 무인점포까지 포함하면 전국에 10만 개 이상 될 것으로 추정하고 있다.

문제는 무인점포에 관리자가 없다는 점을 이용하여 점포 물건을 마음대로 가져가거나 현금계산기를 뜯어내 돈을 훔쳐 가는 등 범죄가 늘고 있다는 것이다. 또한 제품을 결제하지 않거나 CCTV에 찍힐 것을 예상해 일부만 계산한 뒤 떠나는 절도 사례도 많다. 어느 한 무인 편의점에서는 휴대전화 간편결제 기능으로 계산하는 시늉만 한 뒤 물건을 훔쳐 간 사례도 있다고 한다. 아울러 쓰레기를 가져다가 버리거나 배설물로 매장을 더럽히는 몰지각한 사례도 종종 발생한다. 작년에는 무인 인형 뽑기방에서 한 고객이 가게 안쪽에 대변을 본 후 달아나는 황당한 사건도 벌어졌다고 한다. 또 한편으로는 일부 청소년들의 야밤 놀이터로 전락하는 등 청소년들에게 범죄의 온상으로 변질되고 있으며, 서서히 사회 문제로 대두되고 있다.

이제 무인점포가 더 이상 범죄의 표적이 되지 않도록 현실적인 대책이 필요하다.

보통 범죄는 범죄를 저지르고도 적발되거나 체포될 가능성이 없을 때 발생한다. 무인점포는 매장 출입이 자유롭고, 사람의 직접적인 감시의 눈도 없어 범죄를 저지르는데 특별한 범죄 기술이 필요하지 않다. 무인점포마다 CCTV가 설치돼 있지만 이것만으로는 절도를 막기가 부족한 상황이다. 이에 경찰청에서는 무인점포를 대상으로 하는 범죄를 예방하기 위해 CCTV 설치 여부나 민간경비업체 가입 여부, 비상벨 설치 등 방범진단을 실시하고, 순찰을 강화하고 있으며, 점포 내부에 경고문을 붙여 경각심을 심어주는 등 다양한 홍보 활동을 병행하고 있다. 또한, 무인점포 관리자에게 수시로 범죄예방 시설물 관리에 대해 소홀함이 없도록 당부하고, 미비점은 보강하도록 독려하고 있다. 하지만 경찰의 대응도 중요하지만, 무인점포 업체 차원에서 현금 출납기 잠금장치 강화 등 피해 예방을 위한 대책이 무엇보다 필요하다. 사람이 상주하지 않는 무인점포 절도는 죄의식 없이 가볍게 대하는 상습범이 많다는 점에서 처벌 수위를 높여야 한다.

무인점포 절도는 현금이나 물건 절도 시 형법을 적용해서 6년 이하의 징역 또는 1천만 원 이하의 벌금이 가해진다. 이 점을 적극적으로 알릴 필요도 있다. 청소년들 사이에서는 간혹 장난으로, 별 대수롭지 않게 무인점포에서 절도 등 비행을 저지르는 경우가 있다. 교육과 계몽이 필요한 시점이다.

무인점포라고 해서 업주가 그냥 놔두어서는 안 되고, 시간 날 때마다 청소도 하고, 재고도 파악하고, 관리자가 중간중간에도 나타난다는 사실을 알릴 필요도 있다. 무인점포에서의 작은 도둑이 나중에 큰 도둑이 될 수 있다는 사실을 알아야 한다.

대구일보 특별기고(2023. 4. 24.)

병원 응급실에서 '의료진'을 보호하라

2025년 5월 9일 새벽 2시 40분쯤 강원도 강릉의 병원을 찾은 환자 40대 A씨가 "숨이 차다"며 스스로 응급실을 찾아 왔다. 그런데 치료를 받던 A씨가 돌연 "다른 병원으로 가겠다"며 중도에 치료를 거부했다. 이에 의료진은 "다른 병원을 알아봐 주겠다. 치료 비용은 나중에 지불해 달라"고 안내했다. 그러자 A씨는 이유 없이 흉기로 의료진을 위협하고, 난동을 부렸다.

2022년 6월 15일에는 경기도 용인의 한 종합병원 응급실에 근무 중이던 응급의학과 전문의가 환자 보호자가 미리 준비한 흉기에 목을 찔렸다. 해당 보호자는 이미 심정지 사망 상태로 응급실에 온 부인의 사망 원인을 의사의 책임으로 돌렸고, 살인 의도를 갖고 응급실에 의사를 찾아온 것이다.

2025년 8월 3일 김미애 국회의원이 보건복지부에서 받은 자료에 따르면, 2024년 응급의료 방해 신고는 모두 801건 발생했다. 올해 들어서도 응급실 내 의료행위 방해 신고는 상반기까지 모두 306건 신고가 이뤄졌다. 지난해 신고를 유형별로 살펴보면, 응급 의료진에 대한 폭언과 욕설이 587건(73.3%)으로 가장 많았고, 의료진에 대한 신체적

폭행도 123번이나 발생했다. 이 밖에 의료진을 향한 협박(36건), 기물 파손(28건)도 적지 않았다. 또한, 대한전공의협의회가 공개한 '2023년 전공의 실태조사'에 따르면, 응급의학과 전공의 49.4%가 근무 중에 폭언과 욕설을 들었고, 22.8%는 물리적인 폭력을 겪었다고 나타났다.

병원 응급실은 365일 24시간 환자의 생명을 다루는 매우 중요한 공간이다. 긴박하게 돌아가는 응급실에서 근무하는 의료진의 안전이 흔들리면 어느 누구도 안심하고 진료를 받을 수 없게 된다. 현행 응급의료법 12조는 누구든지 응급의료 종사자의 진료를 폭행, 협박, 위계, 위력 등으로 방해하거나 응급의료 시설·기물을 파괴·손상하거나 점거해서는 안 된다고 규정하고 있다.

현행 응급의료에 관한 법률은 응급의료 종사자에게 상해를 입힌 경우 10년 이하 징역이나 1천만 원 이상 1억 원 이하 벌금형에 처하게 규정하고 있다. 응급의료를 방해하거나 시설을 파괴, 손상, 점거한 경우도 5년 이하 징역 또는 5,000만 원 이하 벌금형에 처하도록 하고 있다. 하지만 실제로 처벌 수위는 벌금형이나 집행유예 등으로 비교적 낮은 편이다. 또한, 의료진에 대한 폭행이 발생했어도 응급의료법이 아닌 형량이 가벼운 단순폭행죄를 적용하기도 한다. 앞으로는 응급실에서 의료진 폭력에 대한 경종을 울리기 위해 법적 처벌을 강화해야 한다. 엄격한 처벌을 통해 의료진 대상 폭력 사건을 줄임으로써 필수의료 등에 종사하는 의료진의 두려움과 부담을 줄여줘야만 한다. 이는 결국 응급실을 찾는 환자를 보호하는 길이다. 또한, 응급실 내에서 의료진들이 안전적으로 진료와 치료를 할 수 있도록 보안요원을 배치하고, 비상벨과 비상구 등의 물리적인 환경설계를 통한 안전 인프라를 갖추어야 한다.

영국 보건부의 연구조사 결과, 응급실에서 폭력을 행사한 사람들 중에는 폭력적인 성향의 사람보다 오히려 평범한 환자군에서 더 많은 폭력이 발생한 것으로 조사되었다. 그 이유는 응급실에서 발생하는 폭력은 정확한 정보와 안내가 부족한 상황에서 발생하는 경우가 적지 않기 때문이다. 실제로 응급실에서 오랜 대기 시간을 보내면 불만이 생기고, 이런 불만이 환자의 불안과 고통과 결합하면서 인내심을 잃게 되는 것이다. 그래서 응급실 의료진에게 공격적인 경향을 보이게 된다는 것이다. 이런 점에 착안해서 영국에서는 응급실 밖에서 오래 기다린 환자들의 불만이 커지는 것을 막기 위해 응급실의 실제 상황을 정확하게 전달하는 안내 패키지를 개발했다. 응급실 복도에 상황판을 만들어서 해당 환자의 응급실 내 진료 과정을 '접수, 평가, 치료, 결과'의 네 단계로 나눠 환자가 현재 자신이 어느 단계에 있는지, 응급실 안의 혼잡도에 대한 정보도 실시간으로 제공했다. 이와 같은 영국 종합병원 응급실의 안내문 디자인 개선은 대기 환자의 불만을 75% 이상 줄였고, 환자의 폭력적인 행동도 대폭 감소시켰다.

경안일보(2025. 10. 13.)

AI가 만드는 안전한 거리, 국회 AI 포럼 특강

2025년 9월 17일(수) 오전 10시, 국회의원회관 제1세미나실에서 국회의원 연구단체인 '국회 AI 포럼(대표의원: 이인선 국회의원)' 주최로 "AI를 활용한 치안 정책의 현재와 미래" 세미나가 열렸다. 이날 세미나에는 경찰청 이치화 AI정책계장이 "경찰청이 그리는 AI 기반 치안혁신 로드맵", 박혜숙 한국전자통신연구원 국방안전융합연구본부장이 "차세대 AI 기술과 치안 서비스의 진화", 김희대 대구테크노파크 지능도시 본부장이 "민간협력 기반 치안 산업 활성화방안"의 강연이 있었다. 특히, 이날 세미나에 초청된 박동균 대구한의대학교 경찰행정학과 교수는 "AI가 만드는 안전한 거리: 현장에서 실현된 서비스"라는 제목으로 대구시 자치경찰위원회 재직 시의 경험을 중심으로 강연을 했다. 이 포럼 특강의 주요 내용을 요약해서 칼럼에 담았다.

국회 AI 포럼 단체 사진 (사진 | 이인선 의원실)

AI를 장착한 똑똑한 과학경찰

최근 딥페이크 범죄, 딥보이스 피싱 등 AI를 활용한 첨단범죄가 늘고 있다. AI가 범죄자들에게는 새로운 도구가 되었고, 동시에 경찰에게는 범죄를 예방하고, 범인을 체포하며, 수사하는 강력한 수단이 되고 있다. 이제 최첨단 과학치안은 선택이 아닌 필수다. 과학치안은 경찰의 데이터 기반 의사결정 구조와 현장 경찰관의 업무 효율성 증진, 국민 안전 확보에 많은 기여를 하고 있다.

필자는 2021년부터 3년간 대구시 자치경찰위원회 상임위원(사무국장)으로 일했다. 초대 대구시 자치경찰위원회는 대구시민의 안전을 위해 과학치안을 역점적으로 추진했다. 경찰청으로부터 과학치안 R&D 사업으로 5년간 32억의 예산을 확보해서 대구 TP와 시민안전 공동 프로젝트를 진행했다. 여성이나 청소년들이 밤늦게 귀가할 때, 가장 안전하고 빠른 길을 안내하는 디지털 귀가 시스템을 개발하였고, 드론과 CCTV를 효과적으로 접목해서 안전한 대구시를 만드는 게 프로젝트의 목표였다. 또한 대구시 자치경찰위원회는 기존 방범용 CCTV에 첨단 AI 영상분석 장비를 접목해서 교통상황과 위험 상황 등을 효율적으로 감시하고, 범죄자나 실종자 등을 추적하는 최첨단 시스템을 구축했다.

이런 시스템으로 최근 안양동안경찰서에서 'AI 동선 추적 시스템'의 성과가 나타났다. 이 시스템은 실종자의 최근 사진과 옷차림 등을 입력하고, 특정 권역을 설정하면 AI가 해당 권역 내 CCTV를 분석해서 실종자를 찾는 것이다. 안양동안경찰서는 이 시스템에 실종자 A씨의 실종 당시 옷차림인 회색 티셔츠에 검정 바지와 함께 그의 사진을 입력하고, 수색 위치를 거주지 주변으로 제한해 CCTV를 분석했다. 그 결과 이 시스템으로 주거지 인근 공원에서 A씨 모습이 찍힌 CCTV 화면을 식별했고, 신고 접수 3시간 만에 A씨를 찾았다.

또한 전북 자치경찰위원회는 최근 전주대학교, 한국전자기술연구원(KETI) 전북본부와 함께 신청한 경찰청 '자치경찰 수요기반 지역 문제해결 사업' 공모에 최종 선정되었다. 2027년까지 총 18억 6,000만 원의 사업비를 투입할 이 사업은 범죄 취약 지역에 AI 순찰 로봇과 불법촬영 감지 시스템을 시범 도입해 실증하고, 과학기술 기반 치안 체계를 구축하는 것이 핵심이다. 먼저 천변 산책로 등 범죄 취약 지역에 AI 순찰 로봇을 투입할 계획이다. AI 순찰 로봇은 영상과 음향을 실시간으로 분석해 이상행동이나 위험 상황을 자동적으로 감지하고, 즉시 경고 방송을 송출하거나 112와 연계해 신고할 수 있도록 설계됐다. 기존 고정형 CCTV의 한계를 보완하고, 도민이 체감하는 안전도를 크게 높일 수 있을 것으로 기대한다.

현재 경찰청에서는 AI를 활용해서 범죄위험 지역을 예측하고, AI 기반 수배 차량 추적 시스템 및 디지털 포렌식 고도화, AI 수사관 도입, 최첨단 AI 스마트 CCTV, 보이스 피싱 차단 시스템 등으로 많은 치안 성과를 내고 있다.

특히 대구경찰청에서는 전국 최초로 생성형 AI를 경찰행정에 도입하고, 불법 게시물을 모니터링하며, 드론 교통단속 영상 판독과 대포차 단속방안을 수립하고 있다. 또한 광주경찰청에서는 범죄위험도 예측분석 시스템(Pre-CAS)을 활용해서 자동차 순찰 경로를 최적화하고, 세분화된 위험지도를 생성하는 등 다양한 과학치안 활동을 전개하고 있다. 앞으로 경찰관이 하는 순찰 기능을 대신하는 AI와 드론을 접목한 최첨단기술이 개발되면서 머지않아 '디지털 파출소 시대'가 올 전망이다.

최근에는 아동학대 예방 및 대응 기술로 아동학대 의심 증거 영상에서 대상자 안면인식 및 이상행동 분석 기술을 활용해 학대 의심 상황을 감지할 수 있다. 이런 노력은 아동 대상 범죄에 대한 경찰의 대응력 강화 등 사회적 약자 보호에 기여할 것이다.

과학치안의 영역과 기술 적용 범위는 점점 확대되는 추세이다. AI를 기반으로 하는 과학치안은 더 똑똑하고 효율적인 경찰 활동을 가능하게 하여, 사회 전반의 안전 수준을 높이는 핵심요소로서 정착할 것이다.

대구신문 대구논단(2025. 10. 17.)

철저한 국제 수사공조로
제2의 캄보디아 사태가 없어야

최근 일부 청년들이 고수익 일자리를 찾아 해외로 떠났다가 감금되거나 심지어 목숨을 잃는 사건이 벌어졌다. 실제로 지난 8월 22세 대학생이 캄보디아 현지 보이스 피싱 조직에 감금, 피살되었다. 이 사건이 공론화되면서 대전과 충청, 광주와 제주, 대구·경북, 울산 등지에서 캄보디아로 떠난 20~30대 청년들의 연락이 끊겼다는 신고가 잇따랐다. 대구·경북에서만 지난해부터 올해까지 22건의 실종 신고가 접수됐다. 한편, 캄보디아에서 일어난 한국인 납치·감금 신고는 2021년 4건, 2022년 1건이었으나 2023년 17건, 2024년 220건으로 급증했다. 올해도 1~8월 330건으로 늘었다.

지난 10월 18일, 캄보디아 당국의 범죄 단속에 적발돼 현지 유치장에 구금됐던 한국인 64명이 인천공항을 통해 송환됐다. 이번 송환 대상자들은 캄보디아 범죄 단지에서 보이스 피싱이나 로맨스 스캠(사기) 등 범죄에 가담한 혐의를 받고 있다. 캄보디아 구금자 64명은 각 관할 경찰서로 압송돼 마약 검사를 포함해서 범죄에 가담한 혐의 등에 대해 구체적인 수사를 받는다.

이와 같이 최근 늘어난 국제교류 못지않게 범죄 등 심각한 사회문제도 동반해서 발생하고 있다. 특히 SNS 등 AI 첨단 기술의 영향으로 범죄도 빠르게 지능화하고 있다. 우리나라 치안력이 잘 미치지 않는 다른 나라에서 우리나라 국민(범죄자)이 우리나라 국민(피해자)에게 범죄를 저지르는 일이 발생하는 참담한 현실이 벌어지고 있다.

지난해 경찰이 외국인 전담 부서인 외사국을 국제협력관으로 대폭 축소했다. 따라서 전국 경찰서 및 시·도청 외사경찰 부서도 사라졌다. 경찰청에 따르면, 현재 본청 국제협력관실 정원은 49명이다. 2023년 외사 기능 정원은 1,100명이었지만, 지난해 시·도경찰청 외사 인력이 폐지되면서 규모가 크게 축소된 것이다. 이유는 2023년 신림동 묻지마 범죄가 늘어나자 기동순찰대와 형사기동대 등 신설 조직을 만드는 과정에서 외사경찰을 줄여 정원을 확보했기 때문이다. 이번 캄보디아 사태를 계기로 해서 우리나라 교민이 많고, 범죄 발생 및 피해가 많은 국가를 중심으로 경찰 주재관을 확대해서 파견하는 것이 필요하다. 이는 현지 경찰과 치안정보를 공유하고, 촘촘한 수사공조를 위해 반드시 필요하다.

또한, 불법 온라인 도박이나 보이스 피싱, 마약, 조직폭력 등 각종 범죄의 기반이 되는 대포통장 거래는 경찰 수사를 어렵게 한다. 대포통장 유통조직들이 익명성을 띠고, 점조직 형태로 수사망을 피하고 있는 탓에 검거까지는 수개월에서 심지어는 수년이 걸린다. 최근에는 유령 법인을 세워서 법인 통장을 여러 개 발급받는 수법이 늘고 있다. 그중에서도 특히 법인 설립이 비교적 쉬운 유한회사 계좌가 다수 악용되고 있다. 따라서 법인 설립과 함께 통장 발급 절차를 보다 강화해야 한다. 아울러 대포통장 수사는 발품이 많이 드는 수사인 만큼 피싱범죄 등 수사 인력의 확충이 병행되어야 한다.

캄보디아, 필리핀, 라오스 등 국가는 현지 사정 등으로 우리나라가 경찰력 등 형사사법 시스템이 제대로 발휘하기 어려운 곳이란 점을 명

심해야 한다. 범죄 단체들이 취업이나 아르바이트, 해외 견학 프로그램 등 유인 글을 올릴 때는 그럴듯한 말로 속여서 교묘하게 작업을 하기 때문에 속을 수 있다. 특히 취업을 희망하는 20대와 30대의 젊은 층이 이러한 고수익 보장 취업에 유혹될 가능성이 큰데, 턱없이 많은 보수나 보너스를 준다고 하면 그건 사기범죄일 가능성이 크다.

범죄 조직들은 대대적으로 단속을 하면 인근 국가로 옮겼다가, 단속이 느슨해지면 다시 돌아와 세력을 키운다. 이른바 '풍선효과'다. 캄보디아뿐만 아니라 인근 국가를 포함해서 국제 간의 수사 공조 시스템을 견고하게 해야 한다. 이제 다시는 우리나라 범죄자들을 해외에서 전세기로 집단 송환하는 일은 없어야 한다.

대구일보 특별기고(2025. 10. 21.)

심리적 학대 '가스라이팅'을 경계한다

요즘 가스라이팅이라는 용어가 신문이나 방송은 물론이고, SNS에서도 객관적인 사실과는 관계없이 무분별하게 사용되고 있다. 사실 가스라이팅은 학술적인 용어는 아니다. 가스라이팅(Gaslighting Effect)을 직역하면 가스등효과라고 할 수 있다. 가스등이 약해진 것을 스스로도 믿지 못하게 되는 것처럼 상대방의 '자기 주체성'을 교묘하게 파괴하고, 심리적으로 지배하고 조종하는 것을 말한다.

1938년 패트릭 해밀턴의 희곡 『가스 라이트(Gas Light)』에서 비롯된 가스라이팅은 1944년 영화로 대중화 됐다. 영화 속 남편 잭(Jack)은 가스등을 교묘하게 조작해 아내 벨라(Bella)를 혼란에 빠뜨리고, 그녀를 정신적으로 무너뜨려 자신에게 의존하게 만든다. 이는 현실을 왜곡해 상대를 지배하는 가스라이팅의 본질을 보여준다.

결국 가스라이팅은 지속적인 정신적 학대를 통해서 피해자가 스스로 판단하는 것을 못하게 하고, 최종적으로는 가해자에게 의지하게 만들어 가해자가 원하는 대로 조종하는 심리적 통제를 의미한다. 가스라이팅의 핵심은 피해자의 불안 심리를 이용하여 스스로 자기 판단력을 의심하게 만드는 것이다. 보통 가스라이팅은 가까운 가족이나 연인, 직장이나 군대, 친구 등과 같이 아주 밀접하거나 친밀한 관계지만 동등하지 않은 관계가 형성되었을 때 일어난다. 부모와 자식, 연인 사이, 상사와 부하, 영향력이 강한 친구 등 어느 정도 관계에서 힘의 방향이 일방적으로 존재할 때 발생할 수 있다.

예를 들어, 불안정하고 소유욕이 강한 남자친구가 친절하고 사교적인 행동을 보인 여자친구에게 '남자들에게 꼬리 친다'며 비난하는 것, 어머니가 자녀를 대할 때 과한 애정과 관심을 보이는 것, 특정 상대에게 무관심 또는 비난 같은 극단의 반응을 보여 심리적으로 위축되게 하는 것 등이다.

가스라이팅 가해자들은 피해자를 마음대로 이용해서 경제적인 이익을 얻는가 하면, 무기력한 모습을 지켜보면서 만족감을 얻고 자기애를 충족시키기도 한다. 반면에 가스라이팅을 당한 피해자들은 시간이 지난 후에도 오랫동안 우울감이나 불안감을 느낀다. 그러면 가스라이팅을 당하지 않으려면 어떻게 해야 하는가? 결론부터 말하면, 상대방의 말에서 진실과 거짓을 구분하고, 상대방의 요구사항이 상식을 벗어나진 않는지, 모든 잘못을 나에게 돌리지는 않는지를 판단해 볼 필요가 있다. 또한 자신의 삶에 대한 주인의식과 자립심을 기르는 노력도 필요하다. 가스라이팅 피해자는 이미 의심하고 판단하는 능력을 상실한 상태인 만큼, 주변에서 객관적인 눈으로 두 사람의 관계에 대해 조언해 주는 것 또한 중요하다.

그 반대로 누군가를 가스라이팅 하지 않기 위해서는 자신의 말과 행동으로 인해 상대방이 받을 수 있는 고통을 생각하고, 공감 능력을 길러야 한다. 지나친 자기애 역시 경계할 필요가 있다. 누군가를 직접 조종하거나 지배하지 않아도 일방적인 지시와 맹목적인 충성심과 복종을 강요하는 행동은 가스라이팅으로 이어질 위험이 높으므로 주의해야 한다.

가스라이팅이 최근에 몇가지 사건으로 우리에게 알려졌지만 실제로는 일상 관계 속에서 종종 겪어왔던 현상이다. 다만 우리가 확실하게 인지하지 못했을 뿐이다.

최근에는 인공지능(AI) 챗봇에 잘못된 내용을 믿도록 해 오답을 유도하는 이른바 'AI 가스라이팅'이 유행처럼 번지고 있다. 챗봇을 '환각 상태'에 빠뜨려 '멍청한 답'을 유도하고, 그 과정을 틱톡 등에 공유하는 이들이 늘고 있는 것이다.

하지만 국내에는 가스라이팅을 다루는 법률이나 제도가 부족하다. 가스라이팅을 심리적 학대로 규정하는 법률 제정, 피해자 상담 프로그램의 도입, 경찰 교육 강화 등이 필요하다. 이는 피해자 보호를 넘어 예측 가능한 범죄를 예방하는 경고 시스템으로 작용할 수 있다. 가스라이팅 피해가 의심된다면, 주변의 정신 의료 상담기관이나 법률 전문가의 도움을 구하는 것도 중요하다.

경안일보(2025. 10. 26.)

공정한 경찰 수사를 위한 노력과 과제

수사(搜査)는 범죄의 혐의 유무를 알기 위해 증거를 수집하여 범인을 찾고자 하는 활동을 말한다. 경찰 수사는 과거 비인권적인 수사로 국민의 질타를 받아온 역사가 있으며, 아직도 부실 수사, 적법한 절차 위반 등 불공정한 수사행태에 대한 비판이 종종 제기되고 있다.

경찰 '수사'는 경찰의 핵심적 역할과 책임이다. 수사에 있어서 무엇보다 중요한 가치는 '공정성'이다. 공정성은 편파적이지 않고, 모든 사건에 대해 동일한 기준과 절차를 적용해 실체적 진실을 밝히는 것을 의미한다. 수사의 공정성은 형사사법 제도의 신뢰와 직결되는 핵심 가치로, 제도적 장치와 함께 사회적 감시가 요구된다.

사건의 피해자와 피의자 등 사건당사자가 해당 수사에 불만이 있는 경우에 수사심의신청을 하는 방법이 있다. 수사심의신청 제도는 경찰 수사에 불만이 있거나 부당한 결정이 내려졌다고 판단될 때, 경찰 자체적으로 공정하고 객관적인 심사를 통해 재수사나 보완수사를 요청할 수 있는 제도이다. 고소인, 고발인, 피해자 등은 경찰의 불송치 결정, 수사 지연, 편파수사, 증거 누락, 인권침해 등 부당한 수사 결과에 대해 이의신청을 할 수 있다. 대학교수나 변호사 등 민간위원 등으로 구성된 수사심의위원회에서 3개월 이내(필요시 연장) 조사 후 심의하고, 심의 결과는 권고적 효력을 갖는다. 여기서 결정된 결과에 대해서 경찰은 특별한 사유가 없는 한 이를 이행해야 할 의무가 있다. 이와 같이 수사이의신청은 수사 과정의 공정성을 확보하는 중요한 제도이다.

또한, 수사관 기피신청 제도도 있다. 사건 당사자가 수사관을 교체해 달라고 요청하는 제도인데, 보통 수사가 불공정하게 이뤄진다고 느낄 때 민원인이 활용한다.

경찰 수사관 교체를 요구하는 가장 많은 비중을 차지하는 사유는 수사관의 위압감과 조사 태도의 불친절, 공정성 의심 등이다. 경찰 수사의 공정성이 의심되거나 방어권이 제대로 보장되지 않았다며 '담당 수사관을 교체해 달라'는 요구가 적지 않다. 수사권 조정 이후에도 경찰 수사에 대한 국민 불신이 여전하다는 지적이다.

최근 국회 행정안전위원회 소속 이광희 의원이 경찰청으로부터 받은 자료에 따르면, 2021년부터 2023년까지 '공정성 의심'을 사유로 한 수사관 기피신청은 9,420건이었다. 이후 올해 9월까지 531건이 접수됐다. 이를 합치면 최근 5년간 공정성 의심과 방어권 미보장으로 인한 기피신청은 9,951건에 달한다.

필자는 국민 인권과 직접적으로 연계되어 있는 수사 업무의 특성상 담당 수사경찰의 '역량'과 '태도'가 무엇보다 중요하다고 강조한다. 수사경찰의 역량과 태도는 끊임없는 노력이 필요한데, 수사경찰은 관련 법률과 판례 공부는 물론이고, 피의자와 피해자에 대한 충분한 경청과 배려의 조사가 중요하다. 또한, 수사 과정을 신뢰하지 못하는 피해자 및 피의자의 상당수가 수사경찰관의 말 실수나 생각없이 한 말 한마디 등 잘못된 수사관행과 태도에서 발생하기도 한다. 예를 들어, "그냥 좋게 좋게 합의를 하시죠(합의 권유)", "피해자도 어느 정도 책임이 있는 것 같은데요", "이 사건은 벌금이 나올 겁니다" 등과 같은 말이나 빈

정거리거나 귀찮다고 하는 말투나 표정은 절대로 해서는 안 된다. 사건 관계자가 첨예하게 대립되거나 범죄의 혐의를 적극적으로 부인하는 사건은 더욱 그렇다.

아울러 경찰 수사관의 부족이 어제 오늘의 일은 아니지만 수사권 조정을 기점으로 수사 부서의 업무량이 크게 증가한 데 비해서 실제 수사인력은 그만큼 확보하지 못했다. 따라서 사건 수사가 지연되고, 일선의 어려움이 가중됐다. 수사의 전문성과 공정성을 실질적으로 확보를 위해서 가장 시급한 것은 합리적인 수사 인력의 확충이다. 경찰의 수사 과정에서 전문성과 공정성이 결여되면, 경찰의 위상은 추락한다.

대구신문 대구논단(2025. 10. 31.)

저자 약력

박동균

대구한의대학교 경찰행정학과 교수(대외협력처장, 산학협력단장 역임)
제1기 박동균 대구시 자치경찰위원회 상임위원(사무국장) 역임
한국치안행정학회장, 한국경찰연구학회장, (사) 국가위기관리학회장 역임
(사) 대한지방자치학회장 역임
(사) 한국지방자치학회 자치경찰특별위원장
대통령 소속 지방자치발전위원회 자문위원, 자치경찰 TF 위원 역임
경찰청 성과평가위원 경무/감사 분과위원장 역임
대구경찰청 수사심의 위원장
경북경찰청 손실보상심의 위원장
대구여성가족재단 이사 역임
대구지방교정청 행정심판위원 역임
중앙119구조본부 청렴감사위원장 역임
Florida State University, Visiting Scholar 역임
대통령 표창, 법무부장관 표창, 행정안전부장관 표창
한국치안행정학회, 한국민간경비학회 학술상 수상
자치경찰, 범죄예방 관련된 수십여 편의 논문, 칼럼, 인터뷰, 방송 출연 등

대한민국 치안리포트

초판발행 2026년 1월 5일

지은이 박동균
펴낸이 안종만·안상준

편 집 나세현
기획/마케팅 장규식
표지디자인 BEN STORY
제 작 고철민·김원표

펴낸곳 (주) 박영사
서울특별시 금천구 가산디지털2로 53, 210호(가산동, 한라시그마밸리)
등록 1959.3.11. 제300-1959-1호(倫)
전 화 02)733-6771
f a x 02)736-4818
e-mail pys@pybook.co.kr
homepage www.pybook.co.kr
ISBN 979-11-303-9730-6 93350

정 가 20,000원